KANT ET LES GRECS

HIER ET AUJOURD'HUI

À LA MÊME LIBRAIRIE

Années 1747-1781. Kant. Avant la Critique de la raison pure, sous la direction de Luc Langlois, 352 p., 2009.

L'année 1790. Kant. Critique de la faculté de juger. *Beauté, vie, liberté*, sous la direction de Christophe Bouton, Fabienne Brugère et Claudie Lavaud, 352 p., 2008.

L'année 1793. Kant. Sur la politique et la religion, sous la direction de Jean Ferrari, 272 p., 1995.

L'année 1795. Kant. Essai sur la paix, sous la direction de Pierre Laberge, Guy Lafrance et Denis Dumas, 406 p., 1997.

L'année 1796. Kant. Sur la paix perpétuelle. De Leibniz aux héritiers de Kant, sous la direction de Simone Goyard-Fabre et Jean Ferrari, 216 p., 1998.

L'année 1797. Kant. La métaphysique des mœurs, sous la direction de Simone Goyard-Fabre et Jean Ferrari, 144 p., 2000.

L'année 1798. Kant. Sur l'anthropologie, sous la direction de Jean Ferrari, 224 p., 1997.

Années 1796-1803. Kant. Opus postumum. Philosophie, science, éthique et théologie, sous la direction d'Ingeborg Schüssler, édité par Christophe Erismann, 246 p., 2001.

Années 1781-1801.Kant. Critique de la raison pure. *Vingt ans de réception*, sous la direction de Claude Piché, 288 p., 2002.

Kant. Les sources de la philosophie kantienne aux XVII*e et* XVIII*e siècles*, sous la direction de Lukas K. Sosoe et Robert Theis, 384 p., 2005.

Kant et les Lumières européennes, sous la direction de Lorenzo Bianchi, Jean Ferrari et Alberto Postigliola, 374 p., 2009.

Kant et Wolff. Héritages et ruptures, sous la direction de Sophie Grapotte et Tinca Prunea-Bretonnet, 236 p., 2011.

Kant et la Science. La théorie critique et transcendantale de la connaissance, sous la direction de Sophie Grapotte, Mai Lequan et Margit Ruffing, 328 p., 2011.

Kant et les sciences. Un dialogue philosophique avec la pluralité des savoirs, sous la direction de Sophie Grapotte, Mai Lequan et Margit Ruffing, 388 p., 2011.

Kant. Théologie et religion, sous la direction de Robert Theis, 402 p., 2013.

Kant. La raison pratique, sous la direction de Sophie Grapotte, Margit Ruffing et Ricardo Terra, 426 p., 2015.

Kant et les penseurs de langue anglaise. En hommage à Jean Ferrari, sous la direction de Sophie Grapotte, Mai Lequan et Lukas Sosoe, 304 p., 2017.

L'année 1784 – Kant : droit et philosophie de l'histoire, sous la direction de Sophie Grapotte, Mai Lequan et Margit Ruffing, 470 p., 2017.

Kant et l'humain : géographie, psychologie, anthropologie, sous la direction de Paulo Jesus, Élisabeth Lefort, Mai Lequan et Diogo Sardinha, 320 p., 2020.

KANT ET LES GRECS

HIER ET AUJOURD'HUI

sous la direction de

Sophie Grapotte,
Dimitri Lang et Mai Lequan

Publié avec le concours
de l'UR IRPhiL

PARIS
LIBRAIRIE PHILOSOPHIQUE J. VRIN
6, place de la Sorbonne, V^e

2022

Institut de Recherches Philosophiques de Lyon
Université Jean Moulin Lyon 3

Imprimé en Grèce

ISSN 0249-7875

ISBN 978-2-7116-3055-4

www.vrin.fr

LISTE DES ABRÉVIATIONS

Les œuvres de Kant (voir ci-dessous la liste des sigles utilisés) sont citées dans l'édition de l'Académie de Berlin, *Kant's gesammelte Schriften*, de la manière suivante : la mention abrégée AK est suivie du numéro du tome en chiffres romains, puis de celui de la page en chiffres arabes. En outre, les références à la *Critique de la raison pure* mentionnent la pagination des éditions A et/ou B. OP renvoie à l'édition des *Œuvres philosophiques* de Kant dans la collection de la « Bibliothèque de la Pléiade » (le tome est indiqué en chiffres romains, la page en chiffres arabes).

APP	*Anthropologie du point de vue pragmatique*
CDH	*Conjectures sur les débuts de l'histoire humaine*
CFJ	*Critique de la faculté de juger*
CRP	*Critique de la raison pure*
CRPr	*Critique de la raison pratique*
DD	« Doctrine du droit », *Métaphysique des mœurs*
Deutlichkeit	*Recherche sur l'évidence des principes de la théologie naturelle et de la morale*
Dissertation	*De la forme et des principes du monde sensible et du monde intelligible (Dissertation de 1770)*
DV	« Doctrine de la vertu », *Métaphysique des mœurs*
FMM	*Fondements de la métaphysique des mœurs*
Gedanken	*Gedanken von der wahren Schätzung der lebendigen Kräfte*
GP	*Géographie physique*
HGN	*Histoire générale de la nature et théorie du ciel*
Idée	*Idée d'une histoire universelle au point de vue cosmopolitique*
LOG	*Logique*

MM	*Métaphysique des mœurs*
MP	*Métaphysique Pölitz*
MVS	*Métaphysique Von Schön*
OBS	*Observations sur le sentiment du beau et du sublime*
OPost	*Opus postumum*
Pédagogie	*Pédagogie* (cours édité par Th. Rink)
PPP	*Projet de paix perpétuelle*
Progrès	*Quels sont les progrès réels de la métaphysique en Allemagne depuis le temps de Leibniz et Wolff ?*
Prolégomènes	*Prolégomènes à toute métaphysique future qui pourra se présenter comme science*
Réfl.	*Reflexionen* (*Handschriftlicher Nachlaß*)
RSR	*La religion dans les limites de la simple raison*
TSP	*Sur un ton supérieur nouvellement pris en philosophie*
TP	*Sur le lieu commun : il se peut que ce soit juste en théorie mais, en pratique, cela ne vaut point*

AVANT-PROPOS

Le présent volume rassemble les conférences plénières et les communications présentées à l'occasion du XIVe Congrès de la Société d'Études Kantienne de Langue Française qui s'est tenu à Athènes du 23 au 25 octobre 2019. Avec pour thème directeur la présence des Grecs dans l'œuvre de Kant, ce congrès visait à donner un aperçu renouvelé de la richesse et de la complexité du rapport du criticisme à la pensée antique grecque. Il s'agissait à la fois d'éclairer la lecture que Kant a eu des grandes doctrines de la philosophie grecque antique, en précisant ses points de convergence et de désaccord, et de mesurer l'influence qu'ont eu les concepts fondamentaux des penseurs grecs sur la genèse de la pensée critique, dans une optique historique et systématique.

Cet examen des relations entre la pensée antique grecque et Kant m'a paru s'imposer d'autant plus que, en se proposant de réfléchir sur les fondements de la métaphysique en vue de sa restauration future, l'œuvre critique n'entendait rien moins, en un sens, qu'apporter des réponses définitives à toutes les questions posées par les discours auxquels la philosophie grecque a pu donner naissance : la *metaphysica specialis* dans sa division tripartite (psychologie, cosmologie et théologie rationnelles) et la *metaphysica generalis* ou ontologie. On avouera qu'il était ici difficile d'éviter d'opposer la modernité kantienne d'une raison finie et consciente de sa radicale finitude à la conception d'une raison confiante en ses pouvoirs et qui, dans son élan vers l'absolu, entre en conflit avec elle-même. Il était non moins difficile d'ignorer l'autre dichotomie qui sert souvent à décrire la relation du kantisme à la pensée grecque, entre une philosophie de l'objet et un « réalisme » de l'être. À l'une correspond une méthode critique, régressive et réflexive, qui consiste à enquêter sur l'ensemble des procédés de la raison et les opérations de la connaissance, à l'autre un mode de pensée qui s'installe dans la contemplation de l'être pour en décrire les traits essentiels. Le jugement d'ensemble que l'on peut porter sur les relations entre Kant et les Grecs dépend encore de ces éléments et des convictions méthodiques qui les accompagnent. Si notre destin philosophique a cessé de se jouer dans la confrontation entre une pensée des limites et une métaphysique qui voit dans la saisie de la totalité de l'expérience possible son moteur et sa fin suprême, il ne fait aucun doute que, aujourd'hui encore, malgré les transformations profondes qui ont marqué la scène philosophique, l'opposition entre une théorie du transcendantal – que ce dernier soit réflexif ou linguistique – , et une position centrée sur le privilège de l'être, reste d'actualité.

D'un autre côté, le titre du congrès suggère une différenciation déterminée des Grecs. Et cela pose la question de savoir si Kant a saisi la singularité des penseurs grecs comme la singularité d'un moment dans l'histoire de la raison pure, et si oui, en quel sens ; à moins que les « Grecs » n'aient nommé, pour lui, qu'une singularité purement contingente, d'ordre historique, culturel et linguistique. Kant a-t-il pleinement pris la mesure de la force, de la fécondité et de l'originalité du philosopher grec, ou s'est-il contenté de le renvoyer à l'humilité de ses débuts, en le faisant apparaître comme une tentative pré-critique et donc malheureuse de se frayer un chemin jusqu'à la connaissance du monde intelligible ? Peut-on voir dans les inventions spéculatives des penseurs grecs comme le pressentiment de ce que le criticisme a accompli, ainsi que certaines affirmations de Kant le suggèrent, ou doit-on, au contraire, les considérer comme un obstacle dirimant à l'éclaircissement et à la résolution des nouveaux problèmes que posait la philosophie transcendantale ? Quelle lumière la pensée critique kantienne permet-elle de projeter sur les penseurs grecs ? Et, en retour, quelle lumière les Grecs peuvent-ils nous apporter par rapport aux grandes questions débattues par les trois *Critiques* kantiennes ? C'est à toutes ces questions que les participants avaient à répondre.

Il faut commencer par dire qu'il n'y a pas de relation particulière de Kant aux penseurs grecs et pas vraiment d' « affinités électives » avec le monde de la Grèce ancienne – chose qui doit être notée surtout si on compare la position de Kant à celle d'autres grands philosophes ultérieurs, comme Hegel, Nietzsche ou Heidegger. En vain chercherait-on dans l'œuvre du philosophe de Königsberg un quelconque mot d'ordre de « retour aux Grecs », une forme de nostalgie pour la « belle totalité grecque » (Hegel), ou l'idée que les Grecs s'imposent, en matière d'humanité et de civilisation, comme nos maîtres indépassables (Nietzsche). Kant aurait été sans doute prêt à reconnaître, avec Heidegger, la longue errance de la métaphysique occidentale. Mais, évidemment, pas pour les mêmes raisons. Loin de penser qu'il faille dépasser la métaphysique en direction d'une pensée de l'être, que la sagesse grecque la plus ancienne aurait entrevue avec la découverte de l'*alètheia* comme dé-cèlement, toute la démarche de Kant consiste à montrer qu'en circonscrivant les pouvoirs de la raison, la doctrine critique a accompli la tâche de fonder la métaphysique.

Dans sa brève histoire de la philosophie esquissée dans la *Logique* établie par Jäsche, Kant rappelle que les Grecs sont historiquement les initiateurs de la philosophie, dans la mesure où « ils ont tenté pour la première fois de cultiver la connaissance rationnelle *in abstracto*, sans recourir aux images, alors que les autres peuples cherchaient toujours à rendre les concepts intelligibles uniquement *in concreto* au moyen d'images » [1]. Que l'on admette ou non que c'est la discursivité ou l'usage spéculatif de la raison, par opposition au simple usage commun de l'entendement, qui marque l'avènement fondateur de la philosophie, au regard de ce que la splendeur de l'aurore grecque a permis dans l'ordre de la pensée – une floraison de doctrines philosophiques et de courants de pensées, une première formalisation des grandes postures théoriques, l'invention de l'épistémè, le surgissement surtout d'une nouvelle attitude face à l'étant : la contemplation désintéressée – , l'hommage rendu par Kant aux Grecs paraît bien pâle et convenu, et ce d'autant plus que c'est avec l'apparition du concept que l'aventure de la métaphysique comme connaissance rationnelle par concepts purs *a priori* peut commencer à se déployer. Il n'est pas inutile cependant de faire remarquer qu'en rattachant expressément la philosophie, dans son concept cosmique, aux fins ultimes de la raison humaine, Kant proposait une idée de la philosophie parfaitement conforme avec celle que la tradition grecque a développée et transmise : l'idée de philosophie comme système de sagesse pour une humanité rationnelle, possédant une valeur intrinsèque. Il serait ici intéressant de rapprocher ce que Kant dit des Grecs comme peuple empirique, par opposition à tous les autres peuples (Égyptiens, Indiens, Chinois) qui se sont arrêtés au seuil de la philosophie, avec ce que Husserl dira, dans la *Krisis*, sur l'humanité grecque comme porteuse de l'entéléchie de l'humanité rationnelle. Dans un contexte dramatique, tout en exhortant ses lecteurs à réaliser le Télos spirituel de l'humanité européenne, en menant une vie conforme à l'idéal rationnel et à ses tâches infinies telles que peut les expliciter la phénoménologie transcendantale, Husserl soulignait l'essence grecque du philosopher[2]. Plus prudent, Kant se contente de rapporter la naissance grecque de la philosophie sans se risquer à élever l'humanité grecque, empirique et contingente, au rang de modèle à suivre, même de façon idéale. C'est que les Grecs participent à cette vieille métaphysique dogmatique qu'il faut combattre et réformer, ils en sont même les plus illustres représentants. Au surplus, lorsque Kant s'efforce de retracer les moments qui l'ont mis sur le chemin du système critique, ce sont surtout le rôle de ses contemporains et des grands représentants de notre modernité philosophique qui est souligné. De son propre aveu, la formulation du problème critique doit largement à Hume, qui l'a tiré de son « sommeil dogmatique ». Leibniz, Wolff, Locke ont été ses interlocuteurs privilégiés. Rousseau est proclamé « le Newton du monde moral ». Et, que ce soit dans le domaine de l'esthétique ou encore dans le domaine

1. E. Kant, *Logique*, trad. fr. L. Guillermit, Paris, Vrin, 2007, p. 28.

2. E. Husserl, *La crise des sciences européennes et la phénoménologie transcendantale* [1976], trad. fr. G. Granel, Paris, Gallimard, 1989, « Annexes III », p. 359 *sq*.

politique, c'est encore vers les Modernes (Hume, Burke, Rousseau, Grotius) qu'il faut se tourner, dès lors que l'on veut remonter aux sources de la pensée kantienne. Pourtant, de quelque manière qu'on conçoive la « révolution copernicienne », et par-delà les formidables ruptures et déplacements que Kant a fait subir à tous les concepts, on retrouve partout, au cœur du criticisme, la trace des Grecs ; dans la manière dont le criticisme s'approprie les maîtres mots de la pensée hellénique – que l'on songe aux termes : Idée, catégorie, métaphysique, logique, analytique, synthétique, dialectique, souverain bien, etc. –, dans la manière dont il réintègre et prolonge les problématiques léguées par elle. C'est dire que, s'il ne s'agissait évidemment pas, pour celui que Mendelssohn appelait le « brise-tout » (*Alleszermalmer*), de revenir aux origines, le détour par les Grecs, en revanche, s'imposait comme une voie obligée, tout simplement parce que le commencement grec du philosopher continuait de commander la structure du discours métaphysique au XVIIIe siècle, et de déterminer toutes les lignes de développement que connaîtra la raison occidentale.

La table des matières de ce volume suit fidèlement l'ordre qui a présidé aux travaux du congrès. Les études ici proposées ont essayé, à cet égard, de donner une vue d'ensemble de l'importance de ce dialogue critique que Kant a noué avec les Grecs, en parcourant tous les grands champs du savoir philosophique : philosophie de la nature, philosophie de la connaissance, métaphysique, politique et éthique, et anthropologie. Plutôt que de relever les différents volets thématiques des communications, que je laisse au lecteur le soin de découvrir dans leur diversité d'inspiration et de style, qu'il me soit permis d'évoquer brièvement quelques points qui ont retenu mon attention. Non qu'ils aient forcément dominé les débats, mais ils m'ont paru, à la relecture des textes des contributeurs, soulever des questions qui, pour n'être pas seulement internes aux études kantiennes, présentent un intérêt certain par rapport au thème du congrès et pour l'intelligence de la pensée critique en général.

Le premier point touche à la question des sources du philosophe-lecteur qu'était Kant par rapport aux auteurs grecs. Les limitations empiriques et historiques dont souffrait la connaissance des philosophes grecs par Kant ont été suffisamment établies, pour que l'on n'ait pas à revenir sur le sujet. Non seulement il est avéré que Kant ne connaissait, le plus souvent, les doctrines des penseurs grecs qu'à travers des résumés, comme l'*Historia critica Philosophiæ* de Brucker, ou une vulgate qui circulait dans les manuels universitaires de philosophie, il ne mettait pas autant de soin que nous à citer l'auteur dans le texte ou à donner les références exactes de ses citations. Tout cela, à une époque où le travail d'édition était loin d'être aussi systématique et rigoureux qu'il l'est aujourd'hui, et où les œuvres des Anciens n'étaient connues qu'à travers des traductions incomplètes ou contestables. Dans l'esprit de l'historien de la philosophie, cela soulève une difficulté. Car il ne peut y avoir de juste appréciation et *a fortiori* de juste critique d'une doctrine que fondées sur une compréhension exacte de ses contenus. Et cela n'est possible que s'il y a connaissance et restitution à la fois historique et systématique de la doctrine considérée. D'où ces questions, qui étaient en filigrane dans les recherches proposées par les participants, mais qu'il faut poser explicitement : dans quelle mesure les limitations empiriques plus haut évoquées ont-elles pesé dans l'intelligence kantienne des penseurs grecs ? Par ailleurs, une fois repérées et signalées, ces limitations ont-elles vraiment une pertinence sur le plan philosophique ? Sont-elles nécessairement une faiblesse ou un motif de remise en cause d'une lecture, comme on veut le croire ? Ne peuvent-elles pas parfois être source de malentendus féconds ? Évidemment, une manière d'éviter tout ce débat était de rappeler que c'est toujours à la lumière de son propre projet philosophique et de ses orientations fondamentales qu'un grand penseur, comme l'était Kant, lit et comprend une doctrine, et que, de toute façon, la percée kantienne vers une position plus profonde du problème de la métaphysique et de sa solution critique doit moins à la lecture des Grecs qu'à la maîtrise croissante d'intentions intellectuelles originairement confuses.

Cette dernière remarque me conduit à mon second point : la question des présupposés herméneutiques de Kant dans son exégèse des Grecs. On ne saurait naturellement ici, dans cet avant-propos, s'attarder sur cette vaste question, mais notons, très rapidement, que Kant a toujours interprété librement les auteurs : plutôt que de s'attacher à la lettre d'un texte, il préfère en retraduire les propos afin de retrouver la vérité intrinsèque qu'il porte en lui. Là aussi, il faut convenir que, dans l'esprit de l'historien des idées, la fameuse maxime herméneutique énoncée à propos de la doctrine platonicienne des Idées, invitant à comprendre un auteur « mieux qu'il ne s'est compris lui-même », peut légitimement éveiller des réserves. Ne revient-elle pas en effet à sacrifier la « vérité historique » au profit d'une vérité actuelle, et, au fond, à ignorer délibérément l'intention déclarée de l'auteur que les règles traditionnelles de l'interprétation nous demandent de recueillir et de respecter ? Comme Kant l'avoue dans la Dialectique transcendantale [1], pour saisir la « vérité » rationnelle d'une doctrine, il faut parfois ne pas craindre de malmener l'auteur, et de contredire la démarche herméneutique elle-même, dont la finalité est de restituer le sens originel d'un texte. On peut dire en manière de thèse : l'option herméneutique rationaliste de Kant fut de lire les auteurs au présent, les doctrines des Grecs comme des corps de propositions élevant une prétention à la validité, par-delà la distance historique qui les séparait de lui. C'est, au demeurant, parce qu'il a transporté, pour ainsi dire, les Grecs dans l'horizon philosophique de son présent, qu'il s'est appliqué à administrer la preuve de leurs erreurs là où il lui semblait qu'ils s'étaient trompés, et à reconnaître leurs mérites là où la justesse de leurs analyses lui paraissait indéniable. Cela dit, il est clair que la maxime herméneutique de Kant peut être aussi regardée comme une manière de s'accorder une certaine licence dans la lecture d'un auteur, pour faire apparaître ses idées, en l'occurrence, comme l'anticipation plus ou moins maladroite des découvertes et des avancées critiques. Il est permis, à ce sujet, de se demander si Kant n'a pas parfois cédé, à propos des Grecs, à la

1. CRP, A 314/B 370, AK III, 246 ; OP I, 1027.

tentation, très caractéristique de grands philosophes (Heidegger, Derrida, Ricœur), d'une lecture que l'on pourrait qualifier d'appropriante, consistant à exhiber le sens souterrain et caché des paroles, et, ainsi, à faire apparaître, sinon tout le passé philosophique, du moins certains penseurs ou certaines inventions conceptuelles, comme une première percée annonciatrice d'idées que seul le criticisme aura su énoncer dans un langage conceptuellement adéquat. S'il est vain d'imaginer qu'on puisse lire les doctrines anciennes autrement qu'en projetant sur elles nos préoccupations intellectuelles, il est néanmoins nécessaire de se demander où passe la ligne de démarcation entre la lecture philosophiquement stimulante et la surinterprétation, et *a fortiori* la déformation ? Prenons deux exemples bien connus des spécialistes de Kant d'interprétations où ce dernier tente de réinvestir des concepts grecs d'une signification nouvelle. Symbole des tentatives infructueuses de la raison d'atteindre l'inconditionné, Platon apparaît, dans la *Critique de la raison pure*, à la fois comme l'exemple de la raison dans son usage transcendant, et d'une raison théorique qui se méprend sur sa propre destination. L'interprétation peut paraître peu généreuse, et le jugement critique sans appel. Mais, dépêchons-nous de le rappeler : Platon est aussi, pour Kant, celui qui, dans son égarement, a tout de même eu l'intuition du concept d'idée comme concept de la raison, si important comme pour nos connaissances pratiques. À la faveur de ce commentaire, Platon prend un statut particulier parmi ses compatriotes : réhabilité en effet par cet impensé, le très « mystique » Platon apparaît soudain comme une sorte d'ancêtre lointain pré-critique – ainsi que s'évertuera à nous le faire croire Hermann Cohen plus tard. Quant à Aristote, à défaut d'avoir pu écrire l'« Analytique transcendantale » de la *Critique de la raison pure*, il aurait eu le mérite d'anticiper, certes obscurément, à travers le projet d'inventaire des genres fondamentaux de l'être, les concepts purs de l'entendement. Le projet kantien se trouve ainsi préfiguré par Aristote lui-même à travers son analyse des modes d'êtres. On ne saurait assez souligner tout ce que ces lectures ont à la fois de discutable et de brillant. Nombre d'excellents spécialistes de l'histoire de la philosophie antique grecque ne reconnaîtraient pas forcément, dans ces interprétations modernisantes, leurs auteurs chéris, et n'hésiteraient pas à parler d'une tentative de pure et simple « annexion » à soi d'un discours étranger. Curieusement, et sans que l'on puisse dire qu'elles fournissent la clef de la relation de Kant aux Grecs, il n'en demeure pas moins que c'est à travers ses stratégies d'appropriation, tout autant que ses critiques, que l'on mesure l'intérêt que Kant a porté aux Grecs.

Il me reste à exprimer ma reconnaissance à tous ceux qui m'ont permis d'organiser ce congrès, et tout d'abord à mes collègues grecs, Stélios Virvidakis, Pavlos Kontos et Costas Androulidakis, qui ont accepté, dès la première heure, de me suivre dans ce projet. Que soient ici vivement remerciés les participants qui ont fait part de leurs recherches, et su faire partager, en même temps que leur savoir et leurs compétences philosophiques, leur enthousiasme tout au long des séances de travail qui se sont déroulées à Athènes. Comment évoquer cette rencontre internationale sans saluer ici la mémoire de Monique Castillo dont l'optimisme et la formidable capacité à se projeter vers l'avenir ne pouvaient nous laisser imaginer sa disparition prochaine ? Ce volume, qui comprend sa dernière conférence, est aussi un hommage rendu à la spécialiste de Kant, à l'érudite et à la philosophe, dont l'œuvre témoigne d'une passion persévérante pour l'exploration pensante du monde présent, de ses défis et de ses perspectives éthiques et politiques. Je voudrais exprimer mes remerciements aux institutions sans le concours desquelles n'aurait pu avoir lieu ce congrès, je pense en particulier à l'Institut Français de Grèce à Athènes, le Goethe-Institut Athen et l'Institut suédois d'Athènes. Une mention toute particulière doit être faite ici à Sophie Grapotte, Secrétaire générale, et à Mai Lequan, Présidente de la Société d'Études Kantiennes de Langue Française, qui ont eu la gentillesse d'effectuer, respectivement, la mise en page des textes, et le travail de relecture de l'ensemble des épreuves du volume. Qu'elles en soient chaleureusement remerciées au nom du comité d'organisation et de tous les participants. Enfin, ma reconnaissance s'adresse à l'Institut de Recherches Philosophiques de Lyon (UR IRPhiL) qui a contribué, par son soutien financier, à la publication des actes du congrès.

Dimitri LANG

MOT DE LA PRÉSIDENTE

Nous remercions vivement Dimitri Lang d'avoir organisé le 14e Congrès international de la Société internationale d'Études Kantiennes de Langue Française (SiEKLF), en octobre 2019, à l'Institut suédois d'Athènes, en partenariat avec l'Institut français d'Athènes, le Goethe Institut, ainsi que les départements de philosophie de l'Université nationale et capodistrienne d'Athènes, de l'Université de Crète et de l'Université de Patras, et ce, malgré un contexte financier difficile. La candidature athénienne avait été plébiscitée lors de l'Assemblée Générale de la SiEKLF à Porto en 2017. Ce Congrès international invitant Kant en terre grecque – berceau du philosopher occidental et de la grande tradition métaphysique – prolonge une longue série de colloques et d'événements scientifiques athéniens consacrés au philosophe de Königsberg, et il témoigne de la vitalité du Kantisme grec, qui renouvelle aujourd'hui les perspectives de la tradition exégétique de l'œuvre kantienne fondée, entre autres, par Evanghelos Moutsopoulos de l'Académie d'Athènes. Le thème du Congrès – « Kant et les Grecs » – permet d'éclairer plusieurs aspects du dialogue noué par Kant avec les divers courants, écoles et penseurs de la Grèce ancienne (Platon et Aristote principalement, mais aussi Socrate, Leucippe, Démocrite, Épicure, les sceptiques, les stoïciens Zénon, Cléanthe et Chrysippe, qui influencèrent, *via* Panetius de Rhodes, le stoïcisme latin de Sénèque et Cicéron, explicitement cité par Kant), voire de la Grèce contemporaine (Cornelius Castoriadis).

Ce 14e Congrès aura été doublement endeuillé, lors de sa tenue même, par le décès prématuré survenu à l'âge de 71 ans de notre collègue Monique Castillo, représentée par son fils, Romain Leroy-Castillo, puis, lors de la préparation de ses Actes, moins de deux ans plus tard, par la disparition d'Evanghelos Moutsopoulos, âgé de 91 ans, autorité charismatique du Kantisme et, plus largement, des études en histoire de la philosophie de langue française en Grèce.

La curiosité intellectuelle, l'énergie infatigable, l'accueil généreux, la jovialité pétillante, la vivacité critique qui caractérisaient Monique Castillo, fidèle pilier de la SEKLF, ont beaucoup compté et continueront d'inspirer les chercheurs soucieux tout à la fois de lire Kant et d'identifier ses influences dans les différents domaines de l'action et de la pensée, y compris les plus contemporains. M. Castillo, universitaire, intellectuelle, femme engagée, a contribué à former des générations de kantiens et a encouragé dans la voie de la philosophie de nombreux étudiants venus du monde entier, de tous horizons, dans un remarquable esprit d'ouverture. Elle était à elle seule une fabrique de concepts et une république cosmopolitique. Parmi les multiples hommages qui lui sont rendus, Roger Poll-Droit, dans le journal du *Monde*, salue en elle

> une figure éminente de la philosophie française, particulière par sa place et son style. Professeur hors pair, cette spécialiste de Kant n'était en rien une icône médiatique, pas plus qu'une chercheuse recluse dans sa bibliothèque. Elle incarnait un autre modèle, peut-être en voie de disparition, celui des esprits rompus aux analyses théoriques, mais infatigablement ouverts sur le monde contemporain, attentifs à l'acuité et à la diversité des interrogations.

Son Kantisme original, inventif, vivifiant s'illustre dans ses ouvrages majeurs : *Kant et l'avenir de la culture. Avec une traduction de Réflexions de Kant sur l'anthropologie, la morale et le droit* (P.U.F., 1990); *Kant, l'invention critique* (Vrin, 1997); *E. Kant. Histoire et politique* (textes annotés, Vrin, 2000); *L'Europe de Kant* (Privat, 2001); *Criticisme et religion* (L'Harmattan, 2004); *La responsabilité des modernes. Essai sur l'universalisme kantien* (Kimé, 2007), ainsi que dans ses essais plus généraux sur la politique, la géopolitique, le droit, la citoyenneté, l'éthique, la religion, l'histoire, les Lumières ou l'humanisme : *La paix. Raisons d'État et sagesses des nations* (Hatier, 1997); *L'humanisme et les Lumières en question* (Ellipses, 2001); *La citoyenneté en question* (Ellipses, 2002); *Connaître la guerre, penser la paix* (Kimé, 2005); *Le pouvoir : puissance et sens* (Michalon, 2008); *Les médiations : la justice autrement ?* (Arghos, 2011); *Qu'est-ce qu'être européen ?* (Cercle Condorcet, 2012); *L'identité en questions* (Cercle Condorcet, 2013); *Faire Renaissance. Une éthique publique pour demain* (Vrin, 2016).

Ces essais prolongent, en les approfondissant conceptuellement, les riches échanges et débats que M. Castillo a engagés avec des publics très divers : théologiens, économistes, entrepreneurs, enseignants et éducateurs, soignants, militaires, loges maçonniques. Diplômée de l'Institut d'Études Politiques de Paris (1974) – formation qui déterminera la plupart de ses thèmes de réflexion ultérieurs – et docteur d'État en philosophie (sa thèse, soutenue à l'Université de Caen en 1987, portait sur « Histoire et droit dans la pensée de Kant »), M. Castillo fut Professeur à l'Université de Caen, puis à l'Université de Poitiers, enfin à l'Université Paris-Est de Créteil, ainsi que Professeur honoraire de l'Université technique de Cluj-Napoca (Roumanie) et chevalier de l'ordre des Palmes Académiques. Analyste exigeante, travailleuse acharnée, « citoyenne du monde » au sens de Kant, femme libre, forte, audacieuse, enseignante aux interrogations transverses et aux enthousiasmes communicatifs, elle est l'auteure non seulement de commentaires – devenus classiques – de textes de Kant, mais encore d'essais plus personnels traitant de questions de philosophie politique appliquée contemporaine, éclairées le plus souvent à partir de l'arrière-plan de l'histoire de la philosophie. Ses interrogations portent sur les systèmes de valeurs, les symboles, les modèles socio-économiques, l'éthique de l'innovation, les éthiques professionnelles, le travail et les mutations de l'espace public, la citoyenneté numérique, la solidarité interhumaine, les crises de confiance envers la culture européenne, le « nous » du peuple entre unité morale et espace public, le pluralisme culturel, l'éducation et l'autorité, la fracture culturelle, le malaise européen entre crise d'endettement et défi de l'intégration, la laïcité comme spiritualité, l'identité nationale et l'identité européenne, etc. M. Castillo a prononcé un grand nombre de conférences destinées à des publics professionnels, comme celui des grandes entreprises (Renault, EDF, SNCF, Thalès), des enseignants des lycées comme des Universités, de l'armée (Institut des Hautes Études de la Défense Nationale). Elle a contribué de façon régulière et singulière aux revues militaires *Inflexions* et *Cahiers Défense nationale*, par des articles stimulants sur la distinction entre guerres à distance (dites propres) et guerres de contact (dites sales) ; le rapport entre prise de décision et éthique de l'agir en contexte militaire ; la banalisation des armes létales autonomes, par où l'homme délègue son action aux machines et au numérique sur les terrains d'opérations ; le langage comme lieu de guerre ; la « judiciarisation » des conflits armés ; le sens de l'action dans les sociétés héroïques et post-héroïques ; la mort au front comme vérité de la vie ; le corps collectif du soldat ; le mysticisme héroïque de l'action dans l'expérience militaire du sacrifice ; l'armée comme laboratoire social ; le devenir du pacifisme aujourd'hui à l'heure des guerres nouvelles telles que le terrorisme ; la justification de la violence extrême ; l'éthique du soldat et l'éthique du rebelle ; la culture de la résilience ; l'existence ou non de valeurs propres au corps de métier militaire ; les mutations du sens de l'action militaire, etc. M. Castillo était membre du comité de rédaction de la revue de l'Armée de Terre *Inflexions*, laquelle lui a rendu hommage en 2020 en rassemblant, dans le numéro hors-série « Héroïsme en démocratie. Hommage à M. Castillo », les 18 articles qu'elle publia dans cette revue entre 2005 et 2018. M. Castillo a également dirigé plusieurs ouvrages collectifs, dont *Morale et politique des droits de l'homme* (Olms, 2003) ; *Éthique du rapport au langage* (L'Harmattan, 2007). Enfin, *L'identité européenne* est à paraître à titre posthume aux éditions Karl Alber à Freibourg.

Le concept de « culture » (entendu principalement en son sens allemand de *Bildung*, formation), dans ses rapports complexes avec l'histoire, le progrès, la morale, le langage, joue un rôle central et moteur dans ses travaux, en tant que la culture répond à un besoin constant, dont l'acuité ne cesse de croître aujourd'hui, et en tant qu'elle engage de notre part, en qualité de système de valeurs, une responsabilité éthique propre.

> Quand le mot culture comprend les traditions, les modes de vie et les mémoires comme des valeurs plutôt que comme des faits, il s'y attache une responsabilité spécifique : celle de leur présentation ou langage public de leur communicabilité[1].

1. M. Castillo, *La responsabilité des Modernes*, Paris, Kimé, 2007, 4e de couverture.

Pour M. Castillo, la culture constitue, par-delà le droit, l'indispensable *medium* de la moralisation de l'humanité, dans la mesure où la *Bildung* prend en charge le contenu pédagogique de l'idéal du progrès et se conçoit comme tension dynamique vers un tout moral, néanmoins issu d'un accord pathologiquement extorqué, au sens de Kant. À cet égard, Kant apparaît comme le philosophe par excellence qui fit de l'histoire, en tant que processus culturel, le schème de l'Idée d'humanité en sa perfection (orientée vers une fin morale). Ainsi, la tâche de l'homme ne vient pas tant d'une *origine* commune que d'une *finalité* commune, consistant à devenir tout ce que l'homme peut et a à être selon l'idéal de sa propre perfection. La réflexion de M. Castillo est traversée, hantée par la conviction que la mondialisation des échanges, loin d'amoindrir le besoin de culture, le renforce, et exige de chacun une culture qui ne soit pas seulement érudite, mais forgée, acquise et construite par chacun [1].

L'œuvre de M. Castillo, cohérente et rigoureuse, illustre la figure exigeante du philosophe kantien « législateur de la raison » (*Gesetzgeber der Vernunft*)[2] édictant les normes du penser, du savoir, mais surtout de l'agir, les travaux de M. Castillo sur Kant (et dans une moindre mesure sur Bergson) comme ses essais personnels privilégiant indéniablement, au fil directeur de la question de la culture – ainsi que de l'histoire et du progrès qu'elle sous-tend – la dimension *pratique* (essentiellement politique pour cette ancienne élève de « Sciences po », mais aussi juridique, morale, religieuse) du philosopher.

E. Moutsopoulos également fut un penseur cosmopolite, kantien et un philosophe de la culture, quoiqu'en un autre sens du terme (*Kultur, Kivilisation*), incarnant quant à lui davantage l'autre figure du philosophe kantien, celle de l'« artiste de la raison » (*Vernunftkünstler*) avec le haut degré de liberté qu'un artiste prend volontiers vis-à-vis de la littéralité des textes philosophiques qu'il manie, voire recrée à son aune. Co-fondateur de la SEKLF en 1988 et resté depuis son premier Vice-Président, personnalité institutionnelle forte, intellectuel prolixe – auteur d'une soixantaine d'ouvrages d'histoire de la philosophie et de la culture, dont on ne saurait donner ici la liste exhaustive –, il s'est intéressé principalement à la culture comme prolongement de l'esthétique, à la musique, à l'imagination, à la création, à l'art, tantôt dans le criticisme kantien, tantôt dans la pensée grecque antique (platonicienne, néo-platonicienne, aristotélicienne), et ce, au prisme de quelques thèmes recteurs, comme ceux de la *forme* et/ou de la *structure* et de leurs altérations graduelles, du *kairos* et des *valeurs*, qui traversent ses travaux de façon oblique. Sa réflexion en est venue à Kant de manière

1. M. Castillo développe ses arguments, entre autres, dans son ouvrage *Kant et l'avenir de la culture*, Paris, P.U.F., 1990.

2. Figure cardinale de *Kant, l'invention critique*, le véritable philosophe, doit être – selon les mots de Kant dans la *Critique de la raison pure*, que M. Castillo cite en 4e de couverture de son ouvrage – le « maître idéal » pour les simples artisans-artistes de la raison que sont les mathématiciens, les physiciens, les logiciens, etc. Selon Kant, le philosophe voit en tous ces artisans de la raison autant de « moyens pour le progrès des fins essentielles de la raison humaine.

relativement tardive, en prenant ancrage d'abord dans l'étude de Platon et des anciens Grecs, tissant parfois des parallèles inattendus entre Kant et les Grecs.

Une part de ses livres fut publiée à Paris, comme *La musique dans l'œuvre de Platon* (P.U.F., 1959), issu de sa thèse principale de doctorat en lettres classiques soutenue à Paris en 1958[1]; *Conformisme et déformation. Mythes conformistes et structures déformantes* (Vrin, 1978); *Les structures de l'imaginaire dans la philosophie de Platon* (Les Belles Lettres, 1985); *La philosophie de la musique dans la dramaturgie antique. Formation et structure* (Vrin, 1988); *Forme et subjectivité dans l'esthétique kantienne* (Vrin, 1990). Un autre pan de ses écrits publiés à Athènes le fut, cette fois, dans le cadre du Centre de recherche sur la philosophie grecque « Philosophia » de l'Académie d'Athènes, centre qu'il a créé et longtemps animé, par exemple : *La philosophie de la culture grecque* (1998); *Structure, présence et fonctions du* kairos *chez Proclus* (2003); *L'univers des valeurs, univers de l'homme* (2005); ou *Kairicité et liberté* (2007). Jean-Marc Gabaude, qui fut son disciple, a salué en lui un « philosophe du *kairos* »[2], ce moment opportun dans lequel s'incarne la liberté de l'agir humain. Et Jan Opsomer voit en lui, plus radicalement, un « véritable prophète de la *kairicité* »[3], libérant le concept grec de *kairos* du carcan de la lettre des textes antiques qui le mobilisent, au profit d'une réflexion plus personnelle et moins académique. E. Moutsopoulos définit le *kairos* comme une tension entre le « pas encore » et le « plus jamais », comme une contingence fuyante, qui est aussi le lieu et l'horizon des possibles s'offrant à notre liberté. Pratiquant l'art (technique et art du beau) philosophique du passage ou des passerelles, il s'autorise ainsi, contre toute attente, à lier la méditation grecque du *kairos* (d'Aristote à Proclus) à la morale kantienne de l'impératif catégorique, en faisant du *kairos*, opportunément saisi, un outil efficace qu'il convient toutefois d'utiliser « dans les limites des prescriptions de la loi morale »[4], le *kairos* révélant, sous cette condition, notre liberté la plus haute.

Un autre pan de ses écrits fut publié à Athènes, mais cette fois dans le cadre de l'Institut de philosophie de l'Université d'Athènes, auquel sera rattachée la revue *Diotima*, dont il est le fondateur : *Energeia* (1988); *Parcours de Proclus* (1991); *Poïesis et techné* (1995); *Philosophie de la culture grecque* (1998); *Pensée, culture, action. Études sur la théorie des valeurs et ses sources grecques* (en anglais, 2006); *Post-aristotélisme et néo-platonisme* (2008); *Valences de l'action* (2012); *La conscience intentionnée* (2016).

1. Sa thèse complémentaire portait sur « Le problème du beau dans l'œuvre de Petros Vrailas-Armenis » (1812-1884, auteur grec).

2. J.-M. Gabaude, *La philosophie de la culture grecque*, Paris, L'Harmattan, 2005, Préface d'E. Moutsopoulos.

3. J. Opsomer, « Compte-rendu de *Structure, présence et fonctions du* kairos *chez Proclus* », *Revue philosophique de Louvain*, 2005, p. 273.

4. E. Moutsopoulos, *Kairicité et liberté*, Athènes, Académie d'Athènes, 2007, p. 168.

Enfin, certains de ses écrits ont paru en terre anglo-saxonne; c'est le cas notamment de *La réalité de la création* (New York, Paragon House, 1991).

Philosophe-artiste (*Vernunftkünstler*) de la culture, de l'art et particulièrement de la musique, E. Moutsopoulos fut aussi musicien, compositeur, musicologue et historien de la musique. Son parcours allie la Grèce, son pays natal, la France et l'Allemagne de Kant. Après avoir obtenu un doctorat de lettres à Paris (1958), il devient Professeur à l'Université d'Aix-Marseille (1958), puis à l'Université Aristote de Thessalonique (1965) et enfin à l'Université nationale et capodistrienne d'Athènes, dont il deviendra le Recteur (1997). Membre correspondant depuis 1977 de l'Académie des sciences morales et politiques de l'Institut de France, puis membre depuis 1984 de l'Académie d'Athènes, il a organisé de multiples colloques et congrès à Athènes, ainsi qu'en divers lieux symboliques de Grèce ancienne. Il a reçu en 1989 le Prix de l'Académie française du rayonnement de la langue et de la littérature françaises, et en 2001 le Prix international Johann Gottfried Herder[1]. On lui doit la création en 1975 du « Corpus Philosophorum Graecorum Recentiorum » (CPGR), rattaché à la Fondation de recherche et d'éditions de philosophie néo-hellénique. E. Moutsopoulos a également fondé et dirigé les deux revues internationales *Diotima* (de l'Institut de philosophie de l'Université d'Athènes) et *Philosophia* (du Centre de recherche sur la philosophie grecque). Enfin, deux ouvrages collectifs lui ont été consacrés : *Du vrai, du beau, du bien. Études philosophiques présentées au Professeur E. Moutsopoulos* (Vrin, 1990, dir. J.-M. Gabaude) et *E. Moutsopoulos. Aspects de sa philosophie* (L'Harmattan, 2015, dir. A. Glycofrydi).

Si une grande part de l'œuvre d'E. Moutsopoulos porte soit sur les philosophes grecs, soit sur Kant, il a parfois – mais plus rarement – confronté directement Kant aux Grecs, et ce, de façon plus rhapsodique que systématique. Ses recherches ont été particulièrement attentives à souligner la nouveauté radicale du Kantisme, en particulier – quoique non exclusivement – en matière esthétique. Toutefois, la filiation de Kant avec les anciens Grecs ne lui est pas restée étrangère, comme les résonnances entre le *kairos* d'Aristote et la morale de Kant ou entre l'esthétique d'Aristote et celle de Kant. Il écrit par exemple dans l'« Avant-propos » de son ouvrage consacré à l'esthétique de Kant :

> Le formalisme esthétique kantien est conforme à la conception qui, depuis Aristote, a fait du beau une apparence dans laquelle la pluralité se structure en une unité unique et nécessaire, mais qui, chez Kant, est présentée sous un jour nouveau : réduite à une finalité à part, elle en constitue la fin immédiate[2].

1. Qui récompense des chercheurs et artistes dont l'œuvre promeut les relations scientifiques, littéraires et artistiques ainsi que la compréhension culturelle entre les pays d'Europe centrale et du Sud.

2. E. Moutsopoulos, *Forme et subjectivité dans l'esthétique kantienne*, Athènes, Institutions philosophiques réunies, 1997 (rééd.), p. 6.

Cependant, selon lui,

> influencé par l'esprit de son temps, Kant est le premier à avoir renversé un dogmatisme millénaire et à avoir fondé une esthétique nouvelle sur le sentiment ainsi que sur le jugement de goût. Il sera désormais impossible de ne pas tenir compte des thèses de la troisième *Critique*. La révolution kantienne à propos des règles de l'esprit déborde ce domaine pour atteindre celui du goût. En devenant critique et relativiste, l'esthétique, jadis dogmatique, s'humanise [...]. L'*homo aestheticus* se libère de tout déterminisme esthétique dogmatique, son jugement étant désormais rendu autonome et par là-même, conforme à la nature, c'est-à-dire digne de la liberté à laquelle il prétend[1].

E. Moutsopoulos a pratiqué un style d'écriture tout à la fois *musical* et *kantien* – mêlant l'art libre de la fugue à celui de l'architectonique systématiquement structurée du criticisme – de l'histoire de la philosophie, qui pourrait figurer au frontispice du présent volume d'Actes, style selon lequel

> l'histoire de la philosophie ne saurait être celle des philosophes, ni celle des systèmes philosophiques, mais bien celle des idées, qui, tels les thèmes et motifs d'une fugue, apparaissent clairement et s'imbriquent, puis disparaissent momentanément, à l'instar des rivières qui poursuivent un cours souterrain, avant de resurgir sous l'aspect de sources. L'esprit philosophique, infiniment complexe, ne permet pas d'en délimiter les contours. Mieux vaut essayer d'en détecter les fils enchevêtrés et d'en concevoir les rapports, avant d'en apprécier l'unité capitale[2].

Que l'éditeur, Dimitri Lang, ainsi que Sophie Grapotte, soient remerciés pour la préparation des Actes présents, qui permettront de mieux ressaisir et contextualiser, au sein de la longue histoire de la raison humaine, ces « fils enchevêtrés » qui, par-delà les époques, relient Kant aux penseurs grecs anciens et dessinent entre eux une « unité capitale » – profonde et souterraine comme les rivières devenues sources jaillissantes – qu'il s'agit ici de mettre en lumière.

Nous dédions ce volume à la mémoire de nos deux collègues.

Mai LEQUAN
Présidente de la SEKLF,
Professeure à la Faculté de philosophie de
l'Université Jean Moulin – Lyon III

1. *Ibid.*, « Conclusion », p. 191.
2. E. Moutsopoulos, Préface à l'ouvrage de J.-M. Gabaude, *La philosophie de la culture grecque*, Paris, L'Harmattan, 2005, p. 10.

CONFÉRENCES PLÉNIÈRES

KANT ET PLATON
UN PHILOSOPHE DE L'ORDRE ET UN PHILOSOPHE DE LA LOI FACE AU CHANGEMENT DU MONDE

SOURCE DIVINE, SOURCE HUMAINE DU POUVOIR POLITIQUE

Les termes d'« ordre », d'une part, et de « loi », d'autre part, comportent tous deux un sens épistémologique, un sens éthique et un sens politique.

Exemplaire d'une philosophie de l'ordre au sens de la distinction entre le supérieur et l'inférieur (fondatrice de la différence entre le modèle et la copie, entre l'intelligible et le sensible), la vérité du platonisme paraît, aujourd'hui encore, irrécusable dans sa ligne politique : la Justice ne saurait être un produit des jeux de pouvoir, elle les transcende, elle n'en dérive pas. Mais quand le changement du monde conduit au désordre ou à la dégradation des principes les plus élevés, comment viser encore la transcendance de la justice ?

Chez Kant, la source n'est plus dans l'entendement divin, mais dans l'entendement humain. La science est l'œuvre de cet entendement, qui construit l'intelligibilité phénoménale des données sensibles et la morale contient les devoirs que la volonté s'impose à elle-même.

En matière politique, Platon et Kant peuvent être caractérisés comme deux réformateurs, l'un se donnant pour tâche d'élever les mœurs vers le meilleur des régimes et le plus haut mérite des citoyens, l'autre d'annoncer un progrès indéfini vers le mieux. Deux visions distinctes de la science, de la philosophie et de la métaphysique sous-tendent ces deux tensions vers l'idéal.

Ces deux philosophies si éloignées dès le principe et de par leur fondement, métaphysique pour l'une, anthropologique pour l'autre, se rejoignent dans la conviction que toute justification empirique « réaliste » du pouvoir (c'est-à-dire qui se résigne à traiter les hommes tels qu'ils sont et les faits tels qu'ils se répètent) est impuissante à en produire la légitimité.

PHILOSOPHIE DE L'ORDRE ET PHILOSOPHIE DE LA LOI

Kant opposait deux manières de concevoir l'activité philosophique, la première, dogmatique, et la seconde, critique, étant entendu que le mode critique met fin au mode dogmatique. Le mode dogmatique prétend accéder aux choses telles qu'elles sont en soi, tandis que le mode critique conçoit la pensée humaine comme l'organisation de simples représentations, qu'elles soient sensibles ou intellectuelles. La notion d'ordre est souvent appliquée à la pensée antique pour souligner qu'elle reconnaît l'existence d'une organisation du Cosmos : « Les savants, Calliclès, disent que le ciel et la terre, les dieux et les hommes sont unis ensemble par l'amitié, la règle, la tempérance et la justice, et c'est pour cela, camarade, qu'ils donnent à tout cet univers le nom d'ordre, et non de désordre »[1]. Un ordre hiérarchique des fonctions de l'âme correspond, dans la Cité, à un ordre hiérarchique des rôles sociaux, comme l'établit *La République*. *Le Banquet* célèbre l'ascension du désir vers son terme le plus haut : la « beauté en soi ». L'ordre est antérieur à la loi et la conditionne, caractère de la politique que souligne Léo Strauss :

> La *politeia* n'est pas un phénomène juridique. Les classiques se servaient du terme par opposition à celui de « loi ». La *politeia* est plus essentielle que toute loi ; elle en est la source. La *politeia* correspond plutôt à la répartition réelle du pouvoir à l'intérieur d'une communauté qu'aux prescriptions de la loi constitutionnelle[2].

Puisque, aujourd'hui, c'est en tant que kantiens que nous sommes réunis, il est permis de présumer que l'approche de la notion de loi nous est plus familière, ne serait-ce que parce qu'elle nous en fait comprendre la signification moderne, scientifique aussi bien que politique : la loi est la forme opératoire et normative d'une unité qu'elle réalise elle-même, celle des phénomènes naturels aussi bien que celle des collectivités politiques. En renonçant à connaître l'être en soi, Kant inscrit le savoir dans la perte de l'être, dans l'impossible continuité du connaître à l'être. Les synthèses de l'appréhension, de la reproduction et de la recognition dans les Principes de la possibilité de l'expérience montrent que, originairement, le donné sensible n'est rien qu'un pur divers à partir duquel il faut faire advenir une unité d'intuition. La loi est donc, pour les modernes, le commencement d'une unité qui surmonte la différence, la séparation et la dispersion. Selon les termes mêmes de Kant : « la représentation d'une condition générale, suivant laquelle un certain divers peut être posé (d'une manière homogène par conséquent) s'appelle une règle, et elle s'appelle une loi quand ce divers doit être posé ainsi. Tous les phénomènes sont donc dans une liaison complète suivant des lois nécessaires »[3]. Dans la politique également, la loi n'est pas le reflet d'un ordre (qu'il soit

1. Platon, *Gorgias*, 508 a, « Bibliothèque de la Pléiade », Paris, Gallimard, 1940, t. I, p. 461.
2. L. Strauss, *Droit naturel et histoire*, trad. fr. M. Nathan et É. de Dampierre, Paris, Champs-Flammarion, 1986, p. 128.
3. CRP, A 113-114, AK IV, 85 ; OP I, 1416.

religieux, familial, clanique ou ethnique), mais elle institue un type d'unité et de cohésion sociale qui est sans antécédent, puisqu'elle constitue la seule liaison possible entre des atomes individuels « naturels », qui ignorent les structures sociales hiérarchiques ou qui s'en sont libérés. La loi est ainsi au commencement d'une unité qui ne lui préexiste pas, elle ne relève plus d'un ordre de vérités éternelles, son unité est le produit d'une opération à effectuer, d'une tâche à accomplir, d'une organisation à instaurer.

Se pose alors la question de savoir si cette conception moderne de la loi ne fait pas écran à la manière platonicienne, qui fonde l'intelligibilité du monde et la justice politique dans une métaphysique de l'unité. En sa propédeutique, assurément, la prépondérance de la vision moderne est, bien souvent, pédagogiquement inhibitrice, et la pensée platonicienne régulièrement défigurée par une représentation intellectualiste sommaire de la transcendance des Idées, qui rend cette transcendance à peu près incompréhensible : pourquoi, en effet, poser le sens, c'est-à-dire la raison d'être des choses hors des choses, sinon du fait d'un dualisme rigide, dogmatiquement posé entre le sensible et l'intelligible, comme s'il s'agissait d'un simple préjugé philosophique que l'on s'est accoutumé à regarder comme un fait de l'histoire passée et dépassée de la pensée. Or Platon est en quête de vérité, et il veut transmettre à la postérité une vision vraie de la justice et du sens du monde. Une visée qui mérite d'être rappelée ou réveillée dans la société d'information qui est la nôtre, où le fallacieux a acquis une audience et une influence presque égale à la véridicité, et où, dans la sphère culturelle, l'idée de vérité a cédé la place, sur le net, à un réservoir de savoirs disponibles en vrac, une sorte d'événementialité intellectuelle, diversité chamarrée et sans ordre, chacun pouvant s'informer de la pluralité des théories philosophiques et choisir ou non de s'en inspirer selon son bon plaisir. Mais pour un philosophe, il en va autrement ; il lui importe de ne pas manquer la vérité du platonisme, c'est-à-dire ce qui est éternellement actuel en lui. Mais que choisir ? Faut-il, pour la ressaisir, surmonter l'obstacle que dresse la pensée moderne et ressusciter la puissance d'intuition de la philosophie précritique ? Ou bien, et c'est la solution kantienne, ne vaut-il pas mieux relever la dimension transcendantale et non pas transcendante des Idées platoniciennes et leur traduction critique possible en Idéal *a priori* de la raison pure ? Pierre-Maxime Schuhl, professeur et commentateur qui a instruit plusieurs générations de platoniciens, résume ainsi la postérité du platonisme : « les grandes philosophies classiques du XVIIe siècle sont nourries de platonisme, et le criticisme du XVIIIe siècle en est la transposition »[1].

1. P.-M. Schuhl, *L'œuvre de Platon*, Paris, Vrin, 1961, p. 211.

MÉTAPHYSIQUE ET POLITIQUE (PLATON)

Pour aborder le platonisme, nous choisissons de commencer par l'étonnement et le dépaysement en privilégiant une approche qui peut heurter un moderne, à savoir la fondation, par Platon, de la primauté du point de vue supérieur sur le point de vue inférieur dans la manière de regarder le monde et les affaires humaines. Le terme de « fondation » est essentiel, car cette primauté doit, en effet, être philosophiquement fondée puisqu'elle ne va pas de soi.

Perfection et transcendance

Toute supériorité est relative, en effet, aux circonstances, aux êtres concernés et aux institutions : ce qui est jugé supérieur ici sera jugé inférieur ailleurs. Le supérieur change de forme, d'incarnations et de mode. Il change de sens aussi, il peut être ce qui est le plus fort, ce qui est le plus influent, le plus séduisant, le plus habile… Les interlocuteurs de Socrate sont souvent des « réalistes » en morale et en politique et savent dire ce que la supériorité doit aux apparences, au mensonge et à l'impunité. Il faut donc que soit philosophiquement fondée la primauté de l'excellence comme exacte et unique mesure d'une évaluation possible des affaires et des conduites humaines. C'est, en effet, parce qu'elle échappe à la diversité déstabilisatrice des opinions que la perfection s'impose comme mesure absolue, inconditionnée, transcendante, autrement dit, surhumaine et divine.

Au moderne qui doit s'aventurer à interpréter le platonisme en tâchant d'éviter un vocabulaire inadéquat parce qu'anachronique, la transcendance de l'essence ou de l'Idée apparaît comme la réalité entière d'une chose parce qu'elle en est le complet accomplissement, le parfait aboutissement. L'essence d'une chose ne saurait dépendre des aléas qui l'affectent (qu'il s'agisse d'un comportement ou d'un individu), c'est sa réalisation achevée qui définit en vérité sa quiddité, sa nature, son essence. Un être humain n'est pas défini par ses imperfections, pas plus que par les jugements qui sont portés sur lui dans les jeux de passions et de pouvoir ordinaires. C'est sa propre perfection, son achèvement total, qui peut seul servir de mesure à la connaissance de soi et à l'orientation de sa vie qui le porte vers sa réalité entière ; il se connaît alors comme une âme, en devenant capable d'en percevoir l'aspiration au meilleur.

On peut interpréter dans cette ligne le principe de justice que Socrate veut faire redécouvrir : subir l'injustice vaut mieux que la commettre. Ses interlocuteurs le comprennent difficilement car ils attendent un adage pragmatique, une recette de comportement socialement valorisant, alors que le principe qui enjoint de subir l'injustice plutôt que de la commettre signifie d'abord le plus haut degré d'accomplissement de la justice, sa forme idéale et achevée que seuls les héros et les saints réalisent effectivement.

La Lettre VII donne une indication précieuse de cette transcendance de l'essence qui marque la connaissance philosophique et qui est au-delà des mots :

> ce n'est pas un savoir qui, à l'exemple des autres, puisse aucunement se formuler en propositions; mais, résultat d'un commerce répété avec ce qui est la matière même de ce savoir, résultat d'une existence qu'on partage avec elle, soudainement comme s'allume une lumière lorsque bondit la flamme, ce savoir se produit dans l'âme et, désormais, il s'y nourrit tout seul lui-même[1].

Parler ainsi du savoir comme d'une réalité vivante qui illumine l'âme tout en se nourrissant de l'âme pour se développer fait ressortir la dimension existentielle, spirituelle et même mystique dont est capable la démarche philosophique. Il indique également comment la transcendance du savoir qu'elle atteint est à la fois dans l'âme et au-dessus d'elle : l'essence est au-delà de la représentation, l'intelligence a besoin d'être illuminée, et la vie la plus haute de l'âme serait celle où l'âme se nourrit de sa propre lumière, dès lors que l'accès au savoir n'est pas prise de possession mais illumination, donation de la lumière qui fait voir. « Connais-toi toi-même » ne signifie-t-il pas alors appréhender la dimension surnaturelle, suprasensible de la nature humaine ? Peut-être la modernité a-t-elle perdu de cette densité du philosopher en ce qu'elle pense les biens (dont la science faite partie) en termes d'avoir plutôt qu'en termes d'être, d'autoréalisation commune du savant et du savoir.

De l'idéal en politique

Comment réaliser un idéal politique qui se trouve fondé dans une métaphysique de l'unité ?

Pour le comprendre, les Modernes ont une répugnance à surmonter, celle que leur inspire l'inégalité qui différencie les individus dans le cadre de la Cité. Une répugnance qui agit souvent comme un préjugé. Il faut donc faire la part des choses. Certes, l'égalisation des conditions est une quête politique moderne, et l'égalité juridique l'une de ses grandes conquêtes. Mais l'inégalité entre les hommes n'est pas niée pour autant. Une inégalité de destin et de chance est attachée à la naissance, à la culture, au caractère, au sexe, aux circonstances… Une autre inégalité existe aussi, qui est liée au mérite, et en ce point nous nous rapprochons de Platon.

Chacun admet que le degré d'ignorance ou de savoir influe sur le jugement d'un individu et hiérarchise les capacités d'argumentation dans un débat. Les universités sont classées en fonction du niveau de leurs exigences scientifiques, et un professeur de philosophie, tout en cherchant à donner les mêmes chances à ses élèves, reconnaîtra que certains ont un véritable « naturel philosophe », tandis que d'autres sont simplement habiles à comparer et croiser les théories qu'ils ont apprises. Dans l'ordre économique, les différences de rétribution ne sont pas

1. Platon, *Lettre VII*, c, d, « Bibliothèque de la Pléiade », Paris, Gallimard, 1943, t. II, p. 208.

uniquement fonction du temps passé au travail, mais (à moins d'abus et de corruption) découlent de l'estimation du mérite personnel de l'auteur et de la valeur produite pour la collectivité. Il résulte des différences de situation et de point de vue une inégalité des évaluations vitales qui concernent au plus haut point la communauté politique. L'un peut faire de sa personne un instrument au service des puissants du moment, un autre montrer une énergie fortifiée d'ambition égocentrée, un troisième cultiver la performance réalisée par la ruse et le calcul. Tant que la valeur des choses dépend du registre des appétits et des avis mobilisés par la cupidité ou l'envie, il ne peut y a voir de paix ni d'harmonie parmi les citoyens.

Or l'intelligence politique de Platon comprend la disparité effective des évaluations vitales ainsi ancrées dans le vécu du désir, des affects, des expériences et des opinions comme la matière qui doit être ordonnée, organisée dans la Cité selon la concorde et l'amitié. Une différence de conception de la vie politique comparativement à la modernité se manifeste assurément. Lorsque, dans *La République*, est évoquée la naissance de la Cité, ce qui vient au commencement est le besoin que les hommes ont les uns des autres, besoin que Socrate souligne : « il y a, selon moi, naissance de société du fait que chacun de nous, loin de se suffire à lui-même a, au contraire, besoin d'un grand nombre de gens »[1], de sorte qu'il s'agit de constituer une « communauté » afin de fonder une « société politique »[2]. Les individus ne sont pas ici des atomes séparés, mais des êtres naturellement sociaux, vivant en communauté, si bien que les liens importent autant que les lois, que l'idéal politique doit réaliser le bien de l'individu en même temps que celui de la collectivité tout entière. Ainsi, la solidarité du tout social est aussi nécessaire que le travail particulier des acteurs ou des métiers. Et la justice est ce qui rend possible cette concorde entre des fonctions, des compétences et des dispositions distinctes et inégales.

Liaison, association, « co-vivance » sont donc des états primordiaux pour qu'existe une réelle communauté politique. Le politique s'ancre, en quelque sorte, dans le social, comme si la justice sociale était prise pour fondement de la possibilité d'un gouvernement à la fois juste et fort. On observe ainsi que la manière patiente et concrète de dialoguer qui est celle de Socrate cherche quelque chose de plus que l'accord de la raison, un véritable assentiment et une conviction partagée. Aussi le modèle platonicien paraît-il être un idéal politique d'autorité bien plus que de pouvoir au sens d'une force contraignante qui pèse sur tous : la meilleure organisation de leurs relations est ce qui fait autorité et crée les liens qui unissent les parties au tout. Ce qui peut donner leur autorité aux lois est, en effet, cette adhésion première au fait d'être associé et interdépendant, adhésion à ce qui est commun dans la vie commune, à l'unité qui ordonne les places de chacune des parties.

1. Platon, *La République*, II, 369 b, « Bibliothèque de la Pléiade », Paris, Gallimard, 1940, t. I, p. 914.

2. *Ibid.*, p. 917.

LA LOI ET LE POUVOIR (KANT)

Avec Kant, comme avec les théories du pacte social de manière générale, s'opère un renversement d'épistémologie politique, puisque c'est l'individu, et non une communauté, qui est supposé être à l'origine du corps politique. Une origine qui ne peut être que représentation, ne serait-ce que parce que le moment n'en a peut-être jamais eu lieu, comme le relève, du reste, Rousseau. Si sa reconstruction mentale s'adresse à la raison pure, c'est parce que les individus doivent se faire de leur liberté une conception exacte, afin que puisse reposer sur elle la constitution d'une entité politique : ce n'est plus la vérité, mais la volonté qui fonde le pouvoir de gouverner. Pour illustrer la différence d'analyse qui sépare Platon de Kant, on empruntera à Louis Dumont son opposition de la pensée holiste et de la pensée individualiste :

> lorsqu'il n'y a plus rien d'ontologiquement réel au-dessus de l'être particulier, lorsque la notion de « droit » s'attache, non à un ordre naturel et social, mais à l'être humain particulier, cet être humain particulier devient un individu au sens moderne du terme [1].

Le problème du commencement

Mais comment des individus, dont chacun entend conduire sa vie selon ses décisions particulières, peuvent-ils s'entendre? Pour Kant, comme pour Rousseau, c'est à la condition que le pacte social procède d'une volonté générale, et donc d'une unité des volontés. Ce sont des principes de base, universels et rationnels qui sont propres à définir les conditions du pacte et à associer les volontés. Or de tels principes de base ne sauraient être empiriquement conditionnés par le pouvoir d'un État, il faut qu'ils soient, au contraire, les règles de la constitution juste d'un État, les normes juridiques qui définissent *a priori* les fonctions et buts de l'État. Ce que Kant énonce comme suit : « Ces principes ne sont pas tant des lois que donne l'État déjà institué, que celles qui seules rendent possible l'institution d'un État conformément aux purs principes de la raison du droit humain externe en général » [2]. Il faut définir juridiquement et non pas empiriquement ou historiquement l'État, de même qu'il faut obtenir des citoyens une volonté juridique et non sauvage touchant les biens et les places disponibles dans la société politique.

Rousseau avait reconnu que se pose le problème du commencement, qu'il expose en ces termes :

> Pour qu'un peuple naissant pût goûter les saines maximes de la politique et suivre les règles fondamentales de la raison d'État, il faudrait que l'effet pût devenir la cause, que l'esprit social qui doit être l'ouvrage de l'institution présidât à

1. L. Dumont, *Essais sur l'individualisme*, Paris, Seuil, 1983, p. 73.
2. TP, AK VIII, 290; OP III, 270.

> l'institution même, et que les hommes fussent avant les lois ce qu'ils doivent devenir par elles[1].

Comment des individus attachés à leurs biens personnels, à leurs avantages et privilèges, séparés par la méfiance, voire la détestation, peuvent-ils s'unir? Autrement dit, comment faire société avec des asociaux? Ou comment créer des liens avec des lois? Il faudrait que l'amour des lois soit la condition de leur autorité et qu'une solidarité plus primitive que l'égoïsme conduise à placer, dès l'origine, le bien commun au-dessus de la préférence de soi. Montesquieu invoque la vertu, Rousseau la pitié, et Tocqueville pour sa part voit dans la compassion une donnée anthropologique nouvelle qui ouvre à l'égalisation démocratique des conditions. Notre société contemporaine connaît ce problème; en acceptant le pluralisme des identités communautaires, elle doit demander à l'école de produire le goût de la vie commune comme un bien indispensable à chacun en même temps qu'à l'ensemble de la société.

Pouvoir et violence

Le problème de l'union des volontés dans un même corps politique inclut encore celui de l'origine du pouvoir. Kant récuse l'idée de faire du pacte social un pacte historique[2]. Le pacte est « originaire », c'est-à-dire *a priori* normatif : c'est la raison pure qui lui donne une place originairement législatrice, originairement impérative. Comme chez Platon, le juste ne saurait résulter des pressions exercées par des individus ou des groupes, il est au-dessus des conflits d'intérêts.

De ce fait, il faut accepter que l'origine empirique, l'origine historique du pouvoir soit déclarée « insondable » pour le peuple[3], ce qui veut dire indiscutable : « Il n'a rien d'autre à faire qu'à obéir »[4]. Théorie et Pratique développe une longue analyse de cette difficile question de l'interdiction d'un droit de résistance populaire au souverain d'un État, quand même celui-ci se montrerait injuste. On pourrait se scandaliser de voir le droit apparemment réduit à la force des faits : une révolte a-t-elle abouti, s'impose alors d'obéir au nouveau souverain, à l'exemple des révoltes de la Suisse, des Provinces-Unies et de la Grande-Bretagne[5]. La problématique ici en jeu, en vérité, est double : elle concerne d'une part la nature du pouvoir, et d'autre part la possibilité de la justice en politique.

Sous ce premier rapport, en effet, l'usage du pouvoir, au sens du pouvoir de contraindre, est nécessaire pour combattre la violence. La Doctrine du droit ne présente pas cette nécessité comme un constat de fait, mais comme une présupposition rationnelle : l'état de nature est l'état des relations qui ne sont pas

1. J.-J. Rousseau, *Du contrat social*, Livre II, chap. VII, Paris, GF, 1966, p. 79.
2. TP, AK VIII, 297; OP III, 279.
3. MM, DD, AK VI, 318; OP III, 384.
4. TP, AK VIII, 298; OP III, 280.
5. TP, AK VIII, 301; OP III, 284.

juridiquement réglées et garanties[1]. L'état civil est indispensable pour que les conflits soient traités par une cour de justice plutôt que par la ruse, la manipulation ou la violence. Il est donc impensable d'accorder à la violence l'autorité d'une institution légitime, fût-ce du peuple révolté contre son souverain, et même en vertu de mobiles censés être légitimes ; la violence ne saurait concurrencer le droit dans le règlement des conflits, sauf à retomber dans un état sans lois.

L'enjeu philosophique de ce rôle du pouvoir politique est considérable, en ce que le pouvoir de la loi risque de se borner à n'être qu'un simple instrument d'union par la contrainte, la subordination, la subsomption, ce que les travaux du jeune Hegel dénonceront vivement, jugeant que la morale kantienne est pure domination (le kantien étant esclave de lui-même) et que le règne formel de la loi détruit la force sensible de l'amour. Plus près de nous, Paul Ricœur utilisera ce critère de la violence pour distinguer entre la morale et l'éthique. C'est l'existence du mal, explique Ricœur, qui justifie le passage de l'éthique à la morale[2]. Le mal prend la forme politique de la domination, du pouvoir de l'homme sur l'homme, pouvoir qui commence « avec l'influence et s'achève dans le meurtre »[3]. Mais « à toutes les figures du mal répond le non de la morale »[4]. La différence avec la *politeia* platonicienne saute aux yeux : le pouvoir n'est qu'un instrument, un usage de la force dirigée contre la violence (c'est l'analyse de Max Weber), et non plus la manière d'un agir-en-commun (dans le sens où l'entend une Hannah Arendt).

La résistance par la communication

Mais, et c'est le deuxième intérêt de l'analyse de l'interdiction faite au peuple de résister au souverain, Kant lui-même n'ignore pas cette tendance instrumentale et technicienne du pouvoir. Aussi faut-il que le droit se soumette et conditionne l'exercice du pouvoir[5]. L'idéal de justice ne saurait se réaliser en donnant le pouvoir aux philosophes, mais en faisant des philosophes les « conseillers du pouvoir ». Kant s'emploie à jouer lui-même ce rôle :

– refuser au peuple le droit d'user de la violence, c'est l'empêcher de conforter et de faire se perpétuer une vision uniquement instrumentale et technique du pouvoir (le pouvoir ne faisant qu'augmenter le pouvoir du pouvoir, même quand il se présente comme contre-pouvoir).

1. MM, DD, AK VI, 318 ; OP III, 394.

2. P. Ricœur, *Soi-même comme un autre*, Paris, Seuil, 1990, p. 200 : « Je réserverai le terme d'éthique pour la visée d'une vie accomplie et celui de morale pour l'articulation de cette visée dans des normes caractérisées à la fois par la prétention à l'universalité et par un effet de contrainte. »

3. *Ibid.*, p. 256.

4. *Ibid.*, p. 258.

5. PPP, AK VIII, 380 ; OP III, 376.

– Il faudra donc proposer une solution juridique aux griefs qui l'opposent au souverain, et qui consistera dans le droit d'exprimer des doléances. Sans doute cette libre expression est-elle « l'unique palladium des droits du peuple »[1], mais il s'agit là bel et bien d'un droit de résistance. Il s'agit d'un vrai droit de résistance parce que la résistance elle-même se fait droit en se donnant le statut d'un énoncé public, dont la validité publique est reconnaissable par tous. Henri d'Aviau de Ternay parle d'un « impératif de communication ». On pourrait parler d'un impératif de communicabilité, au sens où la communicabilité des discours transforme une revendication subjective en une prétention à la validité juridique. Certes, je ne peux revendiquer publiquement le désir de nuire, de voler ou de dégrader, impulsions très singulières et peu avouables ; mais la légitimité du droit au savoir, au travail, au développement de ses talents se fait reconnaître comme valeur publique et bien commun. Il y a de bonnes raisons de penser que l'expression publique des demandes de justice fait le tri entre ce qui relève de la volonté individuelle de chacun et ce qui relève de sa manière de contribuer à la volonté générale : la publicité des demandes de reconnaissance change le peuple en public et fait passer de l'individu au citoyen.

Le *Projet de paix perpétuelle* imposera au souverain le même impératif de communicabilité. C'est donc la force de la civilisation, la force du changement dont la civilisation est prégnante qui peut résoudre le mal dont la politique moderne est génératrice et qui consiste à se servir du pouvoir comme simple instrument de pouvoir, par l'accumulation de moyens toujours plus habiles de rendre le pouvoir puissant et efficace.

LE CITOYEN À VENIR

Ainsi, quand il est dépourvu de toute fondation métaphysique, le pouvoir tendrait à devenir un simple instrument d'union civile par domination des volontés particulières. Tel est l'enjeu de la confrontation entre une philosophie de l'ordre et une philosophie de la loi.

Retrouver l'idéal platonicien de République en mettant entre parenthèses la conception moderne du pouvoir fait reconnaître que, quand les individus sont perçus comme des êtres naturellement sociaux, les liens importent autant que les lois et que la justice doit organiser la concorde entre des individus et des groupes dont les fonctions, les compétences et les dispositions sont distinctes et inégales. La solidarité sociale donne toute son autorité à la justice.

1. TP, AK VIII, 304 ; OP III, 288.

Parce qu'il comprend qu'une conception simplement instrumentale et technique du pouvoir conduit à son intensification constante, même quand il se présente comme un contre-pouvoir, Kant fait de l'expression publique des attentes politiques un droit de résistance qui agit comme un impératif de responsabilité républicaine.

Aujourd'hui, la liberté qui se veut démocratique consistera de plus en plus, semble-t-il, dans la responsabilité pour chacun de ses propres pensées, dont il aura perçu qu'elles sont, s'il prétend leur donner une validité politique, des significations collectives, des incarnations du corps collectif, et non pas simplement les émanations instables de désirs subjectifs.

On dit parfois que la démocratie représentative est en crise ; sans doute serait-il plus exact de parler à ce propos d'une « démocratie d'opinion », non pas l'opinion du parti-pris, que les sondages s'emploient périodiquement à identifier et à mesurer en pourcentages, mais l'opinion individualisée, incommensurable, certifiée par le primat du « ressenti », donné comme le critère ultime de la valeur d'une conviction.

L'opinion se dit ainsi « personnelle » au sens où elle reflète la réactivité passionnelle de chacun, avec une dimension d'intimité qui renvoie à l'histoire individuelle et familiale ; mon opinion révèle ce que je suis, ce que j'aime ou déteste, c'est un segment d'autobiographie. L'expression, au contraire, réclame l'effort de trouver les mots et les images qui vont permettre à une pensée de s'extérioriser, de prendre corps dans l'espace public, de devenir une signification collective, de se doter d'une exemplarité symbolique qui peut unir et faire mûrir les esprits. L'expression est une réalité interactive (elle vit de la compréhension des autres, elle pense pour un autre et est homologuée par un autre). L'opinion se forge aussi par adhésion à une idéologie, elle en est un miroir ou une copie, elle lui donne sa voix, une voix particulière parmi d'autres. L'expression, au contraire, est un travail qui porte à l'existence une parole qui répond à d'autres paroles, elle tisse ainsi l'expérience consciente de soi d'une communauté en portant la responsabilité de l'intelligence qu'elle se donne de sa propre histoire. L'intercompréhension des acteurs étant désormais le lien, la condition de leur possible solidarité culturelle, un citoyen démocrate aura pour devise : « Je suis ce qu'un autre comprend de moi »[1].

Monique CASTILLO

1. M. Castillo, *Faire renaissance, une éthique publique pour demain*, Paris, Vrin, 2016, p. 247.

KANT LECTEUR DE PLATON
LE RÔLE RÉGULATEUR, LA FONCTION ÉPISTÉMIQUE ET LE STATUT ONTOLOGIQUE DES IDÉES TRANSCENDANTALES

Il est clair que Kant considérait sa démarche philosophique comme radicalement différente de celle de tous ses prédécesseurs. Les philosophes grecs étaient des cibles privilégiées de la critique, directe ou indirecte, développée dans ses ouvrages principaux. Mais c'est à Platon en particulier que Kant nous invite à remonter pour repérer les premières formes de raisonnements dialectiques aboutissant à des conclusions illusoires. C'est ainsi qu'il se réfère à lui au début de la « Dialectique transcendantale » de la *Critique de la raison pure* comme un cas exemplaire de l'usage illicite des concepts *a priori*, interprétés comme des idées de la raison détachées de l'entendement. Une fois le diagnostic de l'égarement de l'esprit en quête d'entités ou propriétés suprasensibles établi, la conclusion s'impose : on doit renoncer à toute forme de "déduction mystique" des idées qu'on est tenté d'hypostasier [1]. Kant reviendra sur ce point dans la « Dialectique » de la *Critique de la raison pratique*, dans l'« Analytique de la faculté de juger téléologique » de la *Critique de la faculté de juger* et dans *Sur un ton supérieur nouvellement pris en philosophie*, pour souligner ses distances aussi bien par rapport à l'ontologie des archétypes transcendants élaborée par Platon que par rapport à toute conception d'une faculté de cognition innée ; et là-dessus notons que Kant se réfère à une intuition originaire *a priori* et à la fameuse doctrine de la réminiscence. Kant s'oppose surtout à l'« enthousiasme » platonicien qui « allume le flambeau d'une exaltation mystique » [2].

Cependant, bien que les objets principaux de la réflexion philosophique de Platon ne puissent pas donner lieu à une connaissance théorique, il faut admettre qu'ils « n'en ont pas moins leur réalité et ne sont aucunement de pures

1. CRP, A 313-314/B 370-371, AK III, 246 ; OP I, 1026-1027.

2. Voir CRPr, AK V, 141 ; OP II, 780. *Cf.* CFJ, AK V, 363 ; OP II, 1152-1153 et TSP, AK VIII, 391-392 ; OP III, 398-399 n. Ici, nous n'allons pas aborder le problème de la fidélité de la lecture de Platon adoptée par Kant dans les divers passages où il mentionne la théorie originale des idées, pour la critiquer ou pour en retenir certains éléments.

chimères »[1]. Les idées transcendantales proprement comprises jouent un rôle régulateur qui est non seulement légitime, mais aussi essentiel pour l'orientation de la pensée et de l'action. On ne peut pas se passer de ces concepts purs de la raison, non seulement en philosophie pratique, où ils fournissent un « étalon indispensable » et un « fondement de tout progrès vers la perfection morale », mais encore dans l'étude de la nature, où ils sous-tendent l'investigation scientifique du monde des phénomènes, puisqu'ils servent de principes permettant d'étendre l'expérience et de lui conférer la plus grande unité systématique possible[2].

On comprend ainsi que l'attitude critique à l'égard de Platon n'empêche aucunement la reconnaissance des mérites de sa visée ambitieuse. Le démantèlement de son édifice métaphysique nous incite à nous interroger de nouveau sur le statut ontologique des idées et à étudier leur rôle dans la poursuite des « fins suprêmes » de la raison. C'est là la tâche amorcée dans l'« Appendice de la Dialectique transcendantale » de la première *Critique*, où l'argumentation kantienne semble se heurter à des apories philosophiques.

Dans ce qui suit, je vais me concentrer sur certaines de ces apories, en essayant de mettre en évidence des tensions et des ambivalences dans les positions de Kant. En effet, ce dernier défend l'objectivité et la nécessité des idéalités révélées par l'analyse de la raison, tout en récusant leur existence indépendante. Selon l'interprétation que je vais tenter d'esquisser, l'entreprise transcendantale kantienne combine un constructivisme sophistiqué avec une forme de platonisme modéré ou assoupli. L'intérêt de la question ici abordée du statut ontologique des idées dépasse le cadre de l'exégèse des textes kantiens, puisqu'elle nous donne l'occasion de proposer les éléments d'un modèle original pour la compréhension de la normativité morale et épistémique, telle qu'elle est thématisée dans des débats actuels. Ce modèle consisterait à formuler une version faible de l'idéalisme transcendantal qui s'approprierait une partie de l'héritage platonicien sur la question du statut des idées.

La problématique que nous allons aborder comporte une série de questions qui peuvent nous servir de fil conducteur dans notre investigation.

En quoi consiste exactement le rôle régulateur assumé par les idées de la raison ? Ne convient-il pas d'ailleurs de parler plutôt d'une *variété* de fonctions régulatrices, qui impliquent une *pluralité* de concepts et de principes ? Et, dans l'affirmative, ne serait-on pas appelé à en évaluer la portée, la validité, et les propriétés particulières, selon le domaine et le niveau de leur application ? On devrait en tout cas se demander quelles sont les idées qui se présentent comme *essentielles* pour l'orientation de la pensée et de l'action, et comment on pourrait procéder à leur justification. Est-il possible de parvenir à une sorte de déduction

1. CRP, A 315/B 371-372, AK III, 247 ; OP I, 1026.

2. Voir CRP, A 313-315/B 370-372, AK III, 246-447 ; OP I, 1026-1028. *Cf.* CRP, A 568-569/B 596-597, AK III, 383-384 ; OP I, 1193-1194 ainsi que A 509/B 537, AK III, 349 ; OP I, 1150 et A 647-648/B 675-676, AK III, 429-430 ; OP I, 1250-1251.

transcendantale de ces idées ou des principes qui se fondent sur elles, si elles ne font pas partie des conditions de possibilité de l'expérience? Qu'est-ce qui nous autorise à chercher à repérer une forme de platonisme, même assoupli et implicite, dans la conception des idées élaborée par Kant?

IDÉES ET PRINCIPES
FONCTIONS CONSTITUTIVES ET RÉGULATRICES

En effet, on ne saurait apprécier l'importance de la dimension positive de la « Dialectique » sans tenir compte des divers aspects de l'usage des idées qui y sont invoqués et élaborés dans des directions différentes, suivant les commandements de la raison en quête d'une connaissance de la nature ou d'une satisfaction de ses intérêts pratiques. Il faut ainsi laisser de côté le travail critique qui vise à corriger le raisonnement fallacieux aboutissant à des *conceptus ratiocinantes* (concepts de la raison sophistique) et examiner l'argumentation qui étaye la nécessité de l'emploi d'une variété des *conceptus ratiocinati* (concepts rigoureusement conclus)[1].

Ici, on doit d'abord se rappeler quelles sont les tâches des facultés cognitives supérieures et décrire la structure de leurs opérations plus ou moins complémentaires. Il est clair que les concepts et les idées attestant de la spontanéité de l'esprit humain acquièrent leur vraie signification quand on les interprète comme des *règles*, des *maximes* ou encore des *principes* aspirant à l'unité d'une pluralité d'éléments et effectuant des synthèses à plusieurs niveaux.

L'investigation kantienne, telle qu'elle se déploie dans la première *Critique* et telle qu'elle est résumée dans les *Prolégomènes à toute métaphysique future*, met en lumière un ensemble d'opérations rendant possible l'expérience et la connaissance qui s'appuie sur elle. L'entendement fournit les catégories qui transforment le divers des intuitions en jugements, établissant ainsi l'ordre du monde phénoménal, tandis que la raison dirige la pensée vers la plus grande unité systématique de l'usage de l'entendement dans la plus grande extension à laquelle il puisse aspirer. Ces concepts purs ne peuvent plus fonctionner comme des règles qui garantiraient la connaissance synthétique *a priori* d'une réalité située au-delà de notre expérience, mais assument le rôle régulateur de principes régissant l'activité de la réflexion rationnelle en quête de l'inconditionné :

> L'entendement constitue un objet pour la raison, exactement comme la sensibilité le fait pour l'entendement. L'œuvre de la raison est de constituer systématiquement l'unité de tous les actes empiriques possibles de l'entendement, de même

1. Voir CRP, A 311/B 367-368, AK III, 244; OP I, 1024-1025. Pour une interprétation d'ensemble de la « Dialectique transcendantale » qui souligne les aspects positifs de l'étude des idées de la raison, voir M. Willaschek, *Kant on the Sources of Metaphysics. The Dialectic of Pure Reason*, Cambridge-New York, CUP, 2018. L'hypothèse de la présence d'une forme de réalisme modéré des idées kantiennes que je vais défendre ici, n'est pas soutenue par l'auteur.

> que l'entendement relie par des concepts le divers des phénomènes et le soumet à des lois empiriques [1].

Il importe de noter que la notion de principe est déjà adoptée et employée au cours du développement de l'« Analytique de la logique transcendantale ». Ici, Kant s'occupe des « principes propres à l'entendement » et y consacre une section entière de l'Analytique, afin de mettre en évidence l'apport des concepts *a priori* à la construction des jugements déterminant la forme de toute expérience à portée objective. C'est dans ce contexte que l'on rencontre la discussion d'une fonction *régulatrice*, réalisée par des *principes dynamiques* (« Analogies de l'expérience » et « Postulats de la pensée empirique en général »), distinguée de celle *constitutive*, effectuée par les *principes mathématiques* (« Axiomes de l'intuition » et « Anticipations de la perception »). Tandis que les derniers « nous enseignent comment les phénomènes pouvaient être produits, suivant les règles d'une synthèse mathématique, aussi bien selon leur intuition que selon le réel de leur perception », les principes dynamiques « doivent soumettre *a priori* à des règles l'existence des phénomènes ». Kant souligne leur caractère particulier : « En effet, comme elle ne se laisse pas construire, ces principes ne concerneront que le rapport d'existence, et ne peuvent être que des principes régulateurs » [2].

Cependant, il s'avère que les deux groupes de principes, qui se présentent comme également indispensables pour l'articulation de la dimension des phénomènes accessibles à la connaissance, contribuent de façon complémentaire à la constitution de cette dimension. Ce sont les principes qui se basent sur les idées de la raison invoquées dans la « Dialectique » qui semblent se limiter à un rôle clairement régulateur :

> Les lois regardées comme dynamiques sont bien entendu constitutives par rapport à *l'expérience*, en rendant possibles *a priori* les *concepts* sans lesquels aucune expérience n'a lieu. Les principes de la raison ne peuvent jamais être constitutifs par rapport aux *concepts* empiriques, parce qu'aucun schème correspondant de la sensibilité ne peut leur être donné, et que par conséquent ils ne peuvent avoir aucun objet *in concreto* [3].

Comme l'explique Michael Friedman,

> La solution de Kant à notre problème est alors de distinguer entre deux sens de la constitutivité. Les concepts et principes mathématiques (de quantité et de qualité) sont constitutifs par rapport à l'intuition. Les concepts et principes dynamiques sont constitutifs par rapport à l'expérience, mais seulement régulateurs par rapport à l'intuition. Les idées de la raison ne sont même pas constitutives par rapport à l'expérience : elles sont purement régulatrices [4].

1. CRP, A 664/B 692, AK III, 439 ; OP I, 1263.
2. CRP, A 179/B 222, AK III, 160 ; OP I, 916-917.
3. CRP, A 664/B 692, AK III, 439 ; OP I, 1262-1263.
4. M. Friedman, « Regulative and Constitutive », *Southern Journal of Philosophy*, 30, « Issue Supplement », 1992, p. 73-102, ici p. 79. Friedman (*ibid.*, p. 77) renvoie également à l'*Opus*

En fait, Kant répète maintes fois son injonction de ne jamais attribuer une fonction constitutive aux idées transcendantales destinées à un usage régulateur. Leur rôle est celui d'un *focus imaginarius* qui ne se réfère pas à un objet réel appartenant au monde de l'expérience :

> [...] elles ont au contraire un usage régulateur excellent et indispensablement nécessaire, celui de diriger l'entendement vers un certain but dans la perspective duquel les lignes directrices de toutes ses règles convergent en un point qui, bien qu'il ne soit qu'une idée (*focus imaginarius*), c'est-à-dire un point d'où les concepts de l'entendement ne partent pas réellement, puisqu'il se situe en dehors des limites de l'expérience possible, sert cependant à leur fournir la plus grande unité avec la plus grande extension [1].

On observe que, dans la mesure où Kant veut souligner la différenciation de l'usage des idées de la raison pure de celui des concepts de l'entendement, il ne parle pas de leur *réalité*, mais de leur *valeur* (ou *validité*)[2] objective. Néanmoins, il est conscient du besoin d'établir la validité objective de ces *entia rationis*, qu'on ne peut pas élucider sans se référer aux tâches principales de la faculté mentale dont ils sont issus. Les idées transcendantales en question, qui se prêtent à la logique de l'illusion et à l'égarement sophistique, témoignent en même temps de l'orientation vers les fins les plus élevées de l'esprit humain. Il est donc impératif de se concentrer sur leur fonction au service de ces fins, en commençant par l'usage spéculatif ou théorique de la raison, avant de prendre en considération sa dimension pratique. L'approche de Kant nous permet de passer des idées aux principes qui les expriment et les appliquent, réciproquement.

LA RECHERCHE DE L'INCONDITIONNÉ ET L'ÉMERGENCE DES IDÉES RÉGULATRICES PRINCIPALES

Nous avons déjà mentionné la quête de l'inconditionné, autre terme pour l'absolu, qui peut servir pour caractériser la vocation de la raison pure. Son principe essentiel, que nous désignerons *P1* par commodité, nous incite à rechercher « l'unité synthétique inconditionnée de toutes les conditions en général » :

> Or autant l'entendement se représente d'espèces de rapports au moyen des catégories, autant il y aura aussi de concepts purs de la raison ; il y aura donc à chercher en premier lieu un *inconditionné* de la synthèse catégorique dans un *sujet*, en

posthumum, où Kant se réfère à des principes régulateurs qui sont aussi constitutifs. Voir OPost, « Transition des fondements métaphysiques de la science de la nature vers la physique », AK XXII, 241.

1. CRP, A 644/B 672, AK III, 428 ; OP I, 1248.

2. Ici je crois qu'il serait préférable d'employer le terme « validité » pour rendre le concept de « Gültigkeit », au lieu de « valeur », adopté dans la traduction de J. Barni modifiée et corrigée par A J.-L. Delamarre et F. Marty).

> second lieu un *inconditionné* de la synthèse *hypothétique* des membres d'une série, *en troisième lieu* un *inconditionné* de la synthèse disjonctive des parties dans un *système* [1].

On peut ainsi distinguer entre trois classes d'idées transcendantales :

> La *première* contient l'*unité* absolue (inconditionnée) du *sujet pensant*; la *seconde*, l'*unité* absolue de la série des conditions du phénomène; la *troisième*, l'*unité* absolue de la *condition de tous les objets de la pensée en général* [2].

Le principe en question *P1* se rattache au principe complémentaire *P2* que « si le conditionné est donné, est donnée aussi (c'est-à-dire contenue dans l'objet et dans sa liaison) la série entière des conditions subordonnées, laquelle est par conséquent elle-même inconditionnée »; *P1* sans *P2* resterait une maxime logique, sans la force objective d'un principe [3]. Ce qui est problématique, c'est que l'association apparemment inévitable de *P2* avec *P1* nous fait croire que la fonction de *P1* a un caractère constitutif et une portée cognitive. L'illusion dialectique qui s'ensuit est à l'origine des raisonnements fallacieux, tels que les paralogismes et les antinomies, dont il faut se garder. Le risque de s'égarer n'implique pas pourtant qu'il faille renoncer à l'emploi de *P1*; pourvu qu'on ne suppose pas que la raison spéculative puisse nous fournir une connaissance métaphysique au-delà de l'expérience.

> Cette restriction ne l'empêche pas de nous conduire jusqu'à la limite objective de l'expérience, c'est-à-dire au rapport à quelque chose qui n'est pas lui-même objet d'expérience, mais doit être pourtant le fondement premier de tous ceux-ci; mais elle ne nous instruit pas toutefois de ce que ce terme est en soi, mais seulement du rapport qu'il a avec son propre usage, complet et dirigé vers les fins suprêmes, dans le champ de l'expérience possible [4].

En effet, si *P2* est conçu comme une condition d'application de *P1*, on pourrait interpréter leur relation comme celle entre une catégorie et son schème. Cependant, quand on se place au niveau des opérations de la raison pure, on ne dispose d'aucun accès à la sensibilité et à ses intuitions, et on a affaire seulement à l'*analogon* d'un schème. Comme le dit Kant, en remarquant que « l'entendement constitue un objet pour la raison, exactement comme la sensibilité le fait pour l'entendement » :

> L'idée de la raison est donc l'analogue d'un schème de la sensibilité, mais avec cette différence que l'application des concepts de l'entendement au schème de la raison n'est pas une connaissance de l'objet lui-même (comme l'application des

1. CRP, A 323/B 379, AK III, 251 ; OP I, 1033.

2. CRP, A 334/B 391, AK III, 258 ; OP I, 1041.

3. CRP, A 307-308/B 364, AK III 243 ; OP I, 1022. Ici, notre discussion est redevable à l'analyse du texte par M. Grier (*Kant's Doctrine of Transcendental Illusion*, Cambridge-New York, CUP, 2001), et suit l'interprétation de H. Allison dans son *Kant's Transcendental Idealism. An Interpetation and a Defense*, New Haven-London, Yale UP, 2004 (2ᵉ éd.), p. 330 *sq.*

4. *Prolégomènes*, AK IV 361-362 ; OP II, 147.

> catégories à leur schèmes sensibles), mais seulement une règle ou principe de l'unité systématique de tout usage de l'entendement [1].

En effet, les idées principales qui correspondent aux trois synthèses de la raison en quête d'unité systématique sont le sujet pensant, le monde (en tant qu'ensemble qui comprend tous les phénomènes) et Dieu, c'est-à-dire les objets principaux d'une *psychologie*, d'une *cosmologie* et d'une *théologie* transcendantales. On rencontre ainsi les composantes de la thématique traditionnelle de la *metaphysica specialis* qui sont censées exprimer l'inconditionné et achever trois espèces d'unité des séries de conditions.

Ici, nous ne suivrons pas l'analyse compliquée et subtile de Kant, qui vise à élucider la façon particulière dont chacune de ces idées guide la pensée dans l'extension continue de l'étude des phénomènes jusqu'aux limites de l'expérience possible. Nous allons nous contenter de quelques remarques concernant leur contribution plus ou moins indirecte, mais *indispensable*, à l'ensemble de nos activités cognitives et surtout au développement du travail scientifique. L'appréciation de l'importance de cette contribution va nous permettre d'expliquer comment des concepts et des principes de la raison pure transcendant le domaine sensible et risquant notamment de nous entraîner sur une fausse piste, assument un rôle transcendantal. Leur usage semble ainsi se conformer aux directives de base de la philosophie critique [2].

Nous ne nous occuperons pas de l'idée d'une âme ou substance immatérielle et de son éventuelle contribution à l'unité de l'étude des phénomènes mentaux, ou de l'idéal d'une intelligence suprême, correspondant *à l'ens realissimum*, qui pourrait étayer la compréhension téléologique de l'ordre du monde, comme source d'une unité finale et d'un dessein divin [3]. Il nous suffira de remarquer que l'investigation scientifique de l'ensemble des phénomènes régis par des lois empiriques requiert l'application du principe de l'unité systématique et des principes ou maximes auxiliaires qui en dérivent, que l'on pourrait nommer « les principes de l'*homogénéité*, de la *spécification* et de la *continuité* des formes » [4].

1. CRP, A 664-665/B 692-693, AK III, 439-440 ; OP I, 1263.

2. On verra que les idées caractérisées comme « transcendantales », dans le sens traditionnel de ce qui va au-delà des limites de l'expérience, – de ce qui est proprement désigné comme « transcendant » – remplissent une fonction transcendantale au sens technique élaboré par Kant, qui se réfère à l'investigation des conditions de possibilité *a priori*.

3. Il faudrait ici se tourner vers l'étude de la critique du jugement téléologique dans la *Critique de la faculté de juger*. En outre, on devrait plus généralement examiner l'analogie étroite entre, d'une part, la fonction régulatrice des idées et des principes et le rôle des jugements réflechissants et, d'autre part, entre la tâche constitutive de certains concepts et principes *a priori* et la portée des jugements déterminants.

4. CRP, A 657-658/B 685-686, AK III, 435 ; OP I, 1258. On peut noter que « l'affinité est l'unité supérieure qui concilie les deux premiers principes opposés » (OP I, 1718-1719).

DES PRINCIPES TRANSCENDANTAUX DE LA RAISON ET DE LEUR DÉDUCTION

Nous en arrivons maintenant aux questions cruciales formulées au début de notre discussion concernant la valeur des idées et des principes de la raison pure. On pourrait croire qu'à ce niveau on ne saurait prétendre à rien de plus qu'à la reconnaissance de leur utilité pour un usage simplement hypothétique. Les idées du sujet pensant, du monde et de Dieu ne seraient que des fictions heuristiques, et les principes qui s'y réfèrent n'auraient qu'une valeur instrumentale et pragmatique pour l'extension de nos activités cognitives. Cependant, on se rend compte de leur caractère nécessaire et incontournable.

On doit reconnaître que Kant insiste clairement sur le rôle régulateur et non constitutif des idées et n'hésite pas à parler d'« usage hypothétique de la raison », qui ne permet pas de « déduire la vérité de la règle générale prise pour hypothèse » [1]. Il introduit aussi l'expression « comme si » [2] et se réfère à l'adoption des concepts « heuristiques » pour expliquer la manière dont on peut considérer l'existence d'une intelligence suprême, cause première de la création des « choses du monde » :

> Cela revient à dire, par exemple, que les choses du monde doivent être envisagées *comme si* elles tenaient leur existence d'une intelligence suprême. De cette manière, l'idée n'est proprement qu'un concept heuristique et non ostensif, et elle montre, non pas comment un objet est constitué, mais comment, sous sa direction, nous devons chercher la constitution et l'enchaînement des objets de l'expérience en général [3].

Néanmoins, il s'avère que, au moins quand on entreprend l'investigation scientifique du monde des phénomènes, il ne s'agit pas du choix d'une hypothèse parmi un éventail d'options plus ou moins « économiques », ou des concepts heuristiques que nous adoptons afin de nous « épargner de la peine » [4]. Les principes de l'unité systématique sont *prescrits* par la raison comme nécessaires pour la compréhension de la nature.

> La raison ici ne prie pas mais commande, bien qu'elle ne puisse déterminer les limites de cette unité… Ces sortes de concepts rationnels ne sont pas tirés de la nature ; nous interrogeons plutôt la nature d'après ces idées, et nous tenons notre connaissance pour défectueuse tant qu'elle ne leur est pas adéquate [5].

1. CRP, A 647/B 675, AK III, 429 ; OP I, 1250.
2. La notion du « als ob » est à l'origine de l'interprétation de H. Vaihinger, *La philosophie du comme si*, trad. fr. C. Bouriau, *Philosophia Scientiae,* « Cahier spécial » 8, Paris, Kimé, 2008. Contrairement à la thèse centrale de Vaihinger, nous soutenons que les positions de Kant se présentent comme plus fortes que de simples déclarations d'affinités avec le pragmatisme ou l'instrumentalisme.
3. CRP, A 670-671/B 698-699, AK III, 443 ; OP I, 1267.
4. CRP, A 653/B 681, AK III, 433 ; OP I, 1254.
5. *Ibid.* ; OP I, 1255 ; CRP, A 645-646/B 673-674, AK III, 428 ; OP I, 1249.

Le statut de ces principes, quelque indéterminée ou indirecte que soit leur application dans le monde des phénomènes, est *synthétique a priori*, et nous reconnaissons leur rôle transcendantal. Selon Kant, ils « semblent être transcendantaux » dans la mesure où,

> [...] ils ne contiennent que de simples idées pour l'accomplissement de l'usage empirique de la raison, idées que cet usage ne peut suivre que d'une manière en quelque sorte asymptotique, c'est-à-dire par simple approximation, et sans jamais les atteindre [1].

Cependant il faut remarquer qu'ils ont « comme principes synthétiques *a priori*, une valeur *objective*, mais *indéterminée*, qu'ils servent de règle à l'expérience possible » [2].

De prime abord, nous sommes tentés de croire que leur usage heuristique ne pourrait pas prétendre à une justification par le biais d'une déduction transcendantale :

> Ils sont même réellement employés avec succès comme principes heuristiques dans l'élaboration de l'expérience, sans qu'on puisse parvenir à en faire une déduction transcendantale; ce qui, comme nous l'avons montré plus haut, est toujours impossible par rapport aux idées [3].

Néanmoins, Kant admet la nécessité des idées et des principes de la raison pour l'applicabilité des critères de vérité dans le domaine du monde sensible. Cela ne montre-t-il pas premièrement qu'on ne peut pas les réduire à de simples hypothèses méthodologiques ou fictions heuristiques, mais également qu'on est capable d'en fournir une déduction transcendantale, quoique plus faible que celle disponible pour les concepts de l'entendement? Sans ces idées et ces principes, l'expérience serait en effet incompréhensible. Autrement dit, les principes *logiques* qu'on invoque présupposent :

> [...] un principe *transcendantal* de la raison, qui rendrait l'unité systématique nécessaire non plus simplement d'une manière subjective et logique comme méthode, mais d'une manière objective [4].

En effet, puisqu'on ne peut pas dériver l'unité systématique des règles de la constitution contingente de la nature, on comprend que

> [...] la loi de la raison qui veut qu'on la cherche est *nécessaire*, puisque sans cette loi nous n'aurions plus de raison, sans raison plus d'usage suivi de l'entendement, sans cet usage plus de marque suffisante de la vérité empirique, et que par

1. CRP, A 663/B 691, AK III, 439 ; OP I, 1262.

2. *Ibid.* Nous soulignons objective et indéterminée.

3. CRP, A 663-664/B 691-692, AK III, 439 ; OP I, 1262 (nous soulignons). Le principe *P2*, affirmant la disponibilité de toute la série de conditions dont dépend ce qui se présente comme conditionné, est également caractérisé comme *synthétique* (*a priori*).

4. CRP, A 648/B 676, AK III, 430 ; OP I, 1251.

> conséquent nous devons, en vue de celle-ci, présupposer l'unité systématique de la nature comme ayant une valeur objective et comme *nécessaire* [1].

Il s'agit bien ici d'une présupposition transcendantale, « cachée aussi d'une manière étonnante dans les principes des philosophes, bien qu'ils ne l'y aient pas toujours reconnue ou ne se la soient pas avouée à eux-mêmes » [2].

Au demeurant, et nonobstant la dénonciation des prétentions cognitives de la raison pure, Kant ne finit-il pas par parler de déduction des idées ?

> Les idées de la raison pure ne permettent pas, il est vrai, une déduction de même sorte que celle des catégories ; mais, si elles doivent avoir au moins quelque valeur objective, ne serait-ce qu'indéterminée, et ne pas représenter simplement de vains êtres de raison (*entia rationis ratiocinantis*), il faut absolument qu'il y en ait une déduction possible, cette déduction s'écartât-elle même beaucoup de celle à laquelle on peut procéder avec les catégories [3].

La perfection de l'ordre moral
Les idées régulatrices employées par la raison pratique

Il suffit de passer au registre de la raison pratique pour comprendre comment les idées régulatrices peuvent assumer une fonction constitutive, ce qui semble établir leur réalité dans un autre domaine que celui des investigations théoriques du monde des phénomènes. Ce ne sont plus seulement les intérêts de la raison *spéculative*, mais surtout les intérêts de la raison *pratique* qui nous permettent de mettre en lumière leur importance. Même si la discussion adéquate des textes pertinents dépasserait ici le cadre de cette étude, il n'est pas possible de tirer des conclusions probantes, sans tenir compte du rôle des idées de la raison dans l'orientation *morale* de la pensée et de l'action.

La marque la plus distinctive des concepts transcendantaux mis en avant sous la perspective de l'agir est avant tout leur relation à la volonté. Cette dernière vise à atteindre le souverain Bien qui représente la totalité inconditionnée de l'objet de la raison pure pratique [4]. Ici, il ne s'agit pas de connaître des objets de la raison, il s'agit du pouvoir de la volonté de les « réaliser (conformément à la connaissance

1. CRP, A 651/B 679, AK III, 432 ; OP I, 1253 (nous soulignons).

2. *Ibid.* Comme le note Henry Allison, le caractère du transcendantal n'est pas exclusivement associé avec des idées ou des principes à fonction constitutive, voir H. Allison, *Kant's Transcendental Idealism, op.cit.*, p. 432 *sq.* Cf. aussi G. Banham, « Regulative Principles and Regulative Ideas », 2010, http://www.garybanham.net/PAPERS_files, consulté le 1er août 2020. Selon l'analyse de Banham, quoique les *idées* de la raison nous présentent des concepts qui sont des « fictions heuristiques », les *principes* qui les appliquent ne sont pas de simples fictions (p. 12). Ils jouent un rôle nécessaire, qu'on est justifié de considérer comme transcendantal, puisque ils offrent un *critère* d'usage des concepts empiriques – « une condition nécessaire de l'expérience mais sans fonction constitutive » (p. 11).

3. CRP, A 669-670/B 697-698, AK III, 442 ; OP I, 1266-1277.

4. Voir CRPr, AK V, 108 ; OP II, 739.

qu'elle en a) »[1]. En effet, tandis que le respect pour la loi morale déterminant la volonté assure la rectitude de l'action, l'inconditionné auquel on aspire ici consiste en la perfection suprême qui s'achèverait dans la rencontre du bonheur avec ce qui nous rend dignes d'être heureux[2]. On a donc affaire à des *postulats*[3] impliquant une réalité pour les idées de la raison théorique dont les objets sont présupposés par la possibilité du souverain Bien. Aussi parvient-on à une extension pratique des connaissances pures, eu égard au contenu des concepts théoriquement *problématiques* (quoique pensables), notamment de la causalité nouménale de la liberté, de l'immortalité de l'âme et de l'existence de Dieu. Ces concepts sont alors

> assertoriquement reconnus pour des concepts auxquels correspondent réellement des objets, parce que la raison pratique a indispensablement besoin de leur existence pour la possibilité de son objet, le Souverain Bien, lequel est au point de vue pratique absolument *nécessaire*, et parce que la raison théorique est autorisée par là à les supposer[4].

La réalité objective des idées, que la quête de l'inconditionné, à l'origine de la dialectique de la raison spéculative, ne pouvait pas établir, se concrétise grâce aux postulats de la raison pratique. De cette manière, leur fonction régulatrice se transforme en fonction constitutive. Quoiqu'on doive reconnaître leur caractère « indémontrable »[5], l'argumentation transcendentale déployée dans la deuxième *Critique* a une force apodictique qui permet de fonder leur nécessité.

> C'est ici qu'elles deviennent *immanentes* et *constitutives*, parce qu'elles sont les principes de la possibilité de *réaliser l'objet nécessaire* de la raison pure pratique (le souverain Bien), tandis que sans cela elles sont *transcendantes* et sont de simples principes *régulateurs* de la raison spéculative[6].

Nous apprenons maintenant par les commandements de la loi morale que les idées en question « ont des objets ». La raison est donc obligée d'admettre

> [...] qu'il y *a de tels objets*, sans pour autant les déterminer plus précisément [...] (qui lui sont donnés seulement par un principe pratique, et uniquement pour l'usage pratique). Autrement dit, est garantie la *réalité des concepts* [nous soulignons] requis pour la possibilité du souverain Bien, sans produire cependant

1. CRPr, AK V, 89 ; OP II, 717.

2. CRPr, AK V, 124 ; OP II, 759. *Cf.* RSR, AK VI, 5, OP III, 17-18.

3. Voir CRPr, AK V, 122 ; OP II, 757 : « ...par où j'entends une proposition théorique, mais qui, comme telle, ne peut être prouvée, en tant qu'elle est inséparablement liée à une loi pratique, ayant *a priori* une valeur inconditionnée. »

4. CRPr, AK V 134 ; OP II, 771-772 (nous soulignons).

5. *Cf.* CFJ, AK V, 342 ; OP II, 1131 : « Or je crois que l'on pourrait nommer l'Idée esthétique une représentation inexponible de l'imagination et l'Idée de la raison un concept indémontrable de la raison ».

6. CRPr, AK V, 135 ; OP II, 773.

> par cet apport la moindre extension de la connaissance s'effectuant suivant des principes théoriques [1].

Il importe de rappeler ici que les idées transcendantales proprement dites qui intéressent la philosophie pratique sont accompagnées, complétées et spécifiées par des *idéaux*, essentiels pour la vie morale. Kant s'y réfère dans la « Dialectique » de la première *Critique*, où il se concentre sur l'erreur de Platon : au lieu de les hypostasier, de leur assigner une provenance divine et de leur accorder une « vertu créatrice », il eût mieux fait d'affirmer simplement qu'ils « servent de fondement à la possibilité de la perfection de certaines *actions* » [2].

Dans ce contexte, Kant associe ces idéaux au modèle du sage stoïcien, de l'homme « qui existe simplement dans la pensée, mais qui coïncide pleinement avec l'idée de la sagesse ». Il souligne le rôle pratique nécessaire d'un tel paradigme éthique pour la quête de la perfection :

> Bien qu'on ne puisse attribuer à ces idéaux une *réalité* objective (une existence), on ne doit pas pour autant les regarder comme de pures chimères; mais ils fournissent à la raison un étalon indispensable [...]. Voilà ce qu'il en est de l'idéal de la raison, lequel doit toujours reposer sur des concepts déterminés et servir de règle et de modèle, soit pour l'action, soit pour le jugement d'appréciation [3].

Kant procède à l'élucidation de divers aspects de cet « étalon » au cours de la discussion du postulat de l'existence de Dieu dans la *Critique de la raison pratique*, où il compare la rigueur de la doctrine chrétienne du souverain Bien aux idéaux stoïciens et aux modèles des vertus d'autres philosophes grecs. Il a ainsi l'occasion de revenir sur la considération des idées morales en général, quelle que soit leur fonction transcendantale, régulatrice ou même constitutive de la dimension éthique, et leur contribution éventuelle à la réalisation de la perfection.

> Les idées morales ne sont pas quelque chose de transcendant quelque chose dont nous ne puissions pas déterminer le concept, ou dont il est incertain qu'un objet lui corresponde partout mais elles servent comme prototypes de la perfection, de règle indispensable pour la conduite morale et en même temps de mesure de comparaison [4].

Cependant, les idées de la raison qui guident l'action, invoquées par Kant comme des « prototypes » de perfection ou des « mesures de comparaison », ne s'appliquent pas seulement au développement moral d'un sujet individuel. Elles concernent aussi des communautés de personnes, liées par des relations sociopolitiques et juridiques, dont on pourrait éventuellement évaluer le progrès d'un point de vue cosmopolitique.

1. CRPr, AK V, 135-136 ; OP II, 772-774 (nous soulignons).
2. CRP, A 568-569/B 596-597, AK III, 384 ; OP I, 1193-1194.
3. CRP, A569-570/B 597-598, AK III, 384 ; OP I, 1194-1195.
4. CRPr, AK V, 127 n. ; OP II, 763-764 n.

C'est à partir de la *République* de Platon que l'idéal inaccessible du Bien, qui se présente comme condition de possibilité de l'aspiration à la perfection morale, acquiert une signification politique. Selon Kant, quoiqu'on ne puisse pas adopter le modèle de la *Callipolis* et des rois-philosophes munis d'une connaissance métaphysique des idées transcendantes, on ne devrait pas rejeter la pensée qui le sous-tend, « sous ce très misérable et pernicieux prétexte, qu'elle est impraticable » [1].

En effet, Kant « s'attache » à cette pensée et propose sa réinterprétation, ce qui lui permet de défendre l'idéal d' »une constitution ayant pour but la *plus grande liberté humaine* d'après des lois qui permettraient à la *liberté de chacun de pouvoir subsister* de concert *avec celle des autres* ». Il s'agit « au moins d'*une idée nécessaire*, qui doit servir de fondement non seulement aux premiers plans que l'on esquisse d'une constitution politique, mais encore à toutes les lois » [2]. C'est un prototype qu'on ne peut pas espérer réaliser, mais qui s'impose à notre pensée comme un étalon de perfection :

> [...] quoique cette chose ne puisse jamais se réaliser, ce n'en est pas moins une idée entièrement juste que celle qui pose ce maximum comme le modèle que l'on doit avoir en vue pour rapprocher, en s'y conformant, toujours davantage la constitution légale des hommes de la perfection la plus haute [3].

Même la notion de *contrat social* qui « seul permet de fonder parmi les hommes une constitution civile totalement conforme au droit, et d'établir une communauté », sans se référer à quelque fait historique, devrait être conçue comme

> [...] une simple idée de la raison qui possède néanmoins une réalité (pratique) indubitable : qui consiste à obliger toute personne qui légifère à produire ses lois de telle façon qu'elles puissent être nées de la volonté unie de tout un peuple et à considérer tout sujet dans la mesure où il veut être citoyen comme ayant donné son suffrage à une telle volonté [4].

La réalité pratique accordée à ces idées se fonde sur la conception morale d'un « royaume des fins », interprété comme un idéal juridico-politique, qui incarnerait le souverain Bien sur le plan social et qui pourrait servir d'étalon du progrès dans l'histoire humaine [5].

1. CRP, A 316/B 372-373, AK III, 247 ; OP I, 1028.
2. CRP, A 316/B 373, AK III, 247 ; OP I, 1028 (nous soulignons).
3. CRP, A 316-317/B 373-374, AK III, 247-248 ; OP I, 1028-1029.
4. TP, AK VIII 297 ; OP III, 279.
5. Suivant l'analyse de Pauline Kleingeld, Kant, dans son *Idée d'une histoire universelle au point de vue cosmopolitique*, « présente une philosophie de l'histoire au sens d'une réflexion systématique sur l'histoire comme un tout, mais sans prétendre savoir sa direction ou ses mécanismes internes et avec une conscience réfléchie du rôle constructif d'un sujet philosophique qui développe un cadre d'interprétation. L'approche de Kant permet d'introduire des "idées" d'une histoire humaine globale qui ont une grande portée, mais sont modestes et faillibilistes quant à leur statut épistémique » (P. Kleingeld, « Kant on Historiography and the Use of Regulative Ideas », *Studies in History and*

Selon la formulation que Kant donne de cet étalon dans *La religion dans les limites de la simple raison*,

> Chaque espèce d'êtres raisonnables est, en effet, dans l'Idée de la raison, objectivement déterminée à une fin commune qui est la réalisation du Bien suprême comme bien commun [1].

Par ailleurs, on constate que cette Idée, « entièrement différente de toutes les lois morales », qui requiert « une union des individus en un tout pour la même fin, donc un système d'hommes à l'intention bonne », nous oriente vers la religion. Elle renvoie au postulat de l'existence de Dieu, comme condition de possibilité de sa réalisation. Le devoir de poursuivre cette fin commune « exigera la présupposition d'une autre Idée, je veux dire celle d'un être moral supérieur, qui par ses dispositions universelles opère l'union dans une action commune des forces des individus, qui prises par elles-mêmes sont insuffisantes » [2].

UN PLATONISME KANTIEN ?

Nous pouvons maintenant revenir à nos questions initiales et essayer d'esquisser quelques réponses à partir de la discussion qui précède.

Dans la mesure où le platonisme est généralement défini comme un réalisme pur et dur, signifiant l'existence d'entités ou de propriétés abstraites conçues comme entièrement indépendantes par rapport à l'esprit du sujet pensant, l'idéalisme transcendantal de Kant se profile comme une thèse anti-réaliste allant à l'encontre d'une telle conception. Il en est autrement, lorsqu'on reconnaît qu'il peut y avoir des formes plus faibles de platonisme qui n'impliquent pas le statut métaphysique attribué au modèle original des idées élaboré par Platon. On pourrait ainsi accepter la possibilité de positions intermédiaires, comme dans le cas de philosophies qui postulent l'existence de contenus idéaux dans l'immanence de la conscience. Si le réalisme implique une *découverte*, et *l'anti-réalisme* une *invention*, *création* ou *construction*, ne peut-on pas décrire le kantisme comme une synthèse subtile de constructivisme et de réalisme modéré [3] ?

Philosophy of Science. Part A, 39/4, 2008, p. 523-528, ici p. 528). On peut ainsi approcher l'histoire comme si on y discernait un progrès. Il s'agit d'un modèle conçu pour servir « d'idée régulatrice, intrinsèquement faillibiliste, à appliquer à l'expérience » (*ibid.*). J'aimerais ici remercier Tereza Bouki pour ses remarques sur l'importance des idées de la raison en philosophie politique.

1. RSR, AK VI, 97-98 ; OP III, 118. Alexis Philonenko traduit « das Höchste Gut » (le « souverain Bien » selon la traduction de la *Critique de la raison pratique* par Ferdinand Alquié) par « Bien suprême ».

2. RSR, AK VI, 98 ; OP III, 118-199. En ce qui concerne la possibilité de réaliser le souverain Bien dans l'histoire, voir aussi l'interprétation métaphysique de la « garantie » de la paix perpétuelle proposée par W. Ertl dans son *The Guarantee of Perpetual Peace*, Cambridge, CUP, 2020.

3. Il y a plusieurs variantes des modèles de rationalisme réaliste de ce genre, en philosophie des mathématiques et des sciences, et en métaéthique, tels que la conception *réalisationniste* de Robert Nozick, qui se réfère aussi au « monde 3 » de Karl Popper, des objets abstraits possédant une forme

Il importe bien sûr de préciser la notion capitale d'indépendance par rapport à l'esprit, si l'on veut éclairer cette conception hybride des idées. Or, nous pouvons concevoir une forme d'indépendance partielle qui n'impliquerait pas l'existence actuelle dans le monde d'objets naturels, mais plutôt la *subsistance* de propriétés et de structures possibles ou même virtuelles, à réaliser par la réflexion et par l'action [1].

C'est le statut qui semble caractériser les idées de la raison, selon la conception de Kant, quelle que soit par ailleurs leur fonction. Ces idées et les principes qui se fondent sur elles n'existeraient pas sans les opérations et les intérêts de notre raison. Cependant, leur validité objective s'impose de façon nécessaire à notre pensée et à notre volonté en vertu de la nature et des structures de la raison. Les *entia rationis* en question ne dépendent pas d'une décision ou d'une création tout à fait libre et optionnelle [2]. Selon notre interprétation, c'est ainsi qu'il faudrait comprendre toutes les références de Kant à leur caractère *indispensable* et à leur *réalité indubitable* que nous avons voulu souligner au cours de notre analyse.

Nous avons vu que les principes qui dirigent la réflexion vers des idées pures, telles que le sujet pensant, le monde dans son ensemble, ou l'intelligence suprême, attribuée à l'*ens réalissimum*, sont quelque chose de plus que des règles logiques et méthodologiques, des hypothèses heuristiques que l'on choisit entre plusieurs options et que l'on met à l'épreuve. Ils assument un rôle transcendantal et possèdent un statut synthétique *a priori*, ce qui explique la possibilité de les étayer par des arguments transcendantaux, quoique plus faibles que la déduction des catégories et des principes de l'entendement. La recherche de l'unité systématique de la nature reste une tâche nécessaire pour la raison, bien que l'inconditionné auquel elle aspire, sous ses formes diverses, demeure un point qu'elle ne saurait atteindre.

d'indépendance, après avoir été créés par nous. Voir, entre autres, G. Gaston Granger, *Le probable, le virtuel et le possible*, Paris, Odile Jacob, 1995, et, pour des positions métaéthiques qui s'inspirent de la pensée kantienne et combinent un platonisme assoupli avec le constructivisme, S. Virvidakis, *La robustesse du bien*, Nîmes, Éditions Jacqueline Chambon, 1996, chap. V. Je développe l'idée de la modération du réalisme moral, dans S. Virvidakis, « Stratégies de modération du réalisme moral », *in* R. Ogien (dir.), *Le réalisme moral*, Paris, P.U.F., 1999, p. 420-456. Une lecture de la philosophie morale de Kant indiquant son accord avec un un réalisme faible ou modéré est proposée par P. Formosa dans son *Kantian Ethics, Dignity and Perfection*, Cambridge-New York, CUP, 2017, p. 38-54.

1. Sur le sens particulier du terme « subsistance », voir André Lalande, *Vocabulaire technique et critique de la philosophie*, Paris, P.U.F., 1972 (11e éd.), p. 1047, et S. Virvidakis, *La robustesse du bien*, *op. cit.*, n. 2 p. 227.

2. Comme le fait remarquer Henry Allison, les positions de Kant concernant la réalité des concepts purs se situent entre le réalisme métaphysique de Leibniz et le conventionnalisme de Locke (H. Allison, *Kant's Transcendental Idealism*, *op. cit.*, n. 16 p. 513). Selon Allison, il ne faut pas oublier que la nature de cette réalité se réfère avant tout à des objets intentionnels de la pensée.

Quant aux idées, aux idéaux et aux normes de la raison pratique, dont la fonction est constitutive dans le domaine de l'agir moral, il est clair qu'on ne pourrait pas les concevoir comme de simples fictions ou même des conventions, ils doivent être plutôt conçus comme des étalons plus ou moins rigides. Le contenu des maximes de l'action qui doivent se conformer à la loi morale n'existe pas indépendamment des opérations de la bonne volonté, source de toute valeur. Cependant, si la *forme* impérative de la loi morale dépend de notre finitude en tant qu'êtres humains, en revanche, le contenu de la loi morale lui n'en dépend pas et n'est pas le produit d'une construction de l'homme. Il s'impose à nous comme à tous les êtres raisonnables en général. On pourrait aussi remarquer que la structure du raisonnement qui nous commande de reconnaître autrui et nous-mêmes comme une *fin* et pas seulement comme un *moyen* implique la réalisation de certaines valeurs découvertes et non inventées. Il ne s'agit pas d'une procédure neutre, dénuée de présuppositions évaluatives sous-jacentes, telles que la dignité foncière et l'égalité des membres du royaume des fins.

En outre, la raison pratique énonce des idéaux qui ne peuvent nous laisser indifférents dans la mesure où elle nous commande de les réaliser, ce qui ne signifie pas qu'il faille les *réifier* ou les *hypostasier*. Sans doute la perfection exigée par eux dépasse les capacités du « bois tordu » de la nature humaine. Elle n'en forme pas moins l'horizon normatif indépassable de l'homme, et nomme ce à quoi notre comportement doit tendre sur le plan individuel et collectif. Notre orientation vers le souverain Bien entraîne la quête ardue de cette perfection pendant notre vie et même après la mort, si on peut se fier aux postulats de l'immortalité de l'âme et de l'existence de Dieu.

Il n'est donc pas absurde de parler d'aspects de la conception kantienne de la raison qui se rapprochent de certaines positions de Platon sur la transcendance d'objets moraux ou théoriques par rapport à notre esprit. Le principe de recherche de l'unité systématique du monde des phénomènes, dans le développement de la pensée spéculative qui guide les investigations scientifiques de la nature, et la visée de la perfection de l'ordre moral, représentée par la notion du souverain Bien, dans la réflexion pratique qui dirige l'action, nous révèlent des éléments nécessaires inhérents à la structure normative de la raison [1].

On pourrait nous rétorquer qu'aucune variété de platonisme, quelque assouplie qu'elle soit, n'est compatible avec l'esprit de la philosophie kantienne, puisqu'une telle approche mettrait en cause l'idée centrale de la *Critique de la*

1. Pour ces deux aspects du « platonisme » de Kant, voir N. Rescher, « Kant's Platonism », *Philosophical Inquiry*, 41/1, 2017, p. 2-10. Rescher propose une interprétation plus ou moins pragmatiste de l'usage des idées et des principes de la raison, qui diverge de l'analyse que nous venons de développer. Sur la complémentarité des fonctions théoriques et pratiques et l'unité de la raison dans l'œuvre de Kant, *cf.* O. O'Neill, « Vindicating Reason », *in* P. Guyer (ed.), *The Cambridge Companion to Kant*, Cambridge-New York, CUP, 1992, p. 280-308 et S. Neiman, *The Unity of Reason. Rereading Kant*, Oxford-New York, OUP, 1994.

raison pure, à savoir que nous construisons l'univers scientifique et moral[1]. De plus, il est permis de s'interroger sur la plausibilité d'une telle synthèse de réalisme moral modéré et de constructivisme : quel type de cohérence peut-elle en effet revendiquer ?

L'examen approfondi de ces questions exigerait une analyse détaillée qui tâcherait de mettre en évidence tous les présupposés de l'autonomie qui ne se réduit pas à une autodétermination arbitraire, et les contraintes normatives et évaluatives, non-construites, qui s'imposent aux constructions de la raison, indépendamment de nos désirs ou de notre volonté. On devrait aussi entreprendre une étude comparée des fonctions régulatrices de toutes les idées de la raison invoquées dans les écrits de Kant, afin d'en élucider la force et d'essayer d'y discerner une hiérarchie. Quant aux variantes de positions hybrides, qui mêlent et combinent platonisme et constructivisme, elles mériteraient une autre enquête systématique que nous ne pouvions effectuer ici. Nous espérons, en tout cas, que nos conclusions sommaires et provisoires auront indiqué de nouvelles pistes pour la continuation des débats philosophiques centrés sur le statut ontologique des normes idéales.

Stélios VIRVIDAKIS
Université nationale et kapodistrienne d'Athènes[2]

1. Pour des objections d'un point de vue kantien au réalisme moral et au platonisme, même assoupli, voir les arguments d'A. Renaut, *in* Ch. Larmore et A. Renaut, *Débat sur l'éthique. Idéalisme ou réalisme*, Paris, Éditions Grasset & Fasquelle, 2004.

2. J'aimerais remercier Kostas Androulidakis pour nos échanges sur l'interprétation des positions de Kant, Anastasia Carastathi pour sa contribution à la présentation du texte et surtout Dimitri Lang pour son aide substantielle et ses remarques éclairantes.

KANT ET SOCRATE

UN PARALLÈLE ÉPOCHAL ENTRE SOCRATE ET KANT

Avouons-le : Kant a rarement fait référence à Socrate dans ses écrits. Quand on passe en revue les grandes œuvres de Kant qui ont marqué son époque, on pourrait dire que Socrate n'a joué aucun rôle pour lui. Mais ce serait une grossière erreur que de s'en tenir là. L'insistance avec laquelle Kant souligne dans toutes ses idées philosophiques, mais aussi dans la philosophie en général, la *prise de conscience de soi* individuelle comme but, ainsi que la *prise de conscience de soi* dans la détermination de ses *méthodes transcendantales*, cela ne laisse aucun doute sur le fait que, dans ses œuvres critiques, l'impulsion socratique de la pensée philosophique non seulement survit, mais domine. Il reste encore beaucoup de choses à dire sur ce sujet.

Je voudrais cependant commencer par faire référence à cette indication d'un *parallèle épochal entre Socrate et Kant*. L'une des premières idées que j'ai présentées en tant qu'assistant lors de l'émission de radio consacrée au 250e anniversaire de Kant en 1974, était que la philosophie de Kant, dans le meilleur sens du terme, pouvait être appelée une *philosophie du monde moderne*. Bien qu'Erasme de Rotterdam, Giodarno Bruno, Descartes, Leibniz, Pierre Bayle, John Locke, Hume et les encyclopédistes français aient tenté avec mérite de faire pénétrer la philosophie dans les nouvelles idées transmises par les sciences modernes, sur la construction de la nature, le sens de l'histoire et la position de l'homme, Kant est celui qui permet le mieux de comprendre, principalement par le biais de sa *philosophie critique*, le lien entre l'homme et le monde – ce qui doit être considéré comme *fondamental* pour la pensée moderne.

Je ne mentionnerai ici que son premier ouvrage, qu'on ne lit que trop rarement, l'*Histoire générale de la nature et théorie du ciel* de 1755, dans lequel Kant, alors âgé de 30 ans, établit avec évidence que *la nature aussi a une histoire*. D'après la présentation qu'il en donne, cette histoire commence dans les premiers temps cosmiques, à une époque où tout était encore plongé dans un brouillard de gaz, à partir duquel les *nébuleuses spirales* et l'ensemble du *système des étoiles centrales et des planètes* a été créé uniquement par le jeu de la *gravitation* et de la *répulsion* du mouvement de rotation créatrice de chaleur. Kant considère que le nombre des corps célestes est pratiquement infini ; faute de données supplémentaires, il parle de *millions et de millions* de « soleils ».

De ce *début purement physique* naissent les planètes qui se refroidissent lentement, et sur lesquelles la vie devient possible, comme sur la Terre. Comme si Kant avait déjà lu Darwin, il admet également, pour ce qui est de la dernière phase de ce développement, l'émergence d'*êtres vivants organisés* de plus en plus élaborés, et finalement des êtres *humains* (doués de raison). Ces derniers proviennent uniquement du *mouvement de la matière,* et restent, jusque dans leur *nature spirituelle*, dépendants de la gravité de la planète sur laquelle ils vivent. Celui qui vit sur une planète relativement petite, comme Mercure ou la Terre, et qui, par conséquent, n'est soumis à aucune gravité majeure, est non seulement plus agile, mais encore beaucoup plus mobile sur le plan spirituel qu'un habitant d'une planète aussi gigantesque que Vénus ou Saturne.

Avec une visible assurance, Kant affirme que l'on n'a pas besoin de Dieu pour expliquer ce système du monde. Vous avez juste besoin de Lui, dit Kant à l'âge de trente ans, afin d'avoir une explication à l'existence des choses. Ce Dieu imaginaire peut « donner de la matière » ; mais en-dehors de cela, il n'a pas sa place dans l'histoire de la nature et du monde.

Grâce à son interprétation des nébuleuses spirales en tant que vastes collections de systèmes solaires, Kant continue d'occuper une place respectable dans l'histoire de l'astronomie moderne.

À partir des années quatre-vingt du siècle dernier, l'étude de l'œuvre de Friedrich Nietzsche a pris le relais de mes premières lectures de Kant. La relation particulière de Nietzsche avec Socrate était pour moi un mystère : Nietzsche rend Socrate responsable du *déclin de la tragédie ancienne* dans *La naissance de la tragédie*, et, dix pages plus loin dans le même ouvrage, il le déclare *sauveur de l'humanité* parce qu'il aurait prétendument vaincu le pessimisme. Relation mystérieuse donc, jusqu'à ce que je tombe sur une note personnelle de Nietzsche de 1875 qu'il n'a jamais publiée : « Socrate, simple aveu de ma part, dit-il dans cette note, m'est si proche que je suis en un perpétuel combat contre lui contre lui »[1].

J'ai tout de suite compris pourquoi Socrate pouvait être si proche de lui et néanmoins lui apparaître comme l'adversaire le plus intime, en passant de la *Naissance de la tragédie* aux notes du *Crépuscule des idoles : Nietzsche sentait le pouls de la modernité comme quasiment personne d'autre à son époque, et il s'efforçait en même temps de la dépasser de toutes ses forces*. Et c'est ainsi qu'il a reconnu Socrate comme étant son contemporain *par excellence*, contemporain qu'il souhaitait dépasser non seulement par des moyens esthétiques, mais encore de manière existentielle et en même temps épochale. Socrate apparut à Nietzsche

1. F. Nietzsche, *Le livre du philosophe* (1875), trad. fr. A. Kremer-Marietti, Paris, G. Flammarion, 1993, § 35, p. 144.

comme la *préfiguration personnifiée de la modernité*, qu'il fallait garder à distance pour réussir le dépassement du présent.

Après avoir saisi cette constellation de deux millénaires, et la trouvant parfaitement compréhensible, j'ai rédigé en 1997, toujours sous l'emprise de la fascination des dialogues platoniciens, un essai intitulé : *La modernité commence avec Socrate*[1]. Et j'ai donc mis Kant et Socrate dans une équation épochale qui, depuis, s'est sans cesse confirmée, du moins pour moi.

La période « axiale » comme première époque des Lumières (*Aufklärung*)

Depuis longtemps, on a coutume d'appeler la sophistique grecque des IVe et Ve siècles avant notre ère « la première *Aufklärung* ». Et puisque certains interprètes modernes ont pris l'habitude de compter également Socrate parmi les sophistes, ce dernier serait donc idéalement associé à l'un des porte-parole de la « deuxième » époque des Lumières, Emmanuel Kant.

Mais j'estime que l'identification du grand éveil spirituel en Grèce avec la seule sophistique souffre d'une certaine étroitesse. Nous avons besoin d'un terme plus large, si nous voulons marquer ce qui caractérise cette époque après l'émergence de la philosophie ionienne de la nature, l'extraordinaire innovation politique de Solon, le nouveau commencement philosophique avec Héraclite et Parménide, lequel à son tour a rendu possible Anagaxore, les atomistes et Protagoras – et finalement Socrate et Platon. Et ce terme semble bien plus approprié quand il se rattache à la suggestion proposée par Karl Jaspers en 1949 et souvent confirmée historiquement, qui est de parler de l'époque entre 800 et 200 av. J.-C. comme d'une *période axiale*[2].

Cette « période axiale », qui ne se limite pas uniquement à la Grèce, mais qui fait référence à un *continuum* de cultures eurasiennes comprenant *Confucius*, *Bouddha*, *Zoroastre* et certains *prophètes* de l'Ancien Testament, ainsi que Socrate, correspond bien mieux à ce que nous comprenons comme *Lumières modernes*. Elle s'étend de l'*Humanisme du XVIe siècle au rationalisme mondialisé du XXIe siècle*, et, sur ce point, nous ne pouvons qu'espérer que l'humanité et la rationalité ne se transformeront pas en leur contraire.

1. V. Gerhardt, *Die Moderne beginnt mit Sokrates*, *in* F. Grunert et F. Vollhardt (Hrsg.), *Aufklärunges als praktische Philosophie pratique. W. Schneiders zum 65. Geburtstag*, Tübingen, Max Niemeyer Verlarg, 1998, p. 2-20; trad. fr. « Les Temps modernes commencent avec Socrate », *Revue germanique internationale*, 11, 1998, p. 9-25.

2. K. Jaspers, *Ursprung und Ziel der Geschichte*, München, R. Piper & Co., 1949.

Mais peu importe le jugement que nous portons sur notre présent : Socrate et Kant sont des figures centrales des Lumières grecques anciennes et des Lumières modernes, qui appartiennent tous les deux à l'époque moderne. C'est ainsi que la contemporanéité de Socrate et de Kant, s'étendant sur deux millénaires, s'impose comme une évidence.

LA MODERNITÉ DE SOCRATE

Qu'on se rassure : je sais bien que je dois donner une conférence sur Kant, mais le thème exige une référence à la modernité de Socrate. Je me limiterai à deux exemples, que je tire tous deux du dialogue platonicien de jeunesse, l'*Alcibiade majeur*[1], dont on ne doute plus aujourd'hui de l'authenticité.

Quiconque a une certaine familiarité avec le dialogue se souvient qu'il existe initialement un problème que beaucoup considèrent comme moderne au point de vouloir, aujourd'hui encore, s'en débarrasser comme d'une mélodie intempestive. Car, pour le jeune Alcibiade, ambitieux et plein d'espoir, il ne suffit pas seulement de gouverner Athènes. Cela ne lui suffit pas non plus de gouverner toute la Grèce, ou, comme l'ont fait les Perses, tout l'Orient. Alcibiade rêve de *domination mondiale*, comme l'avait envisagé Alexandre le Grand à peine deux cents ans après le dialogue fictif imaginé par Platon.

Socrate répond avec une sérénité amicale, mais il demande à être emmené par Alcibiade comme un compagnon sur le chemin de la domination mondiale. Selon son raisonnement, le conseil du philosophe, dans un tel projet, est nécessaire. C'est ainsi qu'on voit que, dès la conversation, avant même de commencer la réalisation de ses projets d'hégémonie mondiale, Alcibiade a besoin du *conseil du philosophe*. Car, pour Socrate, la *prise de conscience de soi* de l'acteur est un préalable indispensable au succès politique. Mais Alcibiade assure qu'il ne sait pas comment parvenir à *prendre conscience de soi* et ce qu'est réellement le *soi*.

Dans la réponse que Socrate le laisse trouver par la suite, s'affirme avec évidence l'audace d'une pensée anti-essentialiste que ceux qui se risquent à jouer avec l'esprit du temps présent n'oseraient pas même imaginer : Socrate explique le *soi* de l'homme par ce qui justement se manifeste dans sa capacité d'homme. Il n'est pas question d'une âme immortelle, pas même d'une essence commune à tous les hommes, mais seulement de ce qu'il est capable de faire, de la façon dont il se perçoit lui-même à travers la compréhension qu'en ont les autres.

Ceci est illustré par l'exemple du cordonnier qui s'y connaît en fabrication de chaussures et qui est apprécié d'autrui pour son savoir-faire[2]. Aujourd'hui, on parlerait d'une compréhension procédurale de soi qui se manifeste à travers une interaction réussie avec soi-même ainsi qu'avec le monde physique, quand il y a une reconnaissance sociale simultanée de la part de son prochain. Beaucoup de

1. Voir *Alcibiade Majeur*, 104e-105e.
2. Voir *ibid.*, 129b-131c.

théoriciens modernes croient encore qu'une telle compréhension de soi est incompatible avec le concept de dignité personnelle. Mais Platon ainsi que Kant les détromperont. Pour Kant, le soi et l'âme sont des concepts empiriques qui appartiennent à l'accomplissement de la vie de l'homme *vivant en communauté* et dans la *compréhension avec ses pairs* : ils ne peuvent pas être liés aux attentes métaphysiques.

Le second exemple se déploie à la fin du dialogue d'Alcibiade, lorsque Socrate ajoute que la connaissance de soi ne peut atteindre la certitude que si elle perdure devant la *présence aimante d'un autre être humain*[1]. Ce n'est que dans le *miroir de l'œil d'un autre que notre propre soi* émerge ; et ce n'est que lorsque l'on s'engage avec confiance dans la relation avec une autre personne que la *dépendance au divin* se manifeste, divin sans lequel l'homme ne peut se comprendre dans la totalité de son existence.

Certes, quiconque comprend avec Nietzsche l'ère moderne comme un éloignement irrémédiable de la croyance divine, pourrait trouver ici la confirmation de la distance infinie qui sépare la Modernité de l'Antiquité. Mais le dieu de Socrate et de Platon est *sans aucune transcendance* ! Il n'a aucune existence dans l'espace et dans le temps. Dieu n'est reconnu que dans *l'efficacité* que l'homme expérimente sur lui et dont il a besoin. Et voilà que Socrate et Platon se retrouvent plus proches de Montaigne, Pascal, Leibniz, Rousseau, Schleiermacher, Hegel, Kierkegaard ou Feuerbach que de n'importe quel Objet-dieu de la pré-modernité ! La conception kantienne de Dieu, qui repose explicitement sur le fait que l'existence de Dieu ne peut pas être prouvée selon les règles de la logique (et certainement pas sur la base de preuves empiriques), s'avère plus proche de la compréhension socratico-platonicienne de Dieu que l'on pourrait le penser, et cela en dépit de la longue période de temps qui les sépare.

La proximité systématique au-dela d'une époque

Si Kant s'était efforcé de prouver les résultats de sa critique de la raison à l'aide d'exemples tirés de l'Antiquité, les idées de Socrate présentées dans l'*Alcibiade majeur* de Platon lui auraient bien servi. Car, dans le chapitre sur le paralogisme dans la *Critique de la raison pure*, il prouve que l'âme ne doit pas être comprise selon le modèle d'un objet immuable, mais comme l'expression d'une relation réflexive se développant entre le corps individuel et ses liens sociaux autant que physiques, et ceci en utilisant les services qu'autrui peut lui rendre. Sentir, éprouver et penser participent à ce qui se donne comme une âme.

1. Voir *ibid*, 133a-133d.

Car, selon Kant, l'âme est un concept de relation. Elle ne peut pas être comprise selon le modèle d'une substance immuable[1] ; ce qu'elle est, doit, comme dans le cas de l'exemple socratique du cordonnier, toujours être révélé en premier lieu par ce qui se manifeste dans les actes attribués à un homme individuellement – pour lui-même comme pour ses pairs.

Dans le *second exemple* également, en particulier lorsque nous l'interprétons dans le contexte du *discours sur le divin*, présent dans de nombreux autres passages des dialogues platoniciens, Socrate et Kant sont considérablement proches. Car, pour les deux, ce que nous comprenons sous *le titre d'un dieu* n'est pas un être existant à l'intérieur ou à l'extérieur du monde. Par son concept de Dieu, l'homme cherche à exprimer son *respect du tout* auquel lui-même et ses pairs appartiennent – et sans lequel il ne se comprend pas lui-même !

Ainsi, « Dieu » est aussi un concept de relation, par lequel Kant montre non seulement dans la doctrine des postulats de la *Critique de la raison pratique*, mais aussi et surtout dans sa philosophie de la religion[2], qui n'est pas toujours bien comprise, à quel point l'humanité dépend de Lui, même si personne ne devrait s'attendre (et surtout pas demander !) à confesser une croyance religieuse. Pour Socrate non plus, comme nous pouvons le constater dans l'*Eutyphron* de Platon[3], le culte des dieux n'est pas la prémisse d'une action éthiquement bonne.

L'appréciation du bien divin n'est pas non plus nécessairement associée à une action vertueuse. Néanmoins, la compréhension de la présence du divin (par exemple dans le regard aimant d'une autre personne) peut renforcer l'accent mis par une personne sur la tentative d'être vertueux. Et une action vertueuse peut souligner le sérieux dans l'appréciation des dieux.

La manière dont une personne relie son attitude religieuse à son comportement éthique est donc soumise à *son propre jugement*. Dans cette ouverture, il n'y a pas de différence fondamentale entre Kant et Socrate. Et dans son *attitude personnelle* envers la religion, Kant est aussi énigmatique que Socrate mourant, dont le dernier mot, transmis par Platon, fut le rappel d'un

1. Ce qu'elle n'est d'ailleurs pas non plus avec Aristote. Le reproche de substantialisation apparu au XXe siècle est un malentendu qui dépasse la fonction de support de l'*hypokeimenon* métaphysiquement.

2. *La religion dans les limites de la simple raison* (1793). Je fais la remarque en reconnaissance de l'interprétation présentée par Rudolph Langthaler en 2014, en deux volumes volumineux sous le titre : « Geschichte, Ethik und Religion *im Anschluss an Kant*. Philosophische Perspectiven "zwischen skeptischer Hoffnungslosigkeit und dogmatischem Trotz" », *Kant-Studien*, 108/2, 2014.

3. Voir *Euthyphron* 10d-13c . Socrate déclare à la fin que le discours a tourné en rond. Bien qu'il soit clair que l'on doit tout aux dieux, la question de savoir ce que les dieux attendent de l'homme ou de ce à quoi ils pourraient avoir droit reste ouverte. Ce qui est certain, c'est que les vertus ne peuvent pas être dérivées de ce que les hommes comprennent comme la volonté ou le désir des dieux. Le *Daimonion*, c'est-à-dire la voix divine intérieure que Socrate entend, ne fait que déconseiller.

devoir religieux : « Criton, nous devons un coq à Asclépios. Payez ma dette, n'oubliez pas »[1].

L'EXEMPLE DE SOCRATE

Bien entendu, les indications données ne suffisent pas à convaincre un lecteur sceptique qu'il existe une proximité particulière entre Kant et Socrate. Cette proximité saute aux yeux cependant aussitôt que nous nous tournons vers la compréhension que Kant a du philosopher. Je fais bien attention ici à ne pas parler de « philosophie » mais expressément, avec Kant, du « philosopher », comme il le fait en s'adressant à ses étudiants, dans son *Annonce sur le programme de ses leçons pour le semestre d'hiver 1765-1766*[2].

L'évidence avec laquelle Kant admet la distinction entre *sciences et sagesse*, montre clairement qu'il continue de s'orienter d'après le modèle de la vertu antique, et que, malgré l'émergence des sciences empiriques qu'il estime, il ne voit aucune raison de marquer une rupture épochale entre l'Antique et le Moderne.

Dans *l'Annonce de son programme de leçons*, Kant, alors tout juste âgé de quarante ans, et bien jeune « sage du monde » encore, prépare les « jeunes personnes » qui suivent ses cours à apprendre non pas *des pensées*, mais à *penser*. Selon Kant, la « forme d'apprentissage » de la « sagesse du monde » requise ne peut être atteinte qu'à « l'âge adulte » ; cependant, dans les études scientifiques, le temps de l'école où l'on est habitué à « apprendre », est définitivement révolu. C'est pourquoi il importe désormais d'« *apprendre à philosopher* ». Et cela signifie que « chacun » peut apprendre à penser selon ses propres critères[3].

Il est donc question ici du « penser par soi-même », ce qu'Emmanuel Kant, devenu critique de la raison, exigera vingt ans plus tard de chaque citoyen éclairé. La proximité entre l'*indépendance politique* et la *méthode du philosopher* apparaît ici de manière assez incidente. Mais dans l'*Annonce* de 1765, Kant se concentre sur le philosopher dont on se doit de faire usage dans l'apprentissage philosophique même. L'apprentissage et la recherche se rencontrent ici. Dans les mots de Kant, cela donne à peu près ceci :

> La méthode spécifique de l'enseignement de la philosophie est *zététique*, comme l'ont nommée quelques Anciens (de ζητεῖν)[4], c'est-à-dire qu'elle est une méthode

1. *Phédon* 118a ; trad. fr. P. Vicaire, *Œuvres complètes*, t. IV, Première partie, Paris, Les Belles Lettres, 1995, p. 110.

2. Voir *Annonce de M. E. Kant sur le programme des leçons durant le semestre d'hiver (1765-1766)*, AK II, 306 ; OP I, 515.

3. Voir *ibid.*, p. 306.

4. Dans son appel littéral au verbe, Kant lui-même utilise les lettres grecques.

de *recherche* et elle ne devient, en certains domaines dogmatique, c'est-à-dire *assurée*, que pour une raison déjà exercée [1].

Pour expliquer le *processus zététique*, Kant ajoute que celui-ci ne doit offrir qu'une « occasion » aux jugements personnels que chacun doit atteindre par sa propre façon de penser. L'homme doit être en même temps toujours prêt à *remettre en question* [2]. L'homme qui philosophe véritablement donne en toutes choses de simples impulsions à penser, il procède aussi par le penser, comme Kant se plaira à le dire plus tard, en suivant le modèle d'une « expérimentation » [3], et cherche la *contradictio*n grâce à laquelle il favorise une réflexion personnelle chez soi et chez les autres [4].

Si le nom de Socrate n'est pas cité dans cette introduction au *Cours*, celui du *Sage* en revanche l'est, et à son sujet il sera dit à plusieurs reprises dans des propos ultérieurs que Socrate est le plus éminent de tous. Quiconque ne reconnaîtrait pas ici que Kant ne prend pas seulement pour modèle la pensée antique, mais bien la forme de dialogue pratiquée par Socrate, *relative à l'élucidation du problème*, devra au moins se confronter aux passages dans lesquels Kant se réfère nommément à Socrate.

DOCTRINE ET ŒUVRE DE LA RAISON

Il n'est pas surprenant que ce qu'il y a de plus proche de ce *topos* de l'apprentissage philosophique se trouve dans les *Propos de pédagogie* de Kant. Or, à ce sujet, il n'y a aucun doute possible sur le modèle général du philosopher que Kant a en tête :

> Dans la formation de la raison, il faut user de la méthode socratique. Socrate, qui se nommait l'accoucheur des connaissances de son auditoire, donne dans ses dialogues que Platon, dans une certaine mesure, nous a gardés, des exemples de la manière d'extraire, même chez des personnes âgées, maintes choses de leur propre raison [5].

1. *Annonce de M. E. Kant sur le programme…*, AK II, 307 ; OP I, 516.

2. Voir *ibid.*

3. Dans la première *Critique*, Kant parle de « l'expérimentation de la raison » (*Experiment der Vernunft*) comme d'une « contre-épreuve » de la vérité (*cf.* CRP, B 20) et parle en fait du procédé zététique qu'il conseillait dès 1765 comme consigne à suivre pour l'acte de philosopher.

4. Cf. *Annonce de M. E. Kant sur le programme…*, AK II, 307 ; OP I, 516.

5. *Pédagogie*, AK IX, 477 ; OP III, 1182-1183. *Cf.* CRP, A 314-315/B 371, où on lit entre autres choses : « Platon trouvait ses idées surtout dans tout ce qui est pratique, c'est-à-dire dans ce qui repose sur la liberté, laquelle de son côté est soumise à des connaissances qui sont un produit propre de la raison » (OP I, 1027). On trouve antérieurement et après ce passage de nombreuses références à Platon.

Ce qui est possible avec les « personnes matures », comme on peut le voir dans les dialogues platoniciens, doit être admis comme une donnée pour les étudiants.

D'après les développements des *Propos de pédagogie*, on peut déduire que Kant préfère la méthode qu'il nommera plus tard « socratique » pour orienter la conquête de pensées raisonnables, et en même temps il sait bien que cette méthode peut difficilement déboucher sur une conclusion. Car cette injonction à tout disséquer peut empêcher d'obtenir un résultat systématique. C'est d'ailleurs ce qui se produit assez souvent dans les dialogues platoniciens. Afin de rendre possible un raisonnement concluant, le très systématique Kant recommande donc à titre de complément la « méthode mécanique et catéchétique »[1] historiquement solide. Et c'est précisément cet ajout qui souligne le fait que Kant pose comme condition de la pensée un questionnement continu et fait de l'approche progressive de l'universel à travers des réponses provisoires la *méthode authentique du philosopher*. Ainsi, dans son auto-compréhension en tant que philosophe, Socrate demeure présent.

Il n'est donc pas étonnant que ce soit Emmanuel Kant qui ait non seulement actualisé la Dialectique pratiquée et établie méthodologiquement par Socrate (avec l'aide de Platon), mais encore élargi et popularisé son champ d'application. De fait, il déclare expressément considérer Socrate comme le penseur dialogique, dont la méthode, comme cela a pu être soutenu, a été « dans une certaine mesure »[2] sauvegardée chez Platon. L'auteur de la *Critique de la raison pure* reconnaît, tandis qu'il élabore sa propre « Dialectique », l'origine socratico-platonicienne du terme, ainsi que celle du concept d'« Idée »[3] ; Kant reste également attaché au sens originel du mot « dialegestai » et, par conséquent, à celui du mot « dialogue »[4], malgré l'usage on ne peut plus abstrait qu'il fait de la notion. L'« Antinomie de la raison pure », que Kant présente dans toutes ses variantes, a été construite de manière dialogique, et cela reste l'une des raisons majeures de son exceptionnelle influence historique[5].

La personne qui estime qu'avec cela la référence au moment dialogique de la première *Critique de la raison* est déjà épuisée, devra accepter que Kant lui-même lui explique en quoi consiste l'œuvre véritable de l'entendement, telle qu'elle se développe dans l'« Analytique transcendantale ». En réponse à la question répétée de son élève Jacob Sigismund Beck, qui veut savoir en quoi consiste finalement l'œuvre transcendantale de l'entendement, Kant répète d'abord sa formule maintes fois utilisée : « faire soi-même ». L'entendement ne

1. *Pédagogie*, AK IX, 477 ; OP III, 1182-1183.

2. *Ibid.*

3. Voir la référence pertinente à Platon dans le premier livre de la « Dialectique transcendantale » de la première *Critique*. On y lit notamment : « Platon trouvait ses idées surtout dans tout ce qui est pratique, c'est-à-dire dans ce qui repose sur la liberté, laquelle de son côté est soumise à des connaissances qui sont un produit de la raison » (CRP, A 315 ; OP I, 1027). On trouvera, par ailleurs, avant et après ce passage plusieurs références à Platon.

4. Kant sur l'origine du concept de dialectique, voir CRP, A 61-62/B 85-86.

5. *Cf.* G. Volker, *Immanuel Kant : Vernunft und Leben*, Stuttgart, Reclam, 2002.

conçoit avec une certitude objective que ce qu'il « fait lui-même ». Mais une telle affirmation, J. S. Beck l'a lue assez souvent, et parce que cette formulation, treize années après la publication de la *Critique de la raison pure*, ne suffit pas à Kant lui-même, il ajoute cette explication supplémentaire : l'œuvre de l'entendement consiste à rendre « communicable » une représentation de la conscience[1].

Et, par conséquent, l'entendement est ce par quoi une communication s'avère possible. Cette dernière permet d'exprimer de manière exacte une représentation que nous avons d'une chose, de sorte qu'elle puisse être comprise par nos semblables exactement de la même manière.

Si nous posons ce principe comme fondement, on devra reconnaître l'œuvre fondamentale de la communication – et donc aussi de la conversation – pour le développement de la compréhension humaine et de la raison humaine. Il est clair qu'en tant que personne, il faut être capable de communiquer ses pensées en général à ses semblables de manière fiable. En règle générale, ce sera la fonction de la parole, mais, dans certains cas exceptionnels, cela peut être réalisé par d'autres formes de code. Il faut donc veiller à ce que l'échange d'opinions soit compréhensible, et faire un effort pour entrer en conversation avec ses semblables.

Si nous admettons ce principe, nous comprenons immédiatement pourquoi Kant a loué Socrate de manière si appuyée : dans l'exposé des premiers pas de la pensée philosophique, que Kant essaie d'esquisser dans son Introduction aux cours de *Logique*, il attribue à Socrate le mérite d'avoir offert à la philosophie le *dialogue*. Et, ce faisant, déclare-t-il, Socrate a élargi de manière essentielle l'horizon aussi bien de la pensée spéculative que de la pensée éthico-pratique.

Voici comment Kant s'exprime à ce sujet :

> Finalement, l'époque la plus importante de la philosophie grecque commence avec *Socrate*. Car ce fut lui qui donna une toute nouvelle orientation pratique à la pensée philosophique et à tous les esprits spéculatifs. Il a même été presque le seul parmi tous les hommes dont la conduite ait presque atteint l'*Idée d'un sage*[2].

L'impact éthique de l'exemple vécu de Socrate.

Dans les manuels scolaires du XXe siècle tardif, l'éthique de Kant est généralement abordée dans la rubrique consacrée aux conceptions déontiques. On peut en effet l'appeler ainsi. Mais ce serait une erreur de considérer l'*éthique* kantienne du devoir comme une alternative à l'*éthique de la vertu*.

1. Lettre de Kant à Beck du 1er juillet 1794, AK XII, 515. Bien sûr, Kant ajoute, un paragraphe plus loin : « en écrivant cela [...], je ne le comprends pas pleinement moi-même » (notre traduction). Cependant, l'on peut montrer que Kant relate avec une indépassable clarté en quoi consiste l'œuvre de la compréhension : dans la communication exacte et objective pour le monde commun des hommes. C'est là le phénomène qui révèle la « forme sociale » (*Soziomorphie*) de la conscience. Voir à ce sujet V. Gerhardt, *Selbstbestimmung. Das Prinzip der Individualität*, Reclam, Stuttgart, 1999, et *Öffentlichkeit. Die politische Form des Bewusstseins*, München, Beck, 2012. Sur la signification de la lettre à Beck, voir V. Gerhardt, *Immanuel Kant : Vernunft und Leben*, Stuttgart, Reclam, 2002.

2. LOG, AK IX, 29 ; trad. fr. L. Guillermit, Paris, Vrin, 2007.

Kant a toujours qualifié son tournant copernicien en matière éthique de « doctrine des mœurs » : son *éthique critique*, conçue dans le contexte de la *Critique de la raison pure*, est intitulée *Fondements de la métaphysique des mœurs* (1785) et sa réalisation systématique, publiée en 1797, bien après donc la *Critique de la raison pratique* (1788), *Métaphysique des mœurs*. La première partie de la *Métaphysique des mœurs* contient la « Doctrine du droit », et la seconde partie la « Doctrine de la vertu ». Il n'est donc pas surprenant que Kant soit très réceptif à la *doctrine de la vertu de Socrate*. On peut dire dans ce contexte général qu'il la présuppose dans toute sa philosophie pratique, et qu'il n'a donc pas besoin d'y faire référence en détail. Il y a bien une raison à cela, que je cite dans son contexte, pour bien montrer qu'ici Kant ne parle pas seulement de Socrate, mais aussi de lui-même. Le passage central se trouve dans la première section des *Fondements* :

> Il serait ici aisé de montrer comment, ce compas à la main, elle [la connaissance morale de la raison humaine commune] a dans tous les cas qui surviennent la pleine compétence qu'il faut pour distinguer ce qui est bien, ce qui est mal, ce qui est conforme au devoir ou contraire au devoir, pourvu que, sans lui rien apprendre le moins du monde de nouveau, on la rende attentive, comme le faisait Socrate, à son propre principe, en montrant par suite qu'il n'est besoin ni de science ni de philosophie pour savoir ce qu'on a à faire, pour être honnête et bon, et même sage et vertueux [1].

Pour bien montrer que Socrate est d'une importance singulière et insurpassable pour Kant, il suffit de rappeler que ce dernier ne procède pas autrement qu'il l'explique ici en prenant l'exemple du sage antique : car ce que Kant présente, dans les considérations systématiques de la deuxième section de ses *Fondements*, comme un *impératif catégorique*, n'exprime en somme que la manière dont l'*homme en tant qu'homme se comprend dans son humanité*. L'impératif catégorique n'exige de chaque individu ni plus ni moins que d'agir selon la *compréhension humaine qu'il a de lui-même*. Il suffit que l'individu prenne au sérieux « l'humanité » de sa propre personne, et il a une « boussole » en main qui lui permet de connaître ce qu'il doit faire. Cette interprétation est étayée par le fait que, dans un autre contexte, Kant associe Socrate au concept d'"humanité"[2].

En supposant que ce point commun fondamental et systématique entre les doctrines de Socrate et de Kant soit effectivement présent, nous comprenons également ce qui rend Socrate unique aux yeux de Kant : il ne s'agit pas seulement du point commun fondamental dans la conception humaine générale de la raison pratique, mais aussi du fait que Socrate lui-même a pu être un *exemple vivant* de sa perspicacité morale et philosophique. Ce qui impressionne Kant, c'est que dans

1. FMM, AK IV, 404 ; OP II, 263-264.

2. Dans l'*Anthropologie du point de vue pragmatique*, Kant cite le pasteur de la cour Hofstede qui, tout en dénonçant le caractère illusoire de la vertu, diffamait Socrate et affirmait que c'était là, pour lui, « une haute trahison contre l'humanité » (APP, AK VII, 153 ; OP III, 971).

sa vie comme dans sa mort, Socrate est un exemple des vertus qu'il a enseignées. Ce qui est exemplaire, pour Kant, comme il le dit expressément dans sa *Doctrine de la vertu*, mérite une haute estime.

Cependant Kant n'a jamais prétendu être un exemple de sa propre philosophie morale pour lui-même. Kant suit Socrate dans ses réflexions philosophiques, mais ne tente pas de se comparer à Socrate dans son mode de vie. La grandeur unique du sage grec est donc aussi pleinement reconnue *ex negativo* par le sage de Königsberg : sa singularité existentielle interdit au philosophe allemand de se mettre à égalité avec lui.

Il est aussi frappant de constater que Kant parle du « génie » de Socrate à plusieurs reprises, lui décernant ainsi des louanges qu'il n'accorde à aucun autre philosophe[1]. Seul l'artiste, avec sa faculté de juger inimitable et la « génialité » de sa production, mérite le titre de « génie ». En effet, le jugement de Socrate est maintes fois loué. Pour justifier cet éloge, Kant s'appuie aussi sur l'élection divine dont Socrate fait l'objet à travers l'oracle de Delphes[2].

Enfin, il faut ajouter que Kant, dans ses *Leçons de géographie physique*, compare Socrate à Confucius[3], comme s'il avait déjà eu le pressentiment du lien qui rattache, selon Karl Jaspers, Confucius à Socrate dans la « période axiale ».

Volker GERHARDT
Université Humbold (Berlin)

Traduction Dimitri LANG revue par
Mai LEQUAN et Anja LÜNSDORF-MOURIER

1. Dans la *Métaphysique des mœurs*, Kant célèbre de façon remarquable la « faculté de juger » de Socrate (MM, AK VI, 387 ; OP III, 667). Voir aussi APP, AK VII, 139 et 203.

2. Dans l'*Anthropologie*, Kant affirme que Socrate expliquait la provenance de ses « apophtegmes » et ses « élans oraculaires » par son génie (APP, AK VII, 145 ; OP III, 963).

3. GP, AK IX, 382.

PHILOSOPHIE DE LA NATURE ET BIOLOGIE

ÉPICURE ET KANT
DANS *L'HISTOIRE GÉNÉRALE DE LA NATURE*
UNE ASSOCIATION RISQUÉE

Les écrits d'Épicure nous sont parvenus essentiellement par l'entremise de « notre principale source antique »[1], Diogène Laërce, dans son œuvre *Vie, doctrines et sentences des philosophes illustres*[2]. Diogène parle d'un auteur prolifique dont l'œuvre est considérable : « Épicure a beaucoup écrit et dépassé tous les autres philosophes par le nombre de ses ouvrages »[3]. Pierre-Marie Morel relate l'état dans lequel cette œuvre « monumentale » se trouve actuellement : « Or, de cet ouvrage, il ne reste que quelques rares fragments et la plupart des autres traités ne nous sont connus que par les brèves citations qu'en donnent les témoins antiques »[4].

Il serait anachronique de déduire à partir de ces fragments l'état des connaissances de Kant à propos de la philosophie d'Épicure. S'il est vrai que Kant connaissait les trois lettres d'Épicure, puisqu'il cite l'œuvre de Diogène, il ne fera jamais mention du *Péri Phuséôs* en dépit de sa découverte en 1756 et il n'aura pas pu lire les *Sentences vaticanes* qui seront découvertes au XIXe siècle[5].

Cela étant dit, ce qui demeure certain, c'est l'urgence avec laquelle Kant a, très tôt au cours de sa carrière scientifique et philosophique, jugé bon de clarifier l'étendue de la familiarité de certaines de ses idées avec la philosophie d'Épicure[6]. Cette attitude apparaît de manière éloquente dans les allusions à

1. Épicure, *Lettres, maximes et autres textes*, Paris, GF Flammarion, 2011, p. 5.

2. Diogène Laërce, *Vies, doctrines et sentences des philosophes illustres*, Paris, GF Flammarion, 1965.

3. *Ibid.*, p. 223.

4. Épicure, *Lettres, maximes et autres textes*, *op. cit.*, p. 5. Voici la liste de ces fragments : *Lettre à Hérodote*, *Lettre à Pythoclès*, *Lettre à Ménécée*, des fragments du *Peri Phuséôs*, les *Sentences vaticanes* et la quarantaine de maximes contenues dans les *Maximes capitales*.

5. Voir A. Boyer, *Kant et Épicure*, Paris, P.U.F., 2004, p. 12 et p. 16.

6. *Ibid.*, p. 118. Boyer rappelle à juste titre que Kant cite Épicure dès les *Réflexions 3705*. Cependant, nous croyons que la datation qu'il propose de leur rédaction, la situant « entre 1748 et 1750 », bien qu'elle soit possible, semble moins probante que celle donnée par Ferdinand Alquié (OP I, 21), qui considère les *Réflexions 3703-3705* comme les ébauches destinées au concours sur l'optimisme de l'Académie de Berlin de 1753 qui opposait Leibniz à Pope.

Épicure au cœur de la Préface de l'*Allgemeine Naturgeschichte und Theorie des Himmels*[1] de 1755.

ÉPICURE ET KANT : ENTRE SIMILITUDES ET DISSOCIATION

L'intérêt que l'*Histoire générale de la nature*, considérée comme « le premier grand ouvrage de Kant », aurait pu susciter chez ses contemporains, a été largement compromis dès sa publication par la faillite de l'imprimeur[2]. Il a cependant joui du soutien de son auteur qui, même après le tournant transcendantal de 1781, a jugé bon de le rééditer plusieurs fois de son vivant[3]. Si l'*Histoire générale de la nature* peut faire l'objet d'études ayant pour but d'expliquer la genèse et le développement de la pensée de Kant, au sein de laquelle auraient sommeillé depuis le tout début de sa carrière philosophique les germes du criticisme[4], elle présente une cosmogonie qui peut être appréciée, surtout, en vertu de ses contributions dans le domaine de l'astronomie. Kant a été le premier à théoriser la structure de la galaxie[5] et il est aussi le premier à avoir admis qu'elle possède une rotation différentielle[6].

Si Kant est parvenu à ces résultats, c'est d'abord parce qu'il a pour intention de minimiser l'explication des phénomènes célestes à partir de l'intervention de Dieu, et ce contrairement aux physico-théologies anglaises et germaniques en vogue à son époque[7] ; mais non sans tenter, dans les premières pages de son texte, de persuader son lecteur que sa conception scientifique de la nature ne s'oppose aucunement aux conceptions religieuses et qu'elle ne nie pas l'existence ou la perfection de Dieu.

Kant admet que sa théorie partage des similitudes avec celles des atomistes grecs : « Je ne contesterai donc pas que la théorie de Lucrèce ou de ses prédécesseurs, Épicure, Leucippe, et Démocrite ait beaucoup de ressemblances avec la mienne »[8]. Quatre d'entre elles sont mentionnées. 1) Tout d'abord, il présente le premier état de la nature comme celui de « la dispersion générale de la substance originaire de tous les corps célestes, ou des atomes ». Cet état est donc celui d'un chaos où règnent initialement un désordre et une désunion complète de tous les corps dans leurs éléments les plus simples, c'est-à-dire indécomposables. 2) La théorie de Kant recourt à la force d'attraction newtonienne

1. Trad. fr. J. Seidengart (dir.), *Kant. Histoire générale de la nature et théorie du ciel*, Paris, Vrin, 1984.

2. J. Seidengart, « Avant-propos », *ibid.*, p. 10.

3. *Ibid.*

4. *Ibid.*, p. 11 : « [Il] n'en est pas moins vrai que ce sont des questions d'ordre cosmologique qui ont sorti Kant de son "sommeil dogmatique" et qui l'ont entrainé sur la voie du criticisme ».

5. Voir *ibid.*, p. 33.

6. Voir *ibid.*, p. 38.

7. *Ibid.*, p. 21. Jean Seidengart dresse une liste de certaines de ces physico-théologies.

8. AK I, 226 ; trad. cit., p. 70.

qu'il estime similaire à la notion épicurienne de la pesanteur provoquant la chute de l'atome. 3) L'atome épicurien dévie de son mouvement rectiligne pendant sa chute verticale. Cela serait similaire à la force de répulsion que Kant emploiera. 4) Finalement, la dernière ressemblance entre la théorie kantienne et celles des atomistes réside dans la récupération des tourbillons provoqués par le « mouvement perturbé des atomes » qu'on retrouve chez Leucippe et Démocrite[1].

Bien que Kant n'ait aucune réticence à concéder ces similitudes, cette familiarité avec l'atomisme est présentée sous la forme d'une objection impliquant Épicure : « Mais, dira-t-on, la défense de ton système est aussi bien celle des opinions d'Épicure qui ont avec lui la plus grande ressemblance »[2]. Or, quelles sont ces opinions qui forcent Kant, une fois qu'il a admis que son système possède une certaine « concordance avec celui-ci », à se dissocier d'Épicure ? La réponse réside dans les conséquences théologiques que Kant tire de la cosmologie d'Épicure. Toutefois, Kant se montre expéditif sur ce point et nous souhaitons contribuer, par cette communication, à clarifier le sens de ses critiques envers Épicure. Par souci de concision, nous ne reproduisons ci-dessous qu'une seule de ces critiques, donnant en bas de page la référence des deux autres :

> Si le système du monde, avec tout son ordre et toute sa beauté, est seulement un effet de la matière laissée à ses lois générales de mouvement, si la mécanique aveugle des forces de la nature a le pouvoir de se développer à partir du chaos de façon si splendide et si elle atteint d'elle-même à une telle perfection, alors est invalidée la preuve de l'existence d'un auteur divin, preuve que l'on tire de la vue de la beauté de l'univers ; la nature suffit à elle-même, le gouvernement divin est inutile, Épicure revit au milieu du christianisme et une philosophie profane piétine la foi qui lui offre pour l'éclairer une vive lumière[3].

Ce qui ressort de ces trois passages, c'est l'antifinalisme d'Épicure, pour qui le mécanisme de la nature opère aléatoirement, générant indifféremment de l'ordre ou du désordre. Épicure a fait fausse route selon Kant. Il aurait dû reconduire à Dieu la régularité et l'harmonie des rapports entre les objets célestes, au lieu de les dissocier de la sagesse de l'être suprême, car : « il y a un Dieu précisément pour cette raison que la nature, même dans le chaos, ne peut procéder autrement que de façon régulière et ordonnée »[4]. Afin d'apprécier la portée de la critique de Kant à l'endroit d'Épicure, les principes généraux de la philosophie de la nature d'Épicure et certaines de ses conséquences théologiques seront discutés dans la section suivante.

1. *Ibid.*
2. *Ibid.*
3. HGN, AK I 222 ; trad. cit., p. 65-66. Afin de consulter les deux autres critiques que Kant adresse à Épicure, voir HGN, AK I, 226, trad. cit., p. 69 et AK I, 227, trad. cit., p. 70
4. HGN, AK I, 228 ; trad. cit., p. 71.

La physique matérialiste d'Épicure et ses conséquences théologiques

Épicure présente les principes de sa philosophie de la nature dans la *Lettre à Hérodote*[1]. Cette philosophie est dérivée de deux thèses fondamentales : l'existence du vide et l'existence des corps. Julie Giovacchini considère que les premiers passages de cette lettre sont en fait une réponse « terme à terme » aux objections de la métaphysique de Parménide[2] (qui seront reprises après lui par Zénon d'Élée) et selon lesquelles le mouvement est irrationnel, ce qui oppose « à toute tentative de fondation d'une physique rationnelle un écueil très difficile à contourner[3] ».

La solution d'Épicure aux problèmes soulevés par la philosophie de Parménide, notamment en lien avec notre capacité de fonder une connaissance des phénomènes naturels (ceux-là mêmes qui sont soumis aux mouvements), s'articule autour des trois propositions suivantes : « [1] Rien ne naît de rien ; [2] le tout est identique à lui-même ; [3] le tout est corps et vide[4] ». Par la première proposition, Épicure inclut le devenir au sein de l'être : si le mouvement n'était pas dans l'être, nous serions contraints de l'attribuer au non-être. Par conséquent, le devenir doit être pensé comme « un passage de l'être dans l'être »[5]. Afin de penser le mouvement au sein de l'être sans se contredire, la deuxième proposition confond l'être et le tout, l'identifiant comme une totalité quantitative qui demeure inchangée en dépit des modifications qualitatives des phénomènes naturels. Enfin, la troisième proposition admet l'existence des corps et du vide à partir de la sensation. L'existence des corps est aisément confirmée par la sensation. Celle-ci nous assure de leur présence, tandis que nous inférons l'existence du vide à partir du mouvement. Si les corps se déplacent, c'est que quelque chose rend ce mouvement possible. Cette condition de possibilité est le vide[6].

Suivant les conséquences de ces principes, Épicure présente une « physique matérialiste »[7], à partir de laquelle, selon Kant, l'« entendement perverti » du philosophe tire des conclusions « très blâmables »[8]. Parce qu'Épicure professe « une conception qui était la vraie théorie de la négation de Dieu dans l'Antiquité », Kant devra justement dissocier sa propre théorie de celle d'Épicure, afin d'éviter les mêmes hérésies[9].

1. Les citations des lettres d'Épicure proviennent toutes de Diogène Laërce, *Vie, doctrines et sentences des philosophes illustres*, Paris, Flammarion, 1965, t. 2, livre X, p. 215-269.

2. J. Giovacchini, *Épicure*, Paris, Les Belles Lettres, 2008, p. 85.

3. *Ibid.*, p. 87.

4. *Ibid.*, p. 91.

5. *Ibid.*, p. 88.

6. Épicure, *Lettre à Hérodote*, *op. cit.*, p. 228.

7. J. Giovacchini, *Épicure*, *op. cit.*, p. 85.

8. HGN, AK I, 226 ; trad. cit., p. 70.

9. *Ibid.*

Avant de considérer Dieu et sa relation à l'univers, Épicure rejette la thèse de l'incorporalité de l'âme au profit d'une explication matérialiste. Chez Épicure cette réfutation est conséquente avec l'idée que « [la] sensation est la vérité première »[1]. L'être au sens large ne peut jamais faire l'objet d'une contradiction pour les sens, car ce sont eux qui définissent l'être et le non-être. Par conséquent, l'âme nous est connue à partir des affections et des sensations, et sa nature corporelle nous est également confirmée à partir de celles-ci. Selon Épicure, dire « que l'âme est incorporelle est une sottise »[2]. Seul le vide n'est pas corporel. Or, le vide « ne peut ni agir ni subir, il permet simplement aux corps de se mouvoir à travers lui[3] ». L'âme manifeste pourtant qu'elle agit et qu'elle subit, ce qui signifie qu'elle ne relève pas du vide, et donc elle ne peut être que corporelle[4].

Pour Épicure, la corporalité de l'âme s'exprime sous la forme d'un ensemble de « parties ténues », qui ressemble tantôt à un souffle, tantôt à de la chaleur[5]. L'âme est ensuite posée comme principe de la sensibilité au sein du corps humain, compris comme un agrégat qui, inversement, est aussi sa condition de possibilité et sans lequel elle serait incapable d'avoir des sensations[6]. Mais il existe une certaine différence de priorité entre les deux. Un corps ne peut sentir sans l'âme, tandis que l'âme peut continuer de ressentir dans un corps mutilé. Toutefois, il est vrai que la dissolution complète du corps provoque également celle de l'âme :

> Il est vrai de dire aussi toutefois que lorsque le corps tout entier s'est dissous, l'âme se dissipe, et disséminée perd de sa force et de son mouvement, si bien qu'elle devient elle aussi insensible. Car il est impossible de croire que l'âme peut sentir en dehors de ce système et de ces mouvements que nous voyons, lorsque ce qui la contient et l'enveloppe n'est plus semblable à ce qu'il est quand elle y manifeste son activité[7].

Toutefois, le témoignage des sens a aussi ses limites, et Épicure, dans sa *Lettre à Pythoclès*, reconnaît que les « problèmes de la vie » et ceux de la nature peuvent recevoir « plusieurs explications possibles »[8].

1. P.-M. Morel, *Épicure*, Paris, Vrin, 2009, p. 137.
2. Épicure, *Lettre à Hérodote*, *op. cit.*, p. 238.
3. *Ibid.*
4. Susana Gamabino Longo souligne qu'en dépit d'une « réception globalement positive » durant la Modernité, Épicure s'est attiré des blâmes à cause de deux notions qui allaient à l'encontre de l'orthodoxie chrétienne : la mortalité de l'âme et l'identification du plaisir comme souverain bien. Il y a fort à croire que sa conception corporelle des dieux posait aussi problème. Voir S. Gamabino Longo, « Débauche ou plaisir chrétien, se réclamer d'Épicure à la Renaissance : entre Lorenzo Valla et Le Tasse », *in* L. Boulègue et C. Lévy (dir.), *Hédonismes. Penser et dire le plaisir dans l'Antiquité et à la Renaissance*, Villeneuve, Presses universitaires du Septentrion, 2007 p. 189.
5. Épicure, *Lettre à Hérodote*, *op. cit.*, p. 238.
6. *Ibid.*
7. *Ibid.*, p. 237.
8. *Ibid.*, p. 245.

Pourtant, dans la *Lettre à Hérodote*, Épicure n'hésite pas à renier la perspective métaphysique, selon laquelle les phénomènes célestes sont gouvernés par une entité possédant la béatitude et l'immortalité. Mais, si les mouvements observés dans les corps célestes ne tirent pas leur origine d'un être suprême, ils proviennent des « mouvements nécessaires et des circuits accomplis en vertu des premiers tourbillons d'astres qui se firent à l'origine de la constitution du monde »[1]. Épicure rejette aussi la théologie astrale[2], attribuée surtout aux platoniciens et aristotéliciens, selon laquelle « les astres sont incorruptibles parce que divins et leurs mouvements perpétuels »[3]. Aucun astre n'est donc à l'abri d'une dissolution complète, le chaos et la destruction faisant partie des effets possibles des configurations aléatoires des atomes[4].

Mais cela ne veut pas dire qu'Épicure rejetait toute idée de la divinité. Sa piété a été défendue par Joseph Moreau, qui soutient que son cadre conceptuel et ses principes empiristes ont certes rendu Épicure « prisonnier de sa physique matérialiste », mais que cela n'enlève rien à l'idée « contestable » mais aussi « très pure »[5] qu'il se faisait de la divinité. L'idée de cette pureté expliquerait-elle pourquoi les dieux ne s'occupent pas des choses de notre monde, comme s'ils le jugeaient indigne de leur soin et de leur attention[6]? Non, car Épicure estime que les dieux sont aussi situés au sein de ce monde et qu'ils sont soumis à ses lois[7]. Évidemment, cette idée s'oppose à la notion chrétienne de la divinité, selon laquelle Dieu ne peut pas être soumis à ce dont il est la condition de possibilité, en l'occurrence le temps et l'espace.

Or, chez Épicure, ce ne sont pas les dieux qui sont derrière la formation des mondes et la cohérence des phénomènes naturels. Dans son *De rerum natura*[8], Lucrèce, qui présente la philosophie d'Épicure en vers latins, propose plutôt qu'il existe des accords[9] au sein de la nature, sans qu'il ne soit jamais question de les reconduire à une certaine forme de finalisme[10]. Ces accords sont plutôt

1. Épicure, *Lettre à Hérodote*, *op. cit.*, p. 241.

2. J. Moreau, « Épicure et la physique des Dieux », *Revue des Études Anciennes*, 70, 1968/3-4, p. 287.

3. M. Conche, *Lucrèce et l'expérience*, Québec, Fides, 2003, p. 74.

4. P.-M. Morel, *Épicure, op. cit.*, p. 48.

5. J. Moreau, « Épicure et la physique des Dieux », art. cit., p. 287.

6. *Ibid.* La connaissance des dieux est problématique chez Épicure, car elle ne procède pas de la source de toutes les vérités – les sens –, mais nous serait transmise par le biais d'une vision, d'une certaine « image mentale. »

7. Voir J. Giovacchini, *Épicure, op. cit.*, p. 176 : « C'est la plus grande singularité des dieux épicuriens, qui ne sont pas maîtres de la nature, mais qui lui appartiennent comme n'importe quel autre corps composé […]. Les dieux d'Épicure ne règle pas l'univers, qui s'organise de lui-même, *sponte sua*, sans eux; ils n'exercent aucun poids sur le cours des choses, ne se mêlent pas aux activités humaines, et sont, pour dire le mot, suprêmement inactifs ».

8. Ce texte est une interprétation en vers latins de la philosophie d'Épicure. Il en a influencé significativement la réception. Voir M. Conche, *Lucrèce et l'expérience*, *op. cit.*, p. 11.

9. Lucrèce emploie l'expression *foedera naturae*.

10. P.-M. Morel, *Atome et nécessité. Démocrite, Épicure, Lucrèce*, Paris, P.U.F., 2000, p. 28.

reconductibles à un nombre limité de configurations possibles de la matière en vertu de la variété finie des atomes qui sont disséminés dans la nature[1]. Ainsi, chez Épicure, les agencements de la matière sont le produit d'un hasard composant aléatoirement des combinaisons, qui, malgré les *pactes naturels* admis par Lucrèce, n'enlèvent rien à la situation provisoire et précaire[2] de notre monde, lequel sera éventuellement soumis à la même destruction que les autres.

Devant l'incapacité de sa philosophie de la nature à fonder une théologie rationnelle, Épicure en a tiré toutes les conséquences au point de nier toute métaphysique, créant ainsi un discours sur la nature, dont l'autonomie excluait la nécessité de dériver des considérations d'ordre métaphysique[3]. Son geste peut en partie s'expliquer du fait qu'il ne pouvait dire que nous ignorons les causes supranaturelles dont notre monde tire son origine[4], car « [l'] usage métaphysique qu' [il] fait de la sensation »[5] excluait toute séparation entre un ordre naturel et un ordre supranaturel des choses. Ces considérations sur la physique matérialiste d'Épicure (indépendance mécanique de la nature, rejet de l'immatérialité de l'âme, immanence et inactivité des dieux en notre monde) devraient servir à justifier l'urgence de Kant à se dissocier des conséquences théologiques d'Épicure.

LE TRAITEMENT KANTIEN DES QUATRE SIMILITUDES

Les notions dont Kant reconnaît la similitude avec les thèses atomistes sont chapeautées par un discours théologique parfaitement cohérent avec les enseignements du christianisme. Cependant, l'objectif de l'*Histoire générale de la nature* n'est pas de proposer une théorie atomiste satisfaisante de l'univers. L'ouvrage contribue plutôt, comme le souligne Robert Theis, à la réalisation du programme de recherche annoncé par Newton[6].

Le scientifique anglais n'a pu fournir une explication cosmogonique à partir de l'application de son modèle physique. Son incapacité peut être reconduite à deux causes principales : (1) son refus d'attribuer à la matière des forces constitutives de son essence; (2) le postulat de l'éternité *a parte ante* dans sa conception de la temporalité[7]. Kant parviendra à élaborer cette explication cosmogonique, d'une part, en admettant que la matière est dotée de forces essentielles

1. Épicure, *Lettre à Hérodote*, *op. cit.*, p. 233.

2. P.-M. Morel, *Atome et nécessité*, *op. cit.*, p. 48.

3. J. Moreau, « Épicure et la physique des Dieux », art. cit., p. 287.

4. Cela n'équivaut pas à dire que nous sommes en mesure d'avoir une connaissance de tous les phénomènes naturels. Épicure est d'avis que, faute de mieux, nous émettons des hypothèses sur l'explication de plusieurs d'entre eux. Voir Épicure, *Lettre à Hérodote*, *op. cit.*, p. 245.

5. J. Giovacchini, *Épicure*, *op. cit.*, p. 90.

6. R. Theis, *La raison et son Dieu. Étude sur la théologie kantienne*, Paris, Vrin, 2012, p. 49.

7. P. Laberge, *La théologie kantienne précritique*, Ottawa, Éditions de l'Université d'Ottawa, 1973, p. 21.

(l'attraction et la répulsion) et, d'autre part, en se débarrassant de l'éternité *a parte ante*, ce qui a aussi le mérite d'être conforme aux opinions théologiques. En effet, admettre l'éternité *a parte ante* signifie qu'un temps infini précède l'instant actuel (alors que l'éternité *a parte post* signifie, inversement, qu'un temps infini succède à l'instant actuel). Cette éventualité contredit l'enseignement théologique fondamental selon lequel Dieu a créé le monde *ex nihilo*. L'admettre signifierait l'absurdité de situer Dieu au sein même de la temporalité et, par conséquent, le soumettre à ce dont il est la condition[1].

Kant soutient non seulement que le temps a un commencement, mais que l'univers a subi un développement, afin de parvenir à l'état dans lequel il se trouve actuellement[2]. Ainsi, il n'est pas question pour Kant d'expliquer par un décret divin pourquoi « la densité des planètes [est] inversement proportionnelle à leur distance du soleil »[3]. Dans un geste analogue à celui des atomistes grecs, Kant postule que la matière s'est trouvée initialement dans l'état de la dispersion la plus complète en ses parties les plus élémentaires.

Alors que les atomistes admettaient que la diversité des arrangements célestes supposait l'existence d'atomes de diverses grandeurs[4], Kant admet cette diversité pour une raison supplémentaire. En effet, la possibilité d'un premier mouvement est conditionnée par le fait que les particules dans l'espace présentent différentes densités, sans quoi, l'activité des forces serait dans un équilibre parfait et les atomes seraient immobiles pour l'éternité[5].

Ces forces sont au compte de deux: la force d'attraction et la force de répulsion. Kant compare l'attraction newtonienne des corps à la notion épicurienne de pesanteur, en vertu de laquelle les corps sont en chute verticale. Ce premier mouvement est celui d'un corps qui est mû vers un corps possédant une densité supérieure. Mais, si la force d'attraction était la seule force essentielle que possédait la matière, la particule serait aplatie et avalée au sein d'un corps plus dense, et il n'y aurait dans l'espace qu'une seule masse[6] au lieu de la pluralité des astres que nous y observons.

1. P. Laberge, *La théologie kantienne précritique*, *op. cit.*, p. 21.

2. Voir HGN, AK I, 263.

3. P. Laberge, *La théologie kantienne précritique*, *op. cit.*, p. 21.

4. Sur ce point, Épicure diverge de la position de Démocrite en affirmant que cette diversité n'est pas infinie mais indéfinie. Elle est donc en quantité limitée bien que nous ne puissions l'établir. Voir Épicure, *Lettre à Hérodote*, *op. cit.*, p. 12.

5. Voir HGN, AK I, 264.

6. Du moins, c'est ce que soutient Pierre Laberge. Voir *La théologie kantienne précritique*, *op. cit.*, p. 23. Toutefois, si nous rapprochons la force de répulsion de l'idée de l'impénétrabilité exprimée dans la *Monadologie physique* de 1756, il est possible de dire qu'une force d'attraction agissant seule – sans la résistance d'une autre – implique l'impossibilité de toute étendue physique, puisque l'impénétrabilité est une condition selon laquelle un corps occupe un espace déterminé. Voir la proposition VIII de la *Monadologie physique*, AK I, 482.

Il faut donc admettre une autre force qui puisse, d'une part, expliquer qu'un corps est toujours un agrégat susceptible d'être décomposé et, d'autre part, rendre compte de la collision d'un corps avec un autre et du mouvement qui en résulte. Cette force, Kant la nomme force de répulsion et la rapproche du *clinamen* d'Épicure. Toutefois, le *clinamen* dans la physique matérialiste d'Épicure avait une fonction tout à fait différente de celle que lui attribue Kant dans sa propre théorie[1].

Chez Épicure, l'étendue de l'atome est en elle-même irréductible[2]. L'atome est un corps insécable qui n'est pas susceptible d'être divisé. Dans la physique d'Épicure, les atomes sont initialement en chute libre verticale, tandis que Démocrite expliquait leur mouvement initial au sein de tourbillons où ils entrent en collision et composent d'autres corps. Épicure recourt plutôt à l'idée du *clinamen*, selon laquelle les atomes ont une tendance naturelle à dévier de leur trajectoire verticale, et c'est ainsi qu'ils sont en mesure de se rencontrer, autant dans l'instant d'une collision que dans un processus d'agglomération[3].

Deux choses ici contestent les similitudes alléguées par Kant sur le plan strictement mécanique entre sa théorie et celles des atomistes grecs.

1) Tout d'abord, la pesanteur qui permet la chute verticale des corps chez Épicure s'exerce dans le vide et, à aucun moment, n'apparaît l'idée que cette chute est le mouvement d'un corps qui est *attiré* vers un autre de densité supérieure[4]. Donc, ce n'est pas la différence entre la densité de deux corps qui cause et orienterait le mouvement initial de cette chute. Toutefois, sans un corps d'une densité supérieure à un autre, la force d'attraction serait en équilibre, et aucun mouvement d'un corps vers un autre ne serait généré.

2) Ensuite, Kant dit récupérer d'Épicure l'idée de l'écart du mouvement rectiligne de l'atome dans sa chute. À l'exception du caractère général de cette idée de déviation, le rôle du *clinamen* s'apparente plus à celui de l'attraction qu'à celui de la « répulsion des particules »[5]. En effet, les atomes ne se rencontrent pas dans la chute initiale d'Épicure. Ils ont besoin de dévier de leur trajectoire afin d'entrer en collision. Ce rôle est plutôt celui que joue l'attraction dans la théorie de Kant[6]. Le mouvement des particules est orienté en fonction des masses de plus grande densité. Toutefois, la force de répulsion, loin d'expliquer cette première

1. Soulignons que de la notion du *clinamen* est absente dans les fragments rapportés par Diogène Laërce. Kant s'appuie probablement sur ce qu'en dit Lucrèce dans le *De rerum natura*, qui constituerait notre « seule source véritablement complète » de cette notion. Voir J. Giovacchini, *Épicure*, *op. cit.*, p. 102.

2. Pierre-Marie Morel parlera d'une étendue infra-perceptible. Voir, *Épicure*, *op. cit.*, p. 12.

3. J. Giovacchini, *Épicure*, *op. cit.*, p. 105.

4. P.-M. Morel, *Épicure*, *op. cit.*, p. 12.

5. HGN, AK I, 227 ; trad. cit., p. 70.

6. La difficulté de l'analogie entre les forces d'attraction et de répulsion et le *clinamen* tient au fait que le *clinamen* est un principe interne de l'atome. Son activité opère la déviation de son atome. Dans le cas de l'attraction, l'activité de cette force implique qu'un corps ne se déplace pas, mais en déplace un autre.

rencontre, expliquerait plutôt l'irréductibilité de l'atome, lequel donne lieu, dans son interaction avec la force d'attraction, à un mouvement tourbillonnaire[1].

LE REMPART THÉOLOGIQUE

Or, les précédentes considérations ne suffiraient pas à elles seules à disculper Kant de proposer une physique matérialiste. Tout ce qui précède s'apparente à une version réformée de l'atomisme antique. Cependant, Kant, contrairement à Épicure, ne replie pas son discours physique sur lui-même afin d'accorder une autonomie absolue à la nature. La perfection du mécanisme de la nature est à l'image de celle des attributs de Dieu. Certes, Dieu n'a pas besoin d'agir sur le cours de la nature. L'interaction entre les forces de l'attraction et celle de la répulsion suffisent à créer les astres et les systèmes planétaires. En cela, Kant demeure cohérent avec les efforts d'Épicure dans sa *Lettre à Pythoclès* afin de discréditer le rôle que la divinité pourrait jouer dans la structure de l'univers[2].

Si la matérialité de l'âme est une hérésie et une conclusion de laquelle Kant doit prendre ses distances, ce problème demeure étranger aux thèmes abordés dans l'*Histoire générale de la nature*. Toutefois, ce qui lui est directement lié, c'est la nécessité d'arrimer Dieu à la nature. En effet, il lui faut montrer comment une cosmogonie mécaniste, où la nature se suffit à elle-même et permet, uniquement à partir de la causalité efficiente, d'expliquer la structure de l'univers et la genèse des astres, n'invalide pas l'idée d'un gouvernement divin supérieur. Cette solution passe par la subordination de cette causalité efficiente à une causalité finale.

Ce que la nature produit n'est pas aléatoire, mais porte, partout où les yeux se posent, la trace d'intentions préétablies qui ont pour origine la sagesse, la puissance et la bonté d'un être dont la perfection est sans bornes[3]. Kant s'éloigne ainsi des atomistes pour qui toute cette harmonie dans les arrangements célestes provient des configurations aléatoires et autonomes de la nature, dont la destruction inévitable invaliderait toute forme de finalisme.

Loin d'ignorer cette objection, Kant la transforme au profit d'un scénario eschatologique favorable à la destinée de l'humanité[4]. Ainsi, il est vrai que les astres et les systèmes solaires seront éventuellement consumés par le feu de leur étoile. Mais ce tribut qu'ils paieront à la caducité est prévu au sein du meilleur monde que Dieu ait pu créer, et ce, même s'il implique la future disparition de

1. Sur l'exposé de l'interaction des forces d'attraction et de répulsion au sein de la cosmogonie kantienne, voir le premier chapitre de la deuxième partie de l'*Histoire générale de la nature*, HGN, AK I, 259-270; trad. cit., p. 99-107.

2. J. Giovacchini, *Épicure*, *op. cit.*, p. 105.

3. Voir HGN, AK I, 222.

4. Voir HGN, AK I, 318.

l'humanité. L'âme, une fois consumé le corps qu'elle occupe, sera libérée et goûtera à la félicité suprême promise par la religion[1]. S'appuyant sur un discours qui n'est pas sans rappeler celui de l'optimisme leibnizien[2], le finalisme kantien intègre l'objection du hasard destructeur au sein d'un argument physico-théologique qui retourne et transforme la destruction en condition *sine qua non* de la perfection du monde[3].

Alexandre BRISSON
Université de Montréal

1. Voir HGN, AK I, 321.

2. Voir G. W. Leibniz, *Die Philosophischen schriften*, t. 6, éd. C. Gerhardt, Hildesheim-Zürich-New York, Olms, 1996, p. 264.

3. Voir HGN, AK I, 321. L'idée d'un phénix de la nature est éloquente à cet égard. Elle suggère que la destruction implique en soi une sorte de fécondité.

PENSER LE VÉGÉTAL COMME ÊTRE VIVANT
KANT ET L'HÉRITAGE ARISTOTÉLICIEN

Dans le *Phèdre* 230 b-d, on lit ceci :

> Pardonne-moi, excellent homme ! J'aime apprendre, vois-tu. Or les champs et les arbres ne consentent à rien m'enseigner, tandis que c'est ce que font les hommes qui sont dans les villes.

Ces propos n'étonnent guère, placés dans la bouche de Socrate citoyen d'Athènes résolument citadin, mais il ne faudrait pas conclure de là à l'inintérêt de la pensée grecque antique pour le végétal. L'ombre des platanes est douce, les chênes parlent à Dodone, Athéna gagne contre Poséidon en offrant l'olivier aux Athéniens. Si la question de l'humain est décisive dans la philosophie grecque, elle n'a sens qu'inscrite dans la grande continuité des êtres. Le récit cosmogonique du *Timée* en témoigne : l'univers créé par le Démiurge s'étend des astres aux mortels en passant par les dieux, et le végétal y est la première espèce de vivant mortel [1]. De même, la philosophie stoïcienne honore l'unité harmonieuse du *Kosmos* qui assigne chaque être à sa juste place dans l'ordre universel.

Cette sensibilité philosophique à la pluralité ordonnée des êtres a alimenté un intérêt quasi-naturaliste pour les êtres vivants en leur diversité. En témoigne l'importance des écrits d'histoire naturelle dans le corpus aristotélicien : le philosophe du Dieu *noésis noêséos* n'a pas trouvé indigne de lui de s'occuper des poules, des cachalots, des poulpes et autres vers. La formule qui revient sous sa plume "*les animaux autres que l'homme*" souligne que l'homme relève lui aussi des finalités générales de la vie – sur la base de quoi il lui appartient de s'élever à la vie éthico-politique. Mais on aurait tort d'oublier que la description du vivant commence bien en deçà de l'animal : au niveau du végétal [2].

1. Voir Platon, *Timée*, 77 a-b.

2. Par *végétaux* on entendra les organismes chlorophylliens, *la lignée verte* selon l'expression des spécialistes de biologie végétale.

Or la plante, l'arbre et plus généralement le végétal sont des êtres, ou plutôt un mode d'être[1], qui ont été longtemps relégués à la seconde place dans l'étude biologique, loin derrière l'anatomie et la physiologie animales. Ils reçoivent dans l'approche contemporaine une nouvelle visibilité sur la base d'investigations scientifiques. Cette montée en puissance du végétal dans le champ théorique relève de causes multiples, au premier rang desquelles il y a la dégradation manifeste de l'environnement, la grave diminution de la biodiversité et la dangereuse transformation des grandes constantes climatiques. Cette inquiétude se reflète dans l'imaginaire contemporain qui réhabilite massivement le végétal jusqu'à donner à l'éloge hygiéniste d'une promenade en forêt la dimension d'un culte quasi mystique des arbres.

Dans le champ scientifique, les recherches contemporaines débouchent sur des questions d'une originalité théorique remarquable[2]: peut-on parler d'une *mémoire*, d'une *intelligence*, voire d'une *conscience* des végétaux? Ce qui conduit à réexaminer complètement la notion de *vie psychique* et à redéfinir les termes de *connaissance*, *conscience*, *pensée* en un sens extramental, questionnements parfaitement assumés par la neurobiologie végétale[3]. D'autres directions d'investigation se font jour: quel type de relations les végétaux entretiennent-ils les uns avec les autres dans un environnement naturel donné et dans le contexte d'une même espèce végétale? Quelles informations les arbres d'une forêt se transmettent-ils les uns aux autres? Comment? Et dans quel but? Les arbres vivent-ils dans des relations de concurrence ou d'entraide?

Ce trop rapide tableau suffit néanmoins à montrer comment se trouvent réengagées de nos jours, de façon totalement inédite, des thématiques dont l'ancrage fut originairement aristotélicien. Certes l'éloignement est considérable au point de vue des représentations et concepts: le développement d'une biologie végétale, puis d'une biochimie moléculaire appliquée aux végétaux, plus récemment encore d'une éthologie végétale et de l'écologie, relève d'un niveau de scientificité tout à fait étranger à l'approche naturaliste antique. Pourtant, bien des questionnements généraux insistent: ainsi en est-il de la définition d'une vie psychique propre au vivant végétal; ainsi en est-il de la dimension de finalité naturelle qui adapte l'être vivant à lui-même et à la perpétuation de son espèce. À bien des égards l'héritage intellectuel aristotélicien est encore actif, non certes dans les contenus de savoir, mais dans les questions engagées[4].

Il reste que l'histoire intellectuelle de cette transmission a été traversée par plusieurs grandes lignes de faille qui ont bouleversé les représentations traditionnelles. Que devient la thèse majeure de l'aristotélisme portant affirmation de la finalité naturelle *La nature ne fait rien en vain*, lorsqu'avec Kant la téléologie

1. E. Coccia, *La vie des plantes*, Paris, Rivages, 2016, vise une ontologie spéciale originale du végétal cherchant à cerner le *point de vie* des plantes.

2. Q. Hiernaux et B. Timmermans (éd.), *Philosophie du végétal*, Paris, Vrin, 2018.

3. J. Tassin, *À quoi pensent les plantes ?*, Paris, O. Jacob, 2016.

4. *Philosophie du végétal*, *op. cit.*, p. 11.

naturelle n'est plus recevable que sur le mode du jugement réfléchissant? Qu'advient-il de la noble et grande idée de l'échelle des êtres, ample *scala naturae* déployant ses degrés dans le perfectionnement croissant des espèces, si toute hiérarchie comparative est récusée et si le zoo-centrisme est dénoncé comme obstacle épistémologique?

D'autres questionnements tout aussi importants ont cheminé plus discrètement. Comment identifier ce qui fonde l'unité d'une espèce? Est-ce sa forme essentielle ou sa capacité reproductive? La réponse oblige ici à choisir d'être platonicien ou aristotélicien... Comment déterminer à quel niveau d'existence se situe l'individualité véritable? Est-ce l'abeille ou la ruche, l'arbre ou la forêt? L'espace ontique de l'être vivant est-il son existence individuelle séparée ou son appartenance à un mode d'être collectif ou sa réalité spécifique « éternelle » ? Une colonie végétale doit-elle être considérée comme un seul et même organisme? Le sens des notions d'individualité, de vie, de mort varie en fonction des réponses retenues.

De ces remarques se dégage l'idée que la question du végétal constitue *volens nolens* un socle inévitable pour l'étude du vivant en général.

Dans ce registre comme dans tant d'autres, Aristote est le père fondateur: immense observateur des données naturelles, il est au principe des études biologiques, voire de l'anatomie comparée, il est le penseur de l'unité dynamique de la vie conçue comme acte de l'âme, *cause formelle-finale* qui se déploie en de multiples fonctions et s'étage hiérarchiquement en plusieurs niveaux organisationnels. À partir de lui s'est aussi construite, avec son disciple Théophraste, la logique classificatoire des espèces qui a constitué pendant des siècles le catalogue général des formes vivantes, tant animales que végétales.

D'entrée de jeu une mise au point s'impose: le terme *psuchê* employé par Aristote et traditionnellement traduit par *âme* désigne d'abord le souffle vital. Avant d'en produire la définition au livre II du *De Anima*, Aristote prend le terme dans le sens de principe d'animation immanent à l'être vivant: il n'y a donc aucune difficulté à parler d'*âme* du végétal et il n'y a trace d'aucun mysticisme dans cette expression.

Quant au terme *zôon* traduit par *animal*, avant de désigner ce que toute une tradition a appelé les *bêtes*, il caractérise l'être animé en général capable d'activer sa puissance vitale en assumant les grandes fonctions biologiques: se nourrir, croître et se reproduire, respirer, sentir, se mouvoir: le concept subsume en extension l'être humain, lequel est de plus capable de l'acte de penser. Quant à la plante, *phuton*, elle appartient entièrement à la sphère biologique – il faut entendre par là le monde des êtres animés – même si elle ne possède qu'un niveau organisationnel rudimentaire. Il s'ensuit que si elle n'est pas un animal, elle est incontestablement un animé. Mais quel statut lui accorder, étant donné qu'elle est à la fois la forme la plus simple de l'animation vitale *et* le socle de toute vie animée?

Opérons un détour par l'approche sémantique. S'interrogeant sur la signification du mot *vie*, Aristote dans les *Topiques* fait la remarque suivante :

> On admet que la vie ne se dit pas selon une forme unique : autre est celle qui est le cas pour les animaux, autre pour les végétaux [1].

On a donc affaire à un terme homonyme et non synonyme : *vie* se dit en plusieurs sens qui s'étagent selon que le terme s'applique à la plante ou à l'animal. Mais cette homonymie ne relève pas d'un simple hasard lexical : elle est l'indice d'une ambiguïté, philosophiquement intéressante. La vie dite *végétative* réfère certes d'abord au vivant végétal, mais elle désigne aussi la vie de l'être animé en général, considéré dans ses fonctions les plus élémentaires. C'est sur ce fond que la notion de vie se décline ensuite comme vie animale, vie humaine.

À cette mise au point logico-grammaticale correspond l'explicitation biologique effectuée dans le *De anima*.

> Mais comme le fait de vivre s'entend de plusieurs façons, nous prétendons qu'il y a vie là où se trouve ne serait-ce qu'une seule quelconque des manifestations telles que l'intelligence, la sensation, le mouvement local et le repos, ou encore le mouvement nutritif, dépérissement ou croissance [2].

Quel est l'acte propre de cette *sorte d'âme, principe inhérent aux végétaux*, mais *que possèdent en commun plantes et animaux*[3] ? L'acte vital propre au végétal est la nutrition qui est cause à la fois de la croissance de l'individu et de cette forme prolongée de croissance qu'est la génération (ou reproduction). L'âme *végétative* est fondamentalement *nutritive* (*to threptikon*) : elle commande le mouvement d'assimilation (*ad-similem*) par lequel la plante puise dans le sol les éléments à partir desquels elle développe et maintient son corps vivant dans son état biologique fonctionnel et dans sa forme spécifique.

Dans le cas du végétal, la fonction végétative ne crée pas à proprement parler d'organe : la plante, à la différence de l'animal, en est dépourvue, mais elle préside à la différenciation finalisée des parties fonctionnelles : les racines par exemple remplissent ainsi le rôle d'une sorte de bouche permettant l'alimentation du vivant végétal [4].

Alors que les animaux bougent, la plante ne peut se déplacer : elle relève pourtant de la sphère ontique des *êtres en mouvement* puisque ses opérations vitales (se nourrir, croître et se maintenir, se reproduire) sont conceptualisées

1. Aristote, *Topiques* VI 10, 148 a 30-31, trad. fr. J. Brunschwig, Paris, Les Belles Lettres, 2007.
2. *Id., De anima*, II, 2, 413 a 22-26 ; trad. fr. R. Bodéüs, Paris, Flammarion, 1993, p. 141.
3. Voir *ibid.*, I, 4, 411 b 30 ; trad. cit., p. 133.
4. Partisan de la finalité, Aristote critique le mécanisme d'Empédocle qui soutenait que la plante pousse avec la tête en bas : *De anima*, II, 4, 416 a 1-9 et *Histoire des animaux*, II, 1, 500, b 28-30. Pour lui le haut et le bas doivent être conçus biologiquement, en référence aux fonctions du vivant considéré : il est philosophiquement inacceptable de dire que la plante pousse à l'envers !

comme des *mouvements*. Dépourvu de mouvement local, le végétal est aussi dépourvu de sensibilité [1].

Sans entrer dans le débat portant sur les parties de l'âme et le statut de son unité, retenons l'idée que l'âme est également présente dans chaque segment du vivant : comme entéléchie elle agit de l'extrémité des racines jusqu'au bout des branches, assurant l'unité biologique du végétal. C'est ce que la donnée expérimentale atteste :

> Par ailleurs on peut encore voir que les végétaux qu'on sectionne restent en vie, ainsi que chez les animaux, certains insectes. C'est comme si leur âme restait identique spécifiquement, quoique non numériquement, car chacun des deux segments est doué de sensation et de mouvement local, jusqu'à un certain temps. Et s'ils ne survivent pas, cela n'a rien d'étrange : c'est qu'ils n'ont pas d'organe capable de préserver leur nature. Mais il n'en reste pas moins que chacun des deux comporte toutes les parties de l'âme [2].

La leçon est claire : il ne saurait y avoir de segmentation de l'âme puisqu'elle n'a pas de localisation ; sur ce point Aristote est résolument anti-platonicien.

La survie du vivant dans les deux parties séparées est un phénomène fréquent chez les végétaux, cette étonnante propriété ayant d'ailleurs été utilisée comme méthode pour reproduire à l'identique de nombreuses plantes. Ce qui veut dire que l'âme existe comme âme entière même lorsque le végétal a été segmenté et qu'elle est largement capable d'assurer la (re)constitution d'un être complet à partir de chacune des parties.

Ce phénomène s'observe aussi dans le monde animal, mais à un bien moindre degré : peu d'animaux survivent à la vivisection ! Si la réussite du bouturage est incontestable en botanique, cela est à mettre au compte du caractère biologiquement rudimentaire des végétaux qui, à la différence des animaux, ne comportent pas d'organes différenciés : aussi le sectionnement ne les lèse-t-il pas aussi gravement dans leur viabilité et la vie peut-elle rétablir l'ensemble des fonctions dans chacun des segments.

Toutefois cette remarquable propriété de *résilience* n'est aucunement le signe de la supériorité du végétal parmi les êtres vivants. Bien au contraire. En examinant étape par étape la complexification des fonctions vitales, Aristote construit une hiérarchie des êtres étageant les animés : végétal, animal, homme, conformément à la séquence : nutritif, sensitif, intellectif. Cette représentation d'ancrage biologique va se déployer à travers la progression ontique qui a été thématisée au cours des siècles dans la fameuse doctrine de l'échelle des êtres [3].

1. C'est à partir des débats suscités au XVIIIe s. par les étranges réactions du *mimosa pudica* que s'est engagée la question de la sensibilité du végétal et que fut ébranlé le dogme de l'insensibilité du végétal, issu de l'héritage aristotélicien.

2. *De anima*, I, 5, 411 b 19-25, trad. cit., p. 133.

3. La *scala naturae* a encore cours au XVIIIe s. par exemple dans le poème de Pope *Essay on man* et chez Leibniz.

Mais quel que soit l'humble niveau biologique de la plante, il convient de ne jamais perdre de vue la dimension universelle de la vie végétative :

> De sorte qu'il faut commencer par la nourriture et par la reproduction, parce que l'âme nutritive appartient aussi aux vivants autrement animés et qu'elle est la première faculté de l'âme et la plus commune, celle en vertu de laquelle la vie appartient à tous [1].

La relative faiblesse en valeur du végétal – du moins en comparaison du niveau organisationnel beaucoup plus différencié de l'animal – va de pair avec l'universalité en extension du modèle biologique que le végétal réalise. L'actualisation de la puissance nutritive qui s'effectue en lui vaut comme socle commun pour l'existence de tout être vivant. Commencer par le végétal est donc bien l'injonction méthodique qui doit inaugurer toute philosophie du vivant, puisque les degrés supérieurs d'organisation biologique ne peuvent être atteints que par sommation à partir de ce premier niveau.

D'où les équations conceptuelles : animal = végétatif + sensitif, homme = végétatif + sensitif + intellectif. Le végétatif constitue le fondement substantiel de tout vivant.

Transportons-nous maintenant au XVIIIe siècle. Il conviendrait bien-sûr de restituer le contexte socio-économique, scientifique et idéologique où s'inscrivent les diverses représentations du végétal, mais il reste que dans le champ philosophique la problématique demeure centrée sur la question de la finalité naturelle. Or sous le régime du criticisme kantien, celle-ci connaît un déplacement théorique décisif, puisque la logique des jugements réfléchissants se substitue désormais à toute métaphysique des causes finales. Que deviennent alors les thèses portant affirmation de la finalité naturelle du vivant et quelles nouvelles propositions en résultent ?

Les § 64 à 66 de la *Critique de la faculté de juger* effectuent la correction critique. L'affirmation de la finalité naturelle relevant du jugement réfléchissant, elle intervient en référence au point de vue de l'observateur qui, dans son étude des êtres naturels animés, ne peut travailler qu'en faisant droit à l'idée d'une finalité interne. Ainsi « ceux qui dissèquent les végétaux et les animaux pour explorer leur structure et pour pouvoir comprendre les fondements et les finalités de telles parties qui leur ont été données » reçoivent-ils cette maxime que *rien dans une telle créature n'est gratuit* au même niveau que *le principe de la doctrine générale de la nature* : *rien n'arrive au hasard* [2].

L'idée de finalité interne commande l'étude de tout être naturel organisé. Dans le même § 66 est explicitée la logique interne de ce concept :

1. Aristote, *De anima*, II, 4, 415a 22-25 ; trad. cit., p. 151.
2. CFJ, AK V, 376 ; OP II, 1168.

> Ce principe, qui définit (également) les êtres organisés, s'énonce comme suit : un produit organisé de la nature est un produit dans lequel tout est fin et réciproquement aussi moyen [1].

Autrement dit, penser la finalité naturelle comme loi de toute représentation de l'être vivant, c'est poser à son propos un jugement qui affirme la réciprocation du rapport fin/moyens : ce qui est fin est aussi à son tour moyen et inversement. Ainsi s'instaure au niveau de l'appréciation de la finalité des êtres organisés, une sorte de causalité circulaire, ou plutôt de double schéma causal [2].

C'est en ce point (§ 64) que Kant sollicite la référence à l'arbre, dont il répartit analytiquement la réalité finale en trois aspects structuraux :

– un arbre se reproduit selon son espèce : il est ainsi à la fois cause et fin dans la dialectique de l'individu et de l'espèce ;

– un arbre se produit lui-même dans son individualité : il est cause et fin de lui-même dans sa croissance et tout au long du processus végétatif.

> Mais il faut prendre cela en un sens tel que la croissance se distingue de tout accroissement selon des lois mécaniques et il faut la considérer, quoique sous un autre nom, comme semblable à une génération [3].

– Il faut pousser l'investigation un cran plus loin : si l'arbre se conserve en vie, c'est parce que toute partie de son appareil végétatif, une feuille par exemple, est une *partie finale* : elle est à la fois tout et partie, puisqu'elle dépend dans sa conservation des autres parties et fait dépendre ces autres parties de sa propre conservation.

Kant convoque à l'appui de son analyse les phénomènes de greffe et d'écussonnage.

> L'œil d'une feuille d'arbre, enté sur le rameau d'un autre arbre produit sur un pied étranger une plante de sa propre espèce et de même la greffe sur un autre arbre. On peut donc sur un même arbre considérer chaque rameau ou chaque feuille comme simplement greffé ou écussonné sur celui-ci, donc comme un arbre existant pour lui-même, qui se contente de s'attacher à un autre arbre et se nourrit comme un parasite [4].

Le terme de *parasite* peut surprendre et mérite explication. La clarification est obtenue grâce à deux pages de la *Physische Geographie* [5] dans lesquelles Kant, s'intéressant aux plantes exotiques, s'attache à distinguer entre deux types de plantes : la plante *parasite* (vanillier) / la plante *épiphyte* (poivrier). Tandis que la

1. *Ibid.*

2. Cette relation ne doit pas être pensée comme un simple *feed-back* car on demeurerait alors prisonnier d'un modèle mécaniste d'action en retour.

3. CFJ, AK V, 371 ; OP II, 1162.

4. *Ibid.*

5. GP, AK IX, 362-363. À propos de la métaphore de la greffe utilisée aussi dans RSR, *cf.* C. Piché, « L'enracinement du mal dans la subjectivité chez Kant », *in* M. Castillo, *Criticisme et religion*, Paris, L'Harmattan, 2004, p. 57-59.

plante épiphyte est un organisme végétal indépendant qui croît en s'agrippant à un arbre, la plante parasite, elle, se nourrit à partir de l'arbre dont elle pompe la sève.

Il est donc juste de tenir la feuille pour un *parasite* de l'arbre, puisqu'elle doit être considérée comme une sorte de tout, vivant pour soi et greffé sur l'arbre, en même temps qu'elle est partie intégrative de l'arbre total vivant. La relation de réciprocation fin/moyens est ainsi déployée à travers le rapport réversible tout/parties et parties de parties : la branche est une telle partie, mais aussi la feuille et le bourgeon. La pensée engage le modèle d'un mouvement de causalité circulaire, mais la décomposition analytique s'arrête avant la cellule végétale [1].

Sur ce point, Kant corrige et transforme les schémas téléologiques classiques : on ne saurait identifier purement et simplement le tout à la fin et les parties aux moyens, on ne saurait penser la finalité interne du vivant comme une simple subordination de parties-moyens à une totalité-fin. Tant que l'on demeure dans le cadre d'une logique finale aussi sommaire, on reste prisonnier d'un modèle de type instrumentaliste et en dernier ressort artificialiste, insuffisant pour penser l'être vivant dans sa complexité organisationnelle.

Cette critique reçoit son explicitation philosophique dans le § 65 : il s'agit de dépasser la logique d'entendement – qui conçoit la liaison cause-effet comme une simple série descendante – et de s'élever à *l'idée de la raison*, laquelle nous apprend à penser « une dépendance tant ascendante que descendante, liaison dans laquelle la chose désignée comme effet mérite néanmoins en amont le nom de cause de la chose dont elle est l'effet » [2].

Il existe un autre ensemble textuel où Kant s'occupe de l'arbre, mais c'est pour l'utiliser à titre de métaphore : il s'agit des « Propositions » 5 et 6 de l'*Idée*. Ces très célèbres textes sont le plus souvent commentés sur le versant de la philosophie politique en relation avec les concepts d'insociable sociabilité, d'insociabilité, de domination, etc. *A contrario* il peut être intéressant de les relire en mettant l'accent sur le *signum* métaphorique, quitte à délaisser quelque peu le *signatum* : quelle est l'image de l'arbre prise comme métaphore ?

La comparaison proposée dans la 5e proposition pointe la dimension, collective ou isolée, de l'existence des arbres : une forêt ou des individus séparés, poussant à l'écart les uns des autres. Qu'observons-nous ? Dans le premier cas, la croissance des arbres est extrêmement favorable : *ils poussent beaux et droits* du fait de la concurrence mutuelle qui contraint chacun à s'élever pour accaparer l'air et la lumière ; dans le second cas, leur croissance est mauvaise : « ils lancent à leur gré leurs branches en liberté et poussent rabougris, tordus et courbés [*krüpelig, schief, krumm*] » [3].

1. L'histologie végétale ne s'est constituée come science qu'au XIXe siècle.
2. CFJ, AK V, 372 ; OP II, 1163.
3. *Idée*, AK VIII, 22 ; OP II, 194.

La forêt est le lieu de la concurrence vitale positive entre individus, l'antagonisme de tous obligeant chacun à fournir ses plus grands efforts pour survivre et croître. Paradoxalement la situation de l'arbre isolé est loin de lui être favorable. Opportune illustration de l'heureuse contradiction de l'insociable sociabilité.

Un lecteur contemporain accueillera cette description avec une certaine réserve, il doutera que l'image kantienne le mette en présence d'une véritable forêt! Les arbres censés la composer n'ont entre eux qu'une interaction externe; ils sont simplement juxtaposés; chacun n'existe que pour lui-même, sans relation interne avec ses congénères. La forêt kantienne n'est pas une vraie forêt… Une forêt est un milieu extrêmement dense de relations physiques et chimiques entre individus de même espèce, comme d'espèces différentes; ce réseau d'échanges ne lie pas seulement les végétaux entre eux, il les solidarise de l'ensemble du milieu naturel en faisant intervenir la médiation d'organismes très divers (champignons, insectes, bactéries)[1]. L'information se transmet, la coopération opère, l'entraide existe, au moins autant que la rivalité et la concurrence.

Il semble bien que l'arbre ait ici caché la forêt…

La problématique se transforme avec la 6e proposition où est posée la question de la domination politique: « L'homme est un animal qui, lorsqu'il vit parmi d'autres individus de son espèce, a besoin d'un maître »[2]. Le lecteur s'attend à ce que les éléments métaphoriques soient alors empruntés au règne animal, *via* les figures de la domestication ou du dressage. Or il n'en est rien. Sans s'en expliquer davantage, Kant change de registre métaphorique et revient au végétal, en l'occurrence à la fibre du bois[3].

> Le bois dont l'homme est fait est si courbe qu'on ne peut rien y tailler de bien droit [*nichts ganz gerades gezimmert werden*][4].

La question du courbe (*krumm*) s'invite à nouveau, mais de façon plus retorse comme si la rectification concurrentielle externe de la courbure ne pouvait réussir à résoudre le problème de fond de la socialité politique. Car la courbure est interne: elle est inscrite dans la fibre même du bois. Cette courbure est généralement comprise comme illustrant le mouvement psychique de l'égoïsme dans lequel l'individu se rapporte préférentiellement à lui-même.

Dès lors, comment *tailler* (*zimmern*) dans une telle matière? On sait que le bois d'arbre n'est pas formé de fibres rectilignes : il présente des courbures, il fait des nœuds. Comment espérer *charpenter* quelque chose de solide et de régulier si le bois est lui-même torve? Autant dire que le problème socio-politique ne fait

1. Q. Hiernaux, *Philosophie du végétal*, *op. cit.*, p. 16 : « À l'heure actuelle, les racines des végétaux terrestres dépendent presque toutes de symbioses avec des bactéries ou des champignons, pour assurer la fonction de nutrition de la plante. »

2. *Idée*, AK VIII, 23 ; OP II, 195.

3. Notre hypothèse à propos de ce déplacement métaphorique est que K. n'est nullement désireux d'entrer ici dans un débat portant sur les formes de domination et leur mise en correspondance avec des modèles politiques.

4. *Idée*, AK VIII, 23 ; OP II, 195.

que s'aggraver et que sa solution parfaite semble bien introuvable. Quelle que soit l'habileté de l'art de la taille, le charpentier (*Zimmerer*) doit composer avec la courbure interne du matériau sur lequel il travaille… pour des résultats incertains.

Krumm/gerade ou comment atteindre le droit à partir du courbe, que ce soit extérieurement ou intérieurement? La métaphore végétale prise au pied de la lettre produit un effet de visualisation : elle sollicite l'image des arbres d'une forêt qui dressent fièrement et régulièrement leur fût dans une belle dynamique verticale, et c'est la dimension du jugement esthétique qui est alors engagée.

Il y a tout d'abord la haute taille de l'arbre adulte qui semble bien avoir impressionné Kant, qui propose en effet, dans le premier exemple du *sublime mathématique*, la hauteur de l'arbre comme critère de mesure pour une montagne [1].

Il y a aussi, parmi les exemples pris au § 17 de l'« Analytique du beau », la beauté naturelle de l'arbre qui allie puissance et régularité. Dans le cas d'*un bel arbre* comme d'une *belle maison* ou d'un *beau jardin*, le concept ne vient pas déterminer la représentation de la chose de façon stricte. Il s'ensuit d'ailleurs qu'il n'y a pas d'idéal du bel arbre et que *la finalité y est presque aussi libre que dans la beauté vague*[2], celle de la fleur, du colibri, du coquillage marin…

Le jugement téléologique perçoit l'arbre comme un organisme assurant parfaitement son fonctionnement vital par l'interaction interne du tout et des parties; le jugement esthétique honore l'arbre dans sa beauté statique et dynamique. Il faut entendre par beauté statique la forme équilibrée de son appareil végétatif et par beauté dynamique la puissance de sa croissance, la force qui l'habite et le rend capable de tendre vers le ciel : *einen schönen geraden Wuchs*, selon l'expression kantienne.

Le point de vue esthétique n'est pas seulement celui de la contemplation de la forêt comme paysage agréable à regarder ou de l'admiration de l'arbre comme beau sujet; il s'ordonne à la compréhension d'une dynamique interne, inhérente au vivant comme être naturel organisé, parfaitement adapté à ses fins.

La forme exprime la force, la forme belle manifeste directement la puissance naturelle. Elle est celle de l'individu développé, réalisant le modèle de son espèce. Mais selon la logique du jugement réfléchissant, la perception de cette forme renvoie à la compréhension de la force naturelle vitale qui opère dans le végétal et le construit morphologiquement à partir des processus biologiques internes. Au-delà des écarts doctrinaux, sommes-nous alors si éloignés de ce qu'Aristote tentait de penser en parlant d'âme végétative?

Encore un mot en l'honneur du végétal. Kant n'entend pas quitter l'examen téléologique des êtres organisés sans mentionner *une de leurs propriétés les plus admirables : la vicariance*[3] *naturelle des créatures qui, lors d'une lésion,*

1. CFJ, § 26, AK V, 256; OP II, 1025.

2. Voir CFJ, AK V, 233.

3. Le terme de *vicariance* est ici pris en son sens ancien : capacité de suppléer à la déficience d'un organe, d'une fonction. Le sens contemporain emprunté au champ de l'écologie est différent.

compensent le manque d'une partie nécessaire à la conservation des parties voisines par les autres parties [1]. Car les végétaux possèdent cette propriété à un très haut degré : ils sont largement capables de se réparer, de remédier aux lésions reçues bien plus que les animaux. Ils peuvent réorganiser leur morphologie de façon inédite et en un sens *monstrueuse*. C'est cette propriété qui rend possibles les opérations de greffe et de d'écussonnage qui ont largement suscité l'intérêt des philosophes, d'Aristote à Kant.

Bouturer une partie d'un végétal, c'est en effet obtenir qu'une partie aérienne devienne racine... Transformation prodigieuse et proprement anormale qui témoigne d'une étonnante plasticité du végétal, laquelle a longtemps été imputée à son niveau biologique rudimentaire. La science contemporaine est loin de partager cette évaluation de l'organisme végétal, traditionnellement infériorisé par rapport à l'animal. Plus elle perçoit la complexité biochimique de la vie végétale, plus elle explore les interactions infinies de l'arbre et du milieu naturel et plus elle est admirative de la *puissance du végétal*[2]. Ce que le botaniste et dendrologue F. Hallé commente ainsi : « Malgré des organes peu nombreux, la plante possède une résilience très importante grâce à la décentralisation de ses fonctions » [3].

Soyons sûrs que si l'humanité ne les met pas sauvagement à mort ou à mal (incendies, abattages inconsidérés, empoisonnement des sols, etc.), les arbres sont parfaitement capables de prendre soin d'eux-mêmes... pour notre plus grand bien !

Brigitte GEONGET
SPH Université Bordeaux-Montaigne

1. CFJ, AK V, 372 ; OP II, 1162.

2. F. Hallé, *Éloge de la plante. Pour une nouvelle biologie*, Paris, Seuil, 1999 et *Plaidoyer pour l'arbre, Paris, Actes Sud,* 2005.

3. *Id.*, « Trois idées neuves au sujet des arbres », in *Philosophie du végétal*, *op. cit.*, p. 89.

LA QUERELLE DES FORCES VIVES ET LA *MÉCANIQUE* D'ARISTOTE DANS LE PREMIER ÉCRIT DE KANT DE 1746 (1749)

L'ORIGINE ARISTOTÉLICIENNE DE LA QUERELLE DES « FORCES VIVES »

La « première navigation » kantienne, on le sait, a commencé par un écrit dédié à la célèbre querelle des « forces vives »[1], inaugurée par Leibniz en 1686 avec la publication dans les *Acta Eruditorum* de l'article *Brevis demonstratio erroris memorabilis Cartesii*...[2]. Dans cet article, Leibniz prend position contre la philosophie cartésienne sur un point crucial de son système, concernant la mesure de la conservation de la « force » (*vis*, *Kraft*) dans tous les changements physiques de l'univers. Selon le célèbre philosophe de Leipzig, ce qui se conserve dans de telles variations ne serait pas égal à la quantité de mouvement cartésienne, correspondant au produit de la masse par la simple vitesse ($m.v$), mais plutôt au produit de la masse par le carré de sa vitesse ($m.v^2$).

Mais – et cela vaut également pour Leibniz[3] – l'équation relative à la conservation de la quantité de mouvement avancée par Descartes n'est pas une découverte de ce dernier, puisqu'elle provient entièrement de la tradition aristotélicienne des « machines simples ». Descartes présente sa position théorique au

1. I. Kant, *Gedanken von der wahren Schätzung der lebendigen Kräfte und Beurteilung der Beweise derer sich Herr von Leibniz und andere Mechaniker in dieser Streitsache bedienet haben, nebst einigen vorhergehenden Betrachtungen welche die Kraft der Körper überhaupt betreffen, durch Immanuel Kant*, Königsberg, gedruckt bey Martin Eberhard Dorn, 1746 [*i.e.* 1749], 240 p., in 8°.

2. G. W. Leibniz, *Brevis demonstratio erroris memorabilis Cartesii & aliorum circa legem naturæ, secundum quam volunt a Deo eandem semper quantitatem motus conservari ; qua & in re mechanica abutuntur*, « Acta Eruditorum », Lipsiæ, *Mensis Martii*, 1686, p. 161-163 ; *id.*, *Demonstration courte d'une erreur considerable de M. Descartes & de quelques autres touchant une loi de la nature selon laquelle ils soutiennent que Dieu conserve toujours dans la matière la même quantité de mouvement, de quoi ils abusent même dans la mechanique. Par G.G.L.*, *Nouvelles de la République des Lettres*, A Amsterdam, mois de Septembre, 1686, p. 996-999.

3. *Cf.* I. Kant, *Pensieri sulla vera valutazione delle forze vive*, éd. it. S. Veneroni, Milano-Udine, Mimésis, 2019.

§ 36 de la seconde partie de ses *Principia philosophiæ* de 1644, où, une fois posé le phénomène du mouvement comme effet de la causalité de la volonté divine, il en déduit le principe de la conservation de la somme globale des états de mouvement et de repos. Toutefois, la première formulation de l'équivalence entre le concept de « force » et celui de « quantité de mouvement » a été élaborée par Descartes en 1637. Cette proposition est en fait décrite dans un court traité envoyé pour la première fois à Constantin Huygens (père du célèbre Christiaan), joint à une lettre datée du 5 octobre 1637 [1], rédigée en réponse[2] à la demande d'éclaircissements de ce dernier concernant à la fois le traité aristotélicien sur la *Mécanique*, dans l'édition éditée par Guidobaldo Dal Monte en 1577[3], et la traduction française de Marin Mersenne de 1634[4] du traité de Galilée *Le Mecaniche* (1593)[5]. Le traité cartésien[6], intitulé *Explication des engins par l'ayde desquels on peut avec une petite force lever un fardeau fort pesant*[7], fut également rendu public l'année suivante dans trois lettres adressées au père Mersenne (lettres à Mersenne du 13 juillet 1638[8], du 12 septembre 1638[9] et du 15 novembre 1638[10]), et fut par la la suite inséré dans la correspondance de Descartes (publiée pour la première fois

1. *Lettre de Descartes à Huygens*, 5 Octobre 1637, Autographe, Leyde, Bibliothèque de l'Université, collection « Huygens », 29 a, *in* R. Descartes, *Œuvres de Descartes*, publiées par Charles Adam & Paul Tannery [désormais A.T.], Paris, Vrin, 11 vol., Lettre LXXXIX, in *Correspondance*, A.T. I, 1982, p. 431-435.

2. *Lettre de Huygens à Descartes*, Devant Bréda, le 18 Septembre 1637. Copie MS., Amsterdam, Académie des Sciences, Lettres françoises de Constantin Huygens, t. I, p. 759, *in* R. Descartes, *Correspondance*, A.T. I, Lettre LXXXIV, p. 395-398 et p. 582, voir plus part. p. 396-397.

3. *Cf.* G. Dal Monte (Marchese) [Bourbon Del Monte, Guidubaldo (Marchese)], *Guidiubaldi e Marchionibus Montis Mechanicorum Liber*, Pisauri, Apud Hieronymum Concordiam, 1577, 130 p.

4. *Cf.* G. Galilei, *Les Mechaniques de Galilée Mathematicien & Ingenieur du Duc de Florence. Avec plusieurs additions rares, & nouvelles, utiles aux Architectes, Ingenieurs, Fonteniers, Philosophes, & Artisans. Traduites de l'Italien par le L. P. M.*[*arin*] *M.*[*ersenne*], A Paris, Chez Henry Guenon, ruë S. Jacques, prés les Jacobins, à l'image S. Bernard., 1634, 88 p.

5. *Cf.* G. Galilei, *Le Mecaniche* [1593], in *Le opere di Galileo Galilei. Edizione nazionale sotto gli auspicii di Sua Maestà il re d'Italia*, éd. A. Favaro, Firenze, Tip. di G. Barbèra, 1890-1909, 20 vol., t. II, 1891, p. 149-191 ; *id.*, *Le Mecaniche. Edizione critica e saggio introduttivo*, éd. R. Gatto, Firenze, Leo S. Olschki Editore, 2002.

6. *Cf.*, en particulier, P. Costabel, « La démonstration cartésienne relative au centre d'équilibre de la balance », *Archives Internationales d'Histoire des Sciences*, 9/34, 1956, p. 133-146.

7. R. Descartes, *Explication des engins par l'ayde desquels on peut avec une petite force lever un fardeau fort pesant*, in *Correspondance*, A.T., t. I, p. 435-436.

8. *Lettre de Descartes à Mersenne* [13 Juillet 1638], Autographe, Bibl. Nat. fr. : n. a. 5160, fol. 4-9, *Examen de la question sçavoir si un corps pese plus ou moins, estant proche du centre de la terre qu'en estant esloigné*, *in* R. Descartes, *Correspondance*, A.T., t. II, Lettre CXXIX, p. 222-245, plus part. p. 228-229.

9. *Lettre de Descartes à Mersenne*, 12 Septembre 1638, Autographe, Bibliothèque de l'Institut, in *ibid.*, lettre CXLII, p. 352-362, plus part. p. 352-354.

10. *Lettre de Descartes à Mersenne*, 15 Novembre 1638, texte de l'exemplaire de l'Institut, t. II, lettre 92, p. 406-422, in *ibid.*, lettre CXLIX, p. 419-451, plus part. p. 432-433.

par Clerselier)[1], pour être finalement publié en 1668[2] en français, et en 1672[3] en latin.

L'équation « cartésienne » reprenait en fait, sans aucune modification, la doctrine galiléenne de la conservation de la quantité de mouvement (*momentum*, traduction latine du terme grec *rhopé*, c'est-à-dire « inclinaison », présente dans le traité aristotélicien), entendue comme la relation entre la masse et la vitesse dans les transformations mécaniques des états inertiels. C'est, en effet, Galilée qui aborde cette question dans son traité *Le Mecaniche*, dans lequel les explications des principes de fonctionnement des « machines simples » sont reprises en commentaire analytique du traité aristotélicien *La Mécanique* (847 a – 858 b), où le principe de conservation de la quantité de mouvement (*rhopé*) a été formulé pour la première fois comme équivalent au produit de la masse par la vitesse (*m.v*). *C'est donc au traité aristotélicien qu'il faut revenir* pour mieux comprendre l'origine et les termes du débat sur les forces vives, ainsi que *la spécificité de la solution kantienne* relativement à celles de Descartes et de Leibniz.

LA *MÉCANIQUE* D'ARISTOTE : ANALYTIQUE DES ÉLÉMENTS EN TANT QUE LOGIQUE DU « SIMPLE » ET STATIQUE DU CONTINU

Aristote a d'abord distingué les mouvements en deux genres antithétiques et radicalement irréductibles, à savoir les mouvements « naturels » (*kata physin*) et « violents » (*para physin*), dont la principale différence consiste dans le fait de posséder intérieurement ou extérieurement le principe de sa motion. Cependant, étant donné que la cause mécanique, à laquelle ces deux types de mouvement auraient dû être identifiés, a été reconnue par Aristote sous la forme du cercle, comme modèle géométrique essentiellement « mécanique » adopté pour l'explication de la communication du mouvement, tous les mouvements possibles dans le monde naturel auraient donc pu être ramenés au cas simple (*A*) de « l'équilibre » et (*B*) de la causalité par « contact physique ». L'équilibre était en fait le résultat d'une déduction géométrique élaborée *a priori* sur la base d'une représentation statique du continu extensif – requise par un modèle épistémologique selon lequel l'idée même de « nécessaire » aurait dû être complètement hétérogène relativement à celle de chacune des sortes de « variation », y compris celle du « mouvement » et d'une construction « dynamique » du *continuum*

1. R. Descartes, *Lettres de Mr Descartes. Où sont expliquées plusieurs belles difficultez touchant ses autres Ouvrages*, A Paris, Chez Charles Angot, 1657, 1659, 1667, 3 t., in 4°.

2. R. Descartes, *Traité de la Mechanique, composé par Monsieur Descartes. De plus l'Abregé de Musique du mesme Autheur mis en François. Avec les éclaircissemens necessaires. Par N. P. P. D. L.*, A Paris, Chez Charles Angot, ruë saint Iacques, au Lion d'Or, 1668, 52 p., in 4°.

3. R. Descartes, *Ren. D^es Cartes Explicatio Machinarum vel Instrumentorum, Quorum beneficio parvâ Vi elevari vel moveri potest gravissimum Onus, ex Gallico Idiomate in Latinum versa, & nunc primùm edita*, Kiliæ Holsatorum, Typis Joachimi Reumanni, Acad. Typogr., 1672, 16 p., in 4°.

– obtenue en appliquant deux mouvements respectivement opposés (mais de direction parallèle) aux deux extrémités de l'extension déterminée, préétablie et « immuable », tournant autour d'un point « fixe » appelé centre :

> la cause première de tous ces phénomènes est le cercle [...] qu'il se meut *simultanément* de mouvements contraires[1] ;
>
> Ces considérations montrent donc à l'évidence que la droite qui décrit le cercle [c'est-à-dire son diamètre] est transportée *simultanément* de deux mouvements[2] ;
>
> le mouvement de la ligne droite est toujours un mouvement *simultané* et aucune partie ayant une grandeur n'est en repos, tandis qu'une autre est en mouvement, comme c'est le cas de la ligne brisée[3].

La conception « statique » du continu aristotélicien est en fait fondée sur un modèle épistémologique visant à découvrir des éléments simples « immuables ». La logique du simple, dont est déduite une analytique des éléments, était donc requise par un modèle épistémologique visant à la poursuite de vérités « inaltérables », nécessaires et immuables, c'est-à-dire sans variation dans le temps, et donc dépourvues de mouvement :

> Et de surcroît, plus la science traitera de choses *premières* logiquement et *simples*, plus elle a d'exactitude, c'est-à-dire de simplicité; par suite *l'exactitude est plus grande* pour les objets sans grandeur que pour les objets avec grandeur, et *surtout pour les objets sans mouvement*, mais, s'ils ont un mouvement, ce sera surtout le mouvement premier, car c'est le plus simple, et encore plus simple le mouvement uniforme. Le même raisonnement vaut aussi pour la science de l'harmonie et pour l'optique [...], et il en est de même pour la mécanique[4] ;
>
> [...] si tout est en mouvement, rien ne sera vrai, tout sera faux[5] ;
>
> Et on considère la *nécessité* comme quelque chose d'inébranlable [αμετάπειστων (*ametapeiston*), inflexible], et avec raison, car elle *est contraire au mouvement* qui suit le choix délibéré et le raisonnement[6].
>
> *La nécessité première et proprement dite est le simple*, car il n'est pas possible qu'il soit de plusieurs façons, de sorte qu'il n'est pas non plus d'une façon et d'une autre, car, dès lors, il serait de plusieurs façons[7].

1. Aristote, *Mécanique*, 847 b-848 a; trad. fr. M. Federspiel, *Pseudo-Aristote. Problèmes mécaniques. Des lignes insécables*, Paris, Les Belles Lettres, 2017, p. 72.
2. *Ibid.*, 848 b, 35-36.
3. Aristote, *Métaphysique*, Δ 6, 1016 a, 9-17; trad. fr P. Pellegrin (dir.), Aristote, *Œuvres complètes*, Paris, Flammarion, 2014, p. 1807.
4. *Ibid.*, M 3, 1078 a, 9-13; trad. fr., p. 1939.
5. *Ibid.*, Γ 8, 1012 b, 26-27; trad. fr., p. 1799.
6. *Ibid.*, Δ 5, 1015 a, 32-33; trad. fr., p. 1806.
7. *Ibid.*, 1015 b, 11-15; trad. fr., p. 1806.

C'est pourquoi le mouvement avait également été exclu de l'Analytique et du syllogisme scientifique :

> l'acte d'intellection ressemble à une façon d'être en repos et en arrêt, plutôt qu'à un mouvement. Et il en va de même du raisonnement aussi[1].

Du côté de la représentation, un tel modèle analytique a donc été élaboré sur la base d'une conception statique du continu, en vertu de laquelle, comme le dira Aristote dans la *Métaphysique*, « on appelle *continu* ce qui a par soi un seul mouvement et qui ne peut être autrement ; le mouvement est un quand il est indivisible, mais *indivisible selon le temps* »[2].

Selon ce modèle, en effet, le mouvement est conçu comme quelque chose d'essentiellement extrinsèque à l'*extension* géométrique et, par conséquent, à une figure à son tour conçue comme « fermée » et « préformée ». Sur la base d'un tel postulat, Aristote avait donc affirmé qu'à l'instar du cas de la figure du triangle, dans laquelle chaque côté contient potentiellement les deux autres, « les données psychiques se présentent à peu près comme le cas des figures, c'est que *le conséquent implique toujours en puissance l'antécédent* »[3].

Selon cette perspective « analytique » (antithétique de la construction « synthétique » et « dynamique » du continu kantien héritée du modèle algébrique du calcul différentiel, selon lequel, à l'inverse du modèle aristotélicien, *le terme suivant est toujours contenu en puissance dans le terme précédent*), le concept de « mouvement » était également exclu des mathématiques elles-mêmes, où les « objets mathématiques » étaient conçus – conformément à la pensée pythagoricienne et platonicienne – comme éternels, et donc immuables et invariables, c'est-à-dire sans modification ni variation, « car les objets mathématiques font partie des êtres *sans mouvement* »[4].

La science aristotélicienne fondait, en effet, la certitude du jugement scientifique sur le caractère de la *simplicité* de ses propres notions, auxquelles, par conséquent, ne pouvaient appartenir aucune sorte de succession – dans la mesure où elle était conçue comme le passage entre états opposés – ni aucun *mouvement*. Pour cette raison, par rapport à un tel modèle, la physique elle-même ne pouvait en aucun cas être associée aux mathématiques. Même si deux des quatre principales causes élaborées dans la *Métaphysique* d'Aristote sont, en fait, attribuables au « mouvement » (en tant que *début* et *fin* du mouvement), cette notion est restée fondamentalement étrangère *et* à la nature des « objets mathématiques » *et* au domaine des formes substantielles et de la matière, mesurées plutôt par rapport à l'instant indivisible de la simplicité indivisible maximale. La géométrie

1. Aristote, *De l'âme*, 407 a, 31-33 ; trad. fr. Aristote, *Œuvres complètes*, éd. P. Pellegrin (dir.), Paris, Flammarion, 2014, p. 978.

2. *Id.*, *Métaphysique*, Δ 6, 1016 a, 5-7 ; trad. fr., p. 1807.

3. *Id.*, *De l'âme*, B 3, 414 b, 29 ; trad. fr., p. 995. Littéralement : « le terme précédent est toujours contenu en puissance dans le terme suivant ».

4. *Id.*, *Métaphysique*, A 8, 989 b, 32-34 ; trad. fr., p. 1753.

d'Aristote était donc essentiellement « statique », en ce sens qu'elle n'admettait pas le mouvement comme inhérent à la constitution même du « continu », des nombres et des figures géométriques. Dans la *Métaphysique*, l'application de la méthode mathématique à la physique des corps a donc été déclarée impossible :

> L'exactitude rigoureuse des mathématiques ne doit pas être recherchée en tout, mais seulement dans les objets qui n'ont pas de matière. *C'est pourquoi le mode d'argumentation* [*des mathématiques*] *n'est pas celui de la physique*[1].

Selon ce modèle épistémologique (dont Galilée se serait détaché)[2], qui reconduit chaque mouvement mécanique au modèle élémentaire du levier, à son tour décrit par celui de la balance, il aurait donc été possible, pour Aristote, d'affirmer 1) concernant la *statique*, le principe selon lequel « le rapport du poids mû au poids moteur est l'inverse du rapport des longueurs »[3] ; et 2) concernant la *cinématique*, le principe selon lequel la vitesse (v) d'un corps mis en mouvement par une force F est toujours proportionnelle à cette force et inversement proportionnelle à la masse [$v = F.(m)^{-1} \sim F = (m.v)$] :

> En effet, un même point transporté avec une même vitesse parcourt par nature une distance égale ; or dans l'un et l'autre cas, il est possible de mouvoir avec la même vitesse sur une distance égale. Le principe qu'il faut considérer pour comprendre la cause de ces phénomènes est celui-ci : une *force* identique [F] et égale meut [v] une grandeur [m] soit lentement, soit rapidement[4].

La première formulation mécanique intuitive de la conservation de la quantité de mouvement ($F = m.v$) aurait donc été implicitement exposée en premier par Aristote, et c'est exactement cette idée que Galilée reprendra en 1593 :

> *Dal che appare, la velocità [v] della forza [F] essere stata tante volte superiore alla resistenza del peso [m], quante esso peso [m] è superiore alla forza [F]*
> De ce qui paraît, il en suit que la vitesse [v] de la force [F] est autant de fois supérieure à la résistance du poids [m], que celui-ci [m] est supérieur à la force [F][5].

Dans ce passage, Galilée a souligné, concernant les machines simples, que la relation qui considère la vitesse comme directement proportionnelle à la force et inversement proportionnelle à la masse serait toujours vérifiée. On peut donc déduire l'équation $v = F.(m)^{-1}$, dont on pourrait déduire l'équation en fonction de la force : $F = (m.v)$.

1. Aristote, *Métaphysique*, A 3, 995 a, 15-16 ; trad. fr., p. 1764.
2. Voir G. Galilei, *Il Saggiatore*, In Roma, Appresso Giacomo Mascardi, 1623, 236 p., in 4°, p. 25.
3. Aristote, *Mécanique*, 850 b, 1-2 ; trad. fr., p. 82.
4. *Ibid.*, 855 b, 30-37 ; trad. fr., p. 100.
5. G. Galilei, *Le Meccaniche* (1593), in *Le opere di Galileo Galilei*, éd. cit., t. II, p. 156 (notre traduction).

LA REDÉCOUVERTE LEIBNIZIENNE DE L'ENTÉLÉCHIE ARISTOTÉLICIENNE COMME PRINCIPE DE MOUVEMENT

Comme mentionné précédemment, Aristote avait divisé tous les mouvements en deux types, les mouvements « violents » et les mouvements « naturels », selon que le principe du mouvement était externe ou interne au mobile. Les mouvements violents ont été expliqués à travers un modèle mécanique éminemment statique-inertiel et fonctionnant par « contact physique ». Ne pouvant régresser extérieurement à l'infini dans la recherche de la cause du mouvement, ce modèle a finalement été reconduit à celui du mouvement naturel, dont le principe interne est représenté par le concept d'*entéléchie*.

Le terme *entéléchie* (ἐντελέχεια), tel qu'il est connu, remonte à la célèbre doctrine aristotélicienne de la puissance (δύναμις, c'est-à-dire la possibilité d'accomplir une activité) et de l'acte, exposée notamment dans les neuvième (Θ) et onzième (K) Livres de la *Métaphysique*. Le concept d' « acte », à son tour, est en fait rendu par Aristote à la fois par le terme *enèrgheia* (ἐνέργεια), où il se réfère à l'actualité de l'action (*in agendo*), et par celui de ἐντελέχεια, utilisé, à la place du précédent, pour indiquer à la fois la réalisation de la finalité perfective de l'acte, c'est-à-dire son accomplissement (ἐντελέχεια, voulant littéralement dire le fait de « posséder parfaitement la fin en soi »), ainsi que l'actualité perfective elle-même (*in perficiendo*). Aristote a également sollicité ce modèle, qu'il a aussi adopté pour expliquer l'âme et le Premier Moteur immobile, dans sa compréhension du phénomène de « mouvement » :

> Le mot « acte » [ἐνέργεια], qui est mis en relation avec l'état accompli [ἐντελέχεια, *entéléchie*], est venu surtout des mouvements et a été étendu aussi aux autres choses. On est d'avis, en effet, que l'acte [ἐνέργεια] est surtout le mouvement [κίνησις][1].
>
> Mais étant donné qu'on a distingué pour chaque genre de l'étant entre être en entéléchie [ἐντελεχείᾳ] et être en puissance [δυνάμει], l'entéléchie [ἐντελεχείᾳ] de l'étant en puissance [δυνάμει] en tant que tel est un mouvement [κίνησίς][2].

Le lien entre la doctrine aristotélicienne et leibnizienne concernant la notion de l'ἐντελέχεια est représenté par la doctrine de l'âme, dans laquelle le terme même *entéléchie* marquera le passage vers le monadisme leibnizien. En fait, dans le deuxième Livre du *De anima*, Aristote écrit :

> Nous exprimons bien un genre particulier de réalités en parlant de substance. Mais celle-ci s'entend soit comme *matière* (chose qui, par soi, ne constitue pas une réalité singulière), soit comme aspect ou *forme* (en vertu de quoi, précisément, on peut parler d'une réalité singulière), soit, troisièmement, comme le *composé* des deux. Par ailleurs, la matière est puissance, alors que la forme est l'acte [ἐντελέχεια] [...]. Il faut donc nécessairement que l'âme soit substance comme

1. Aristote, *Métaphysique*, Θ, 3, 1047 a, 30-32 ; trad. fr., p. 1872.
2. *Id.*, *Physique*, III, 1, 201 a, 10-11 ; trad. fr., p. 556.

forme d'un corps naturel qui a potentiellement la vie. Or cette substance est acte [ἐντελέχεια]. Donc, elle est l'acte [ἐντελέχεια] d'un tel corps. Mais ce dernier s'entend de deux façons, tantôt, comme la science, tantôt, comme l'acte de spéculer. Par conséquent, c'est évidemment comme la science. [...] En conséquence, l'âme est l'acte [ἐντελέχεια] premier d'un corps naturel qui a potentiellement la vie[1].

Le recours de Leibniz à la notion d'ἐντελέχεια s'inscrit principalement dans la tentative de concilier la nouvelle vision « mécaniste » cartésienne et newtonienne (« Hypotheses non fingo »), adoptée pour expliquer les variations physiques de l'univers, avec une fondation éminemment « métaphysique » qui pouvait justifier une explication causale rigoureuse des phénomènes physiques, capable de sauvegarder les causes finales de la nature, et ce, même à travers une description mathématique des lois du mouvement, garantissant ainsi la spéculation contre le risque d'une dérive atomiste conduisant inévitablement au matérialisme et à l'athéisme. Contre l'atomisme d'Épicure et le géométrisme cartésien, coupable de considérer la matière seulement comme pure *extension*, la tentative de Leibniz visait donc à démontrer l'insuffisance d'un tel modèle pour rendre compte des phénomènes physiques et aussi, d'un point de vue mathématique, à justifier l'équation de la force en fonction du carré de vitesse :

Aristote et l'école après lui ont appelé *forme* ce qui est un principe de l'action et se trouve dans celui qui agit. Ce princpe interne est ou substantiel, qui est appelé *âme*, quand il est dans un corps organique, ou accidentel, qu'on a coutume d'appeler *qualité*. Le même philosophe a donné à l'âme le nom générique d'*entéléchie* ou d'acte. Ce mot, *entéléchie*, tire apparemment son origine du mot grec qui signifie parfait [...], car l'acte est un accomplissement de la puissance [δύναμις] [...]. Or le philosophe stagirite conçoit qu'il y a deux espèces d'actes, l'acte permanent et l'acte successif. L'*acte* permanent ou durable n'est autre chose que la *forme* substantielle ou accidentelle : la forme substantielle (comme l'âme par exemple) est permanente tout à fait, au moins selon moi, et l'accidentelle ne l'est que pour un temps. Mais l'acte entièrement passager, dont la nature est transitoire, consiste dans l'*action* même. J'ai montré ailleurs que la notion d'*entéléchie* n'est pas entièrement à mépriser, et qu'étant permanente, elle porte avec elle non seulement une simple *faculté* active [ἐνέργεια], mais aussi ce qu'on peut appeler *force*, *effort*, *conatus*, dont l'action même doit suivre si rien ne l'empêche. La faculté n'est qu'un *attribut*, ou bien un *mode* quelquefois ; mais la force, quand elle n'est pas un ingrédient de la substance même, c'est-à-dire la *force* qui n'est pas *primitive*, mais *dérivative*, est une *qualité* qui est distincte et séparable de la substance[2].

1. Aristote, *De l'âme*, II, 1, 412 a, 1-30 ; trad. fr., p. 989-990.

2. G.W. Leibniz, *Essais de Théodicée, sur la Bonté de Dieu, la liberté de l'homme et l'origine du mal*, A Amsterdam, Chez Isaac Troyel, Libraire, 1710, § 87, p. 202-203 (GP, VI, p. 99-100).

LA DYNAMIQUE « GRAVITATIONNELLE » KANTIENNE COMME DÉPASSEMENT DU MÉCANISME ARISTOTÉLICIEN

Dans son premier écrit (*Gedanken*, § 1), Kant se montre immédiatement conscient de la relation profonde qui lie Aristote à la question des forces vives, et du fait que le problème concernant la détermination mathématique de la valeur de la force réside principalement dans la construction du modèle théorique.

Comme indiqué aux § 29 et 30 des *Gedanken*, Kant a compris que l'évaluation de Descartes et celle de Leibniz ont été élaborées à partir du modèle mécanique aristotélicien du levier, et que la solution leibnizienne associait à tort ce modèle au mouvement de la chute des corps, dans lequel les temps de chute, à la différence du modèle statique-inertiel du levier, sont différents :

> § 29. Le seigneur Leibniz fut d'abord conduit à son opinion par ce que l'on remarque dans le cas de la chute des corps par gravité. Mais c'est un principe de Descartes mal appliqué qui l'a conduit à une erreur qui, après ce temps, a peut-être été la plus apparente qui se soit jamais glissée dans la raison humaine. Il a déclaré la proposition suivante : la même force est nécessaire pour lever un corps pesant 4 livres à la hauteur de 1 pied, que pour lever un corps pesant 1 livre à la hauteur de 4 pieds.
>
> § 30. [...] Il est facile de comprendre comment cette conclusion dérive de la règle fondamentale de Descartes uniquement dans le cas où les temps de mouvement sont égaux[1].

Le modèle mécanique aristotélicien ne pouvait pas, en effet, être appliqué aux mouvements gravitationnels. Au lieu de prendre position en faveur de l'une des deux évaluations rivales, à savoir celle de Descartes ou celle de Leibniz, Kant a décidé de reformuler la question de la force à partir d'une refondation dynamique gravitationnelle des corps, élaborée à partir du concept de « force », compris comme une « action » métaphysique constitutive de la substance et de l'espace. Selon le modèle mécanique statique-inertiel, fournissant un mouvement extérieur à l'extension et à la matière, il aurait été impossible de justifier comment un corps à l'état de repos serait capable de produire, sans contact physique, un mouvement « réel » :

> § 51. [...] Tout dépend de la chose suivante : qu'un corps puisse recevoir un mouvement « réel » également par l'action d'une matière qui soit « au repos ». Je me fonde là-dessus[2].

Pour cette raison, Kant aurait donc décidé de reformuler la question à partir du concept aristotélicien d'*entéléchie* (*Gedanken*, § 1-11), compris cependant comme une action métaphysique constitutive des corps :

1. *Gedanken*, § 29-30, AK I, 42-43 (notre traduction).
2. *Gedanken*, § 51, AK I, 62 (notre traduction).

> On dit d'un corps, qui est en mouvement, qu'il possède une *force*. Car, surmonter des obstacles, tendre des ressorts, déplacer des masses sont bien ce que tout le monde appelle *agir*. Quand on ne regarde pas plus loin que ce que les sens nous enseignent, on considère cette force comme quelque chose qui a entièrement été communiqué au corps de l'extérieur et dont il ne reste rien lorsqu'il est au repos. L'ensemble des savants avant Leibniz étaient de cet avis, à la seule exception d'Aristote. On croit que l'obscure *entéléchie* de cet homme est le secret de l'action des corps. La totalité des maîtres d'école, qui suivaient tous Aristote, ne comprenaient pas cette énigme et peut-être aussi n'a-t-elle pas été faite pour devoir être comprise par quelqu'un. Leibniz, à qui la raison humaine doit tant, a enseigné d'abord que le corps a une *force essentielle* qui lui appartient, et ce même avant l'étendue. *Est aliquid praeter extensionem imo extensione prius*; tels sont ses mots[1].

Comme cela aurait été démontré dans la *Nova dilucidatio*, l'attaque de Kant contre le modèle métaphysique aristotélicien et leibnizien visait donc à souligner comment l'action métaphysique causale de la force ne pouvait pas être comprise par rapport à l'état de la « succession » temporelle, mais plutôt par rapport à l'état de « simultanéité ». Pour cette raison, comme indiqué au § 3, le mouvement ne serait « que le phénomène extérieur » (*das äußerliche Phänomenon*) de l'état du corps, puisqu'il ne peut être lui-même l'effet empirique dont il est possible de déduire immédiatement la force agissante, comme une action causale métaphysique propre à cet effet. La récupération de la dimension intensive comme séquence dynamique causale opérant par rapport à la simultanéité temporelle (comme « immediata successio »), totalement absente chez Aristote (ainsi que chez Descartes et Leibniz), aurait donc permis à Kant, dès son premier écrit, de fonder le mouvement dans sa dimension méta-empirique et de justifier la possibilité que le corps possède en lui-même le principe interne du mouvement, contredisant ainsi la proposition aristotélicienne, reprise par Descartes, selon laquelle : *nullus motus fiat in instanti*.

Stefano VENERONI
Institut Catholique de Paris

1. *Gedanken*, § 1, AK I, 17-18.

PHILOSOPHIE, MÉTAPHYSIQUE, ONTOLOGIE

UNE ADMIRATION SANS BORNES ? DU *THAUMAZEIN* DES GRECS AU SUBLIME DYNAMIQUE DE KANT

Aristote, à la suite de Platon, affirmait dans la *Métaphysique* que c'est avec l'étonnement ou l'admiration (*thaumazein* – on pourrait traduire aussi bien par « émerveillement », les *thaumata* étant les prodiges ou les merveilles) que commence la philosophie[1]. L'admiration est indissociable du finalisme qui guide la pensée aristotélicienne : dire que la nature « ne fait rien en vain », ou que « la nature est fin »[2], c'est à la fois faire un constat qui semble souvent vérifié dans l'expérience, affirmer un principe pour des connaissances futures, et rendre compte d'un sentiment d'appréciation qui guide notre rapport à l'être en général. L'admiration stimule notre curiosité. Elle nous pousse à étudier la nature. Elle nous fait reconnaître chez les autres une excellence ou des vertus que nous n'avons pas[3]. Elle est cependant aussi un sentiment ambivalent. Par définition, elle naît de la reconnaissance de puissances qui nous dépassent – en particulier lorsqu'on lui donne une portée religieuse. Elle comporte l'insatisfaction de ne pas comprendre et de ne pas maîtriser ce qu'on admire. Elle peut aussi devenir paresseuse et complaisante. Platon l'avait déjà suggéré : dans l'allégorie de la caverne, le *thaumazein* est aussi ce par quoi les montreurs de marionnettes, les « thaumaturges », captivent les spectateurs et les maintiennent prisonniers dans leur théâtre d'ombres. Dans les dialogues platoniciens, Socrate qualifie souvent son interlocuteur d'« homme admirable » – mais c'est en général plutôt ironique. Cette ambivalence est aussi présente chez Aristote : il précise qu'admirer, c'est d'abord être confronté à sa propre ignorance[4] ; et c'est pourquoi l'admiration doit, selon lui, à un certain niveau, laisser la place à la compréhension.

1. *Théétète*, 155d, et Aristote, *Métaphysique*, A, 982b.
2. *Politiques*, I, 1253 a.
3. Sur tous ces thèmes, *cf.* J. Hersch, *L'étonnement philosophique*, Paris, Gallimard, 2004.
4. *Métaphysique*, A, 982b.

C'est de façon beaucoup plus tranchée que le rationalisme moderne a prétendu rejeter l'admiration, en particulier dans son sens aristotélicien. Pour les hommes du XVIIe ou du XVIIIe siècle, le développement des sciences, des techniques et plus généralement de la civilisation implique un changement radical d'attitude à l'égard de la nature. C'est très clair notamment chez Descartes. Kant s'inscrit lui aussi dans ce contexte, et c'est pourquoi il affirme par exemple que la raison, loin de se laisser guider par l'admiration (*Bewunderung*), doit « forcer la nature à répondre à ses questions »[1]. Cela ne vaut pas que pour la connaissance : dans sa philosophie morale, on sait à quel point l'exigence d'autonomie relativise le rôle des exemples, ou des modèles d'excellence que l'on pourrait chercher à imiter. Pour autant, Kant ne rejette pas complètement le sentiment d'admiration; au contraire, il lui ménage une place centrale dans la sphère du jugement esthétique, en tant qu'il éveille les sentiments du beau ou du sublime. Mais cette sphère est bien délimitée. Or chez les Grecs – Platon ou Aristote en particulier –, le *thaumazein* était au principe de toute la philosophie, il était vraiment un étonnement devant l'être en général. Cela englobait l'être humain, et la position même – affective, existentielle – du philosophe. Peut-on encore retrouver quelque chose de tel dans la façon dont Kant thématise l'admiration? Ou au contraire le fait d'envisager ce sentiment surtout d'un point de vue esthétique correspond-il à la volonté d'en neutraliser ou d'en relativiser la signification?

Admiration et finalisme

C'est sans doute dans la pensée d'Aristote que le *thaumazein* prend sa signification la plus précise et la plus développée, déjà rationalisée dans une certaine mesure en lien avec la caractérisation des êtres naturels. Pour Aristote, la nature est admirable, non seulement comme déploiement mécanique de forces, mais encore, dans une perspective téléologique, comme réalisation ou accomplissement de possibilités. L'admiration naît aussi du constat qu'un tel processus s'accomplit de lui-même, sans que nous puissions toujours en identifier la finalité ou en comprendre les ressorts. On connaît la définition de l'être naturel au Livre II de la *Physique* : l'être qui « trouve en lui-même le principe de son mouvement »[2]. Par mouvement, il faut entendre ici le passage de la puissance à l'acte. C'est ainsi que l'on peut comprendre, pour Aristote, la croissance d'une plante, le développement et le fonctionnement d'un organe ou encore l'habileté que les animaux déploient dans leurs comportements instinctifs, comme l'araignée qui tisse sa toile ou l'abeille qui construit la ruche. La nature est admirable, comme processus finalisé, non seulement par ce qu'elle produit, mais parce qu'elle semble agir de façon directe, spontanée et assurée. Cela lui donne une supériorité sur l'artifice

1. CRP, B XIII ; OP I, 737.
2. *Physique*, II, 192b (notre traduction).

humain. Aristote peut ainsi dire qu'il y a « davantage de finalité et de beauté dans les œuvres de la nature que dans celle de la technique »[1].

Le sentiment même d'admiration peut être interprété dans une perspective finaliste. En tant qu'il implique du plaisir et donc quelque satisfaction, c'est aussi en nous-mêmes qu'il semble réaliser quelque finalité. Le fait que celle-ci reste confuse est en soi significatif : c'est ce qui stimule de façon ouverte et anticipée l'usage de nos facultés. L'admiration apparaît comme un plaisir additionnel, insituable, un *parergon* (c'est-à-dire un ornement, qui échappe à toute fonction déterminée)[2], et c'est comme telle qu'elle peut jouer ce rôle de stimulant. Au tout début de la *Métaphysique*, Aristote écrit que le simple « plaisir que nous prenons aux perceptions des sens, indépendamment de toute utilité spéciale », donc notamment le plaisir pris à la beauté de la nature, est en soi la « preuve » que l'homme a « naturellement la passion de connaître »[3]. L'admiration est au principe du développement de nos opinions et de notre savoir : « c'est l'étonnement et l'admiration qui conduisirent les hommes à la philosophie », selon un processus graduel et dynamique qui les a menés, en partant des « choses les plus proches d'eux », à étudier des « phénomènes plus considérables », comme le mouvement du soleil et des astres ou la formation de l'univers – voire à réfléchir à « l'être en tant qu'être ». Si l'admiration est toujours liée à l'ignorance, elle permet aussi d'en sortir, en « se posant des questions » et en « s'étonnant ». Aristote peut ainsi dire que c'est d'abord dans notre capacité à nous « émerveiller » que nous sommes « amis de la sagesse »[4]. On pourrait donc dire non seulement que la nature est admirable, mais encore que l'admiration elle-même agit comme un sentiment naturel, qui stimule et accompagne, de façon tout à fait générale, le développement des potentialités humaines.

DÉPASSER L'ADMIRATION ?

Il n'en demeure pas moins que l'admiration reste forcément liée à l'ignorance. Admirer, c'est admettre que l'on ne comprend pas, ou que l'on ne comprend pas complètement. Dès lors, même du point de vue d'Aristote, l'admiration est destinée à disparaître à un certain moment pour laisser place à la science : si « les hommes commencent toujours par s'étonner que les phénomènes soient ce qu'ils sont », il faut nécessairement que cet étonnement s'estompe « une fois qu'ils sont instruits des choses », de même qu'on ne « s'étonne devant le spectacle des

1. *Parties des animaux*, I, 639b20, trad. fr. P. Pellegrin, Paris, GF-Flammarion, 2011, p. 151.

2. C'est ainsi, on le sait qu'Aristote caractérise le plaisir en général dans l'*Éthique à Nicomaque*, X, 1175a. Cette caractérisation vaudrait en quelque sorte par excellence pour le plaisir du *thaumazein*.

3. *Métaphysique*, A, 980a ; trad. fr. J. Barthélémy-Saint-Hilaire revue par P. Mathias, Paris, Agora « Pocket », 1991, p. 39.

4. *Ibid.*, 983a ; trad. cit., p. 47.

automates » que « tant qu'on n'a pas compris la cause de leurs mouvements »[1]. L'admiration devrait être alors conçue comme un sentiment essentiellement provisoire, dont on ne devrait pas se satisfaire, dans lequel il ne faut pas se complaire. Et c'est peut-être aussi pour cette raison qu'Aristote dissocie nettement l'admiration, dans ces textes, d'un discours religieux[2].

Cependant, c'est d'une façon beaucoup plus nette que l'admiration est devenue, pour la science et la philosophie modernes, un sentiment critiquable, voire quelque chose qu'il faudrait littéralement extirper de notre considération de la nature. On se met alors à s'en méfier, ou à s'en moquer. On en viendrait presque à mépriser l'admiration… C'est ce que montre par exemple le personnage de Sganarelle dans *Dom Juan*. Il essaye de démontrer à son maître l'existence d'un Créateur intelligent, en affirmant qu'il y a « quelque chose d'admirable » dans la nature, dans les êtres vivants et dans l'homme, quelque chose « que tous les savants peinent à expliquer ». Mais la démonstration tourne court, tant cette admiration reste une impression confuse. Dom Juan a alors beau jeu de lui dire : « j'attends que ton raisonnement soit fini »[3]…

Au-delà même de l'ignorance et de l'impuissance, l'admiration pourrait masquer une peur fondamentale. C'est ce que suggère Hobbes dans le *Léviathan*, en particulier dans le chapitre consacré à la religion : pour lui, l'humanité est avant tout « plongée dans l'ignorance des causes », et la première passion que cela éveille en elle est une « crainte perpétuelle ». C'est cette crainte qui, devant nécessairement « prendre quelque chose pour objet », pousserait dès lors les hommes à inventer des causes imaginaires, des « pouvoirs » ou des « agents invisibles »[4]. La compréhension des phénomènes naturels implique donc de dépasser l'admiration, ou en tout cas d'en relativiser la portée. C'est surtout chez Descartes que l'on rencontre ce changement d'attitude, radical, à l'égard de la nature et de l'être en général. C'est l'enjeu de la cinquième partie du *Discours de la méthode* : plutôt que de supposer partout des qualités occultes, il faut chercher à comprendre les processus naturels en les expliquant par un petit nombre de causes efficientes et de qualités élémentaires de la matière. Il faut donc substituer le mécanisme au finalisme. Descartes en donne pour exemple le fonctionnement du cœur. Au terme de cette description, il peut certes dire que ces mouvements sont « admirables », et que le corps humain est une « machine qui, ayant été faite des mains de Dieu, est incomparablement mieux ordonnée, qu'aucune de celles qui peuvent être inventées par les hommes »[5]. Mais il n'en demeure pas moins qu'il s'agit

1. *Métaphysique*, A, 983a ; trad. cit., p. 47.

2. Ajoutons que son traitement du *thaumazein* diffère aussi de celui de Platon, plus exclusivement tourné vers les formes, notamment mathématiques : Aristote intègre le *thaumazein* à l'étude de la nature matérielle et vivante, ce qui est déjà, de son point de vue, un effort considérable pour la rapprocher de l'investigation scientifique concrète.

3. *Don Juan*, acte III, scène 1.

4. *Léviathan*, chap. XXII, trad. fr. J. Tricot, Paris, Sirey, 1971, p. 105.

5. *Discours de la méthode*, Paris, GF-Flammarion, 2016, p. 145.

d'une machine, et qu'elle ne diffère donc pas essentiellement de ce que l'ingéniosité humaine pourrait elle-même produire. On pourra alors appliquer à la nature matérielle tout entière ce qu'Aristote disait des automates dans la *Métaphysique* : s'ils peuvent nous émerveiller dans un premier temps, cette admiration doit céder la place à une explication raisonnée. Dans les *Météores*, cette logique est appliquée aux phénomènes climatiques : ce sont des « choses » pour lesquelles « nous avons naturellement plus d'admiration », parce qu'elles sont « au-dessus de nous », mais « expliquer leur nature » permet justement de ne plus avoir « occasion d'admirer rien de ce qui s'y voit ». Il faut donc chercher à ne plus admirer. Et, au-delà des météores, « on croira facilement qu'il est possible en même façon de trouver les causes de tout ce qu'il y a de plus admirable sur la terre »[1]. De fait, le développement de la science moderne peut être largement compris comme la réalisation de ce programme, au-delà même sans doute de ce qu'envisageait Descartes (notamment quant au rôle et à la place que cela laisse à l'idée d'un Dieu créateur).

On peut faire cependant deux remarques pour nuancer cette lecture, et reconnaître une certaine persistance de l'admiration dans la pensée cartésienne. Premièrement, ce sentiment garde un rôle incontournable, quoique bien délimité, dans le développement de nouvelles connaissances. Dans les *Passions de l'âme*[2], l'admiration est définie comme ce que nous éprouvons « lorsque la première rencontre de quelque objet nous surprend, et que nous le jugeons être nouveau, ou fort différent de ce que nous connaissions auparavant, ou bien de ce que nous supposions qu'il devait être ». Elle est donc l'impression affective causée par la nouveauté. Descartes ne l'associe pas ici à un sentiment de plaisir. Mais c'est précisément dans la mesure où elle n'a au départ « le bien ni le mal pour objet » et n'est liée à aucun intérêt déterminé qu'elle stimule simplement « la connaissance de la chose qu'on admire », en disposant l'âme « à considérer avec attention les objets qui lui semblent rares et extraordinaires »[3]. En la caractérisant ainsi, simplement comme sentiment de surprise, Descartes peut alors rejoindre Aristote pour en faire « la première de toutes les passions », qui nous « dispose à l'acquisition des sciences »[4]. Mais il ajoute très vite qu'elle peut devenir excessive, qu'elle « peut entièrement ôter ou pervertir l'usage de la raison ». Il faut donc que la volonté et l'entendement se substituent immédiatement à elle, pour « nous en délivrer le plus qu'il est possible »[5].

Deuxièmement, le fait même que l'esprit humain puisse comprendre la nature, en formuler les lois et les soumettre à sa maîtrise, est en soi source d'interrogations que nous ne pouvons pas complètement résoudre. Dans le *Discours de*

1. *Les Météores*, « discours premier », in *Discours de la méthode*, éd. cit. p. 171

2. *Passions de l'âme*, éd. Adam et Tannery [désormais AT], Paris, Vrin, 1996, article 63, AT XI, 373.

3. *Ibid.*, article 70, AT XI, 380.

4. *Ibid.*, Article 76, AT XI, 385.

5. *Ibid.*

la méthode, Descartes dit que l'explication mécanique du monde n'est possible que parce que nous possédons en nous « certaines semences de vérités », notamment mathématiques, qui nous permettent de remonter aux « principes ou premières causes de tout ce qui est ou de tout ce qui peut être dans le monde » (sixième partie). Si la science permet cela, elle peut donc elle-même susciter une autre admiration, bien plus durable, face aux succès qu'elle rend possibles, mais sans pouvoir pleinement comprendre comment[1].

KANT ET L'ADMIRATION

Si dans l'Antiquité, et en particulier chez Aristote, l'admiration était au principe du questionnement philosophique, et engageait notre rapport le plus primordial à l'être en général, un des traits les plus caractéristiques de la modernité consiste donc à en relativiser radicalement le sens et la portée. Cela correspond à un bouleversement, non seulement épistémologique, mais encore éthique et même ontologique – sans même parler de la religion. Kant s'inscrit nettement dans cette perspective, et le dit sans ambiguïté : la raison humaine peut faire progresser la science dès lors qu'elle ne se contente pas de se laisser « tenir en laisse par la nature », mais qu'elle la « force à répondre à ses questions »[2]. Cette formule décrit une attitude volontaire, dominatrice, voire accusatoire à l'égard de la nature, bien différente de l'admiration, et même largement incompatible avec elle.

Kant va cependant plus loin. L'admiration pourrait, comme chez Descartes, conserver sa légitimité, sinon à l'égard de la nature elle-même, du moins à l'égard de la science. Mais précisément, cela non plus ne va pas de soi. Au § 62 de la *Critique de la faculté de juger*, Kant évoque « l'admiration » (*Bewunderung*) qu'ont pu susciter les grandes découvertes mathématiques chez les Grecs, et en particulier chez Platon[3]. Pour Kant, ce sentiment était suscité par la finalité, objective et intellectuelle, qui se rencontre dans les figures mathématiques – par exemple le cercle, avec sa capacité à engendrer d'autres figures qui constituent comme une réponse aux problèmes que l'esprit se pose (par exemple l'ensemble des triangles rectangles inscrits que l'on peut construire en prenant son diamètre comme hypoténuse). Platon éprouvait de l'« enthousiasme » à remonter ainsi, en amont de l'expérience, vers la fécondité de pures « Idées », et donc vers une « communauté intellectuelle avec l'origine de tous les êtres » – autrement dit avec le divin. Mais c'est ici que Kant pointe un problème : si c'est apparemment l'être que nous admirons ici, dans les formes géométriques, un être objectif,

1. Sur une autre proche du rapport de Descartes à Aristote autour du thème de l'admiration, *cf.* L. Renault, *Descartes ou la félicité volontaire*, Paris, P.U.F., 2000.

2. CRP, B XIII, AK III, 10 ; OP I, 737.

3. CFJ, AK IX, 362 ; OP II, 1152-1153. Sur ce point, voir H. Heimsoeth, « Kant und Plato », *Kant-Studien*, 56, janvier 1965, p. 349-372.

indépendant de nous et pourtant « disposé pour notre usage », en réalité cette admiration porte moins sur « la nature hors de nous » que sur « notre propre raison ». Ces découvertes mathématiques découlent « de l'intuition pure présente au cœur de l'esprit humain ». L'idéalisme transcendantal oblige donc à reconnaître derrière l'enthousiasme platonicien une illusion de perspective : « il est bien pardonnable que cette admiration résultant d'un malentendu soit progressivement devenue de l'extravagance »[1]. Si les mathématiques sont admirables, il s'agit bien de les remettre à leur juste place – c'est-à-dire dans les capacités de l'esprit humain, muni d'une intuition pure. Kant n'évacue pas ici l'admiration. Mais elle porte sur la « compatibilité » entre l'entendement comme pouvoir des règles et « cette forme de l'intuition sensible qui s'appelle l'espace ». Cette compatibilité est admirable, parce qu'elle est au fond contingente, « inexplicable pour nous quant au fait qu'elle est ainsi et pas autrement » ; elle « élargit l'esprit » en nous faisant « pressentir » une source de vérité qui serait au-delà des limitations de notre intuition sensible[2]. Mais cela reste évidemment inconnaissable et l'admiration reste ici liée au jeu interne de nos facultés.

La volonté de relativiser la portée de l'admiration, y compris s'agissant de la science, est aussi manifeste dans la Préface de la seconde édition de la *Critique de la raison pure*. Kant y parle certes de « l'admirable [*bewundernswürdig*] peuple grec », qui a su mettre après de nombreux tâtonnements les mathématiques « sur la voie sûre d'une science »[3]. Mais il ne s'agit pas d'insister sur le génie de tel ou tel mathématicien ; il faut plutôt voir que ce progrès s'est fait par une « révolution dans la manière de penser », à savoir la prise de conscience que l'on pouvait produire ces connaissances *a priori*, indépendamment de l'expérience, simplement par construction de concepts. S'agissant des progrès de la physique à l'époque moderne, Kant parle aussi d'une « illumination », due à un changement de perspective : Copernic ou Galilée ont pris conscience que, même vis-à-vis des objets de l'expérience, la raison « n'aperçoit que ce qu'elle trace selon ses propres plans ».

Au § 62 de la *Critique de la faculté de juger*, Kant distingue nettement l'admiration (*Bewunderung*) et l'étonnement (*Verwunderung*)[4]. Ce dernier est

> un choc de l'esprit se heurtant à l'incompatibilité d'une représentation et de la règle qu'elle donne avec les principes qui se trouvent déjà dans l'esprit comme fondement, et qui nous pousse à douter de la valeur de notre vision ou de notre jugement[5].

1. CFJ, AK IX, 364 ; OP II, 1153.
2. *Ibid.*
3. CRP, B XI, AK III, 9 ; OP I, 736.
4. La traduction française par « étonnement » est peut-être un peu faible ; ou alors il faut prendre étonnement dans un sens un peu ancien, qui pouvait le rapprocher de la « stupéfaction ».
5. CFJ, AK IX, 365 ; OP II, 1153.

L'étonnement est donc un choc face à la nouveauté, qui oblige à remettre l'observation des phénomènes en accord avec l'entendement. La science elle-même, en ce sens, n'a pas vocation à être admirable ; il faudrait plutôt dire qu'elle est étonnante, qu'elle nous conduit d'étonnement en étonnement ; et elle devrait à chaque fois surmonter l'étonnement par des « illuminations » ou des changements de paradigme. On connaît les réserves éprouvées par Kant à l'égard de la notion de génie utilisée dans un contexte scientifique : Newton n'était pas un génie, mais simplement un « cerveau », en tant qu'il était capable de rendre « claires et distinctes », « pour lui-même et pour tout autre », toutes les étapes qui l'avaient conduit des premiers éléments de géométrie jusqu'à « ses découvertes les plus importantes et les plus profondes »[1]. Il en va de même pour Copernic et Galilée : les révolutions qu'ils ont introduites dans les sciences tiennent surtout à un changement dans la manière de penser, que leurs successeurs ont pu s'approprier. C'est ce que Kant cherche à rendre par le terme d'« illumination », en se gardant donc de parler d'admiration.

On pourrait voir là aussi une conséquence de l'idéalisme transcendantal : si c'est de la spontanéité de l'entendement que procède la connaissance, en lien avec les formes de notre sensibilité, alors il n'y a pas lieu, en tout cas pas tant que cela, d'admirer l'accord entre notre esprit et la nature, ou encore la perfection des connaissances mathématiques.

L'admiration ne disparaît pas complètement dans la pensée de Kant. En particulier, on l'a vu à propos des mathématiques, lorsqu'elle porte sur le jeu de nos facultés. Kant n'exclut pas que l'on puisse rencontrer dans la nature quelque finalité objective qui soit admirable. Il peut s'agir de la finalité que l'on rencontre dans l'unité des lois empiriques de la nature, ou encore dans l'organisation des êtres vivants. Mais, même alors, cette admiration ne saurait être sans réserve. Elle ne peut être utilisée que comme un principe simplement régulateur, ou « heuristique », la science devant toujours rechercher des explications mécanistes plutôt que finalistes[2]. De façon générale, Kant n'accorde une place à l'admiration que dans la mesure où elle ne compromet pas l'usage actif de nos facultés. Dans la *Critique de la faculté de juger*, l'admiration est décrite comme « un étonnement qui resurgit toujours indépendamment de la disparition [du] doute »[3]. Le propre de l'admiration est donc d'être persistante, de ressurgir. Mais cela veut dire qu'elle est forcément vécue comme un sentiment conflictuel. Sa persistance même contrarie le mouvement propre de la connaissance, qui est de mettre fin à un étonnement censé être toujours provisoire.

1. CFJ, AK V, 309 ; OP II, 1091.
2. CFJ, AK V, 381 ; OP II, 1175.
3. CFJ, AK V, 365 ; OP II, 1155.

DE L'ADMIRATION PERSISTANTE À L'ADMIRATION CROISSANTE

Qu'en est-il alors du jugement esthétique ? À première vue, on pourrait l'envisager comme une sphère détachée de la connaissance, détachée aussi d'intérêts pratiques précis, où persisterait une admiration en quelque sorte résiduelle, coupée de tout enjeu épistémologique, pratique ou religieux, et centrée sur le simple « jeu » de nos facultés. Mais une telle interprétation manquerait l'essentiel. Car l'admiration dont il s'agit ici n'est pas seulement persistante. Elle est croissante. Et elle engage toutes les facultés humaines, d'une façon bien plus profonde et englobante que ne le laisse entendre le terme de « jeu ». C'est ce que nous voudrions montrer ici à propos du sublime – notamment « dynamique ».

On retrouve dans l'« Analytique du sublime » l'idée d'un sentiment d'admiration qui est lui-même finalisé. Mais ce sentiment n'a rien de complaisant : son dynamisme repose au contraire sur un inconfort fondamental, sur ce qui dans la nature, ou dans notre propre position comme être naturel, s'oppose fondamentalement à notre intérêt. La satisfaction ressentie dans le sublime est liée à la possibilité angoissante qu'il n'y ait aucune fin à attendre de la nature, qu'elle ne soit au bout du compte qu'un enchaînement mécanique de forces destructrices. Le sublime est provoqué par des spectacles naturels comme le ciel étoilé, l'océan déchaîné ou des montagnes vertigineuses, qui « débordent les limites de l'imagination », qui confrontent celle-ci à « un abîme où elle a peur de se perdre elle-même »[1]. L'admiration est ici coupée de toute référence directe à quelque accomplissement téléologique. La nature est représentée comme « force », c'est-à-dire comme « puissance qui peut vaincre des résistances » et qui, comme telle, « peut être objet de peur »[2].

Mais précisément, on le sait, ces spectacles éveillent en nous, lorsque nous les contemplons depuis une position de relative sécurité, la représentation d'une destination qui surpasse cette peur, en même temps que la nature tout entière : la loi morale en nous, comme expression de notre liberté. Il peut donc bien y avoir, à l'occasion de ces spectacles plus en fait que directement pour eux, de l'admiration, et celle-ci porte sur notre propre humanité. D'ailleurs, lorsque Kant indique, dans le même paragraphe, ce qui est selon lui le lieu de « la plus grande admiration », il met de côté ces spectacles naturels pour se concentrer uniquement sur l'être humain :

> Car qu'est-ce qui, même pour le sauvage, est objet de la plus grande admiration ? Un homme qui ne s'effraye pas, qui ne ressent pas la peur, que le danger ne fait donc pas fléchir, mais qui en même temps se met vigoureusement à l'ouvrage avec toute sa réflexion. Même dans l'état de civilisation le plus accompli, cette haute estime particulière pour le guerrier demeure[3].

1. CFJ, AK V, 258 ; OP II, 1027.
2. CFJ, AK V, 260 ; OP II, 1028.
3. CFJ, AK V, 262 ; trad. fr. A. Renaut, Paris, Aubier, 1995, p. 245.

Il est significatif que ce sentiment doive être partagé par le « sauvage » et par les hommes plus civilisés. Bien sûr, les progrès de la civilisation peuvent eux-mêmes nourrir, directement, une certaine admiration. Mais dans le jugement esthétique, ils sont ramenés à leur fragilité. Dans l'imaginaire du sublime, les puissances naturelles – ou la guerre, comme déchaînement de violence physique – menacent de ramener à néant les réalisations humaines. Nos facultés, et tout ce qu'elles pourraient virtuellement accomplir, sont ainsi reconduites à leur « impuissance actuelle »[1] et ce faisant, indéfiniment, à la question la plus essentielle : celle de la volonté.

Ce travail du jugement, qui met en jeu le statut d'ensemble de notre condition, ne peut avoir lieu que sur un plan esthétique. Il faut souligner le rôle que joue ici l'imagination : c'est elle qui libère les virtualités présentes dans cette expérience (le dommage que pourrait nous causer la tempête, l'éruption du volcan, etc., mais aussi la capacité de l'homme à y résister). Dans la mesure où l'admiration réunit des représentations très hétérogènes et même conflictuelles, elle est ici durable. Mais cela veut dire aussi qu'elle peut s'enrichir, se cultiver – et donc qu'elle est croissante. Elle l'est, non seulement pour l'individu, mais aussi collectivement et historiquement : loin de devoir s'effacer avec les progrès de la culture, elle peut en tirer toujours plus de force. Kant le dit nettement : « En l'absence de développement des Idées éthiques, ce que, préparés par la culture, nous nommons sublime apparaîtra simplement effrayant à l'homme inculte »[2]. Il cite alors Horace de Saussure, célèbre pour son ascension du Mont Blanc en 1787, et qui, dans ses *Voyages dans les Alpes*, racontait l'incompréhension d'un « bon paysan savoyard » face aux randonneurs qui s'aventuraient sur les glaciers – parce que lui-même ne pouvait voir là que « souffrance » et « danger ». Kant reconnaît du bon sens dans cette réaction; il admet aussi que la plupart des « amateurs de glaciers » semblent bien céder à une « fantaisie », d'autant qu'ils ne sauront donner ensuite de leur expérience qu'une « description pathétique ». Mais il salue le mérite de Saussure, qui a voulu « instruire les hommes » et a su par ses récits transmettre à ses lecteurs « des sensations qui élèvent l'âme ». Ce témoignage de reconnaissance – et d'admiration – est compréhensible : il aurait été difficile pour Kant de tenter lui-même – autrement qu'en imagination – de telles ascensions. Mais cela montre surtout que le sublime est lié selon lui à la culture, qu'il s'en nourrit. C'est en cela qu'il est dynamique. On a souvent souligné la dimension paradoxale de l'invention de la nature – ou de la montagne sur un plan esthétique, au XVIIIe siècle[3]. Kant est conscient de ce paradoxe : il ne conçoit pas le sublime comme retour à une nature originelle. Le terme même d'« esthétique » suggère bien que ce rapport admiratif à la nature est pour lui critique, culturel et réflexif.

1. CFJ, AK V, 262 ; OP II 1032.
2. CFJ, AK V, 265 ; OP II 1036.
3. Sur ce thème, voir par exemple P. Joutard, *L'invention du Mont Blanc*, Paris, Gallimard, 1986.

LE CIEL ÉTOILÉ ET LA LOI MORALE

Kant adopte rarement un style lyrique. Il ne se laisse pas facilement emporter par sa prose ou par son sujet. Y compris lorsqu'il parle du beau ou du sublime. C'est *a contrario* ce qui rend remarquable la célèbre « Conclusion » de la *Critique de la raison pratique* :

> Deux choses remplissent l'esprit d'une admiration et d'une vénération toujours nouvelles et toujours croissantes, à mesure de la fréquence et de la persévérance avec laquelle la réflexion s'y attache : *le ciel étoilé au-dessus de ma tête et la loi morale en moi.* [...] Le premier spectacle d'une multitude innombrable de mondes anéantit pour ainsi dire mon importance, en tant que je suis une créature animale qui doit de nouveau rendre à la planète (à un simple point de l'univers) la matière dont elle fut formée. Le second exalte au contraire à l'infini ma valeur, comme *intelligence*, par ma personnalité dans laquelle la loi morale me révèle une vie indépendante de l'animalité et même de tout le monde sensible [1].

Il s'agit bien ici d'admiration, jusque dans le ton qui est adopté, et cette admiration est non seulement persistante, mais encore « toujours nouvelle » et « croissante ». Il est évident qu'elle ne peut ainsi se développer, avec un tel dynamisme, qu'à l'égard de ces deux choses considérées ensemble, et à travers leur rapport : l'impression esthétique produite par le ciel étoilé, notamment au niveau de l'imagination, est une impression d'anéantissement. Il n'est pas question ici de la perfection de l'univers, ou de la régularité du mouvement des astres. Le spectacle du ciel étoilé est surtout terrifiant. Il n'est admirable, donc, que parce qu'il est contrebalancé par la considération de la loi morale, laquelle « exalte à l'infini » la valeur de l'être humain qui le contemple.

On peut également interpréter ce passage dans la perspective de l'idéalisme transcendantal : l'équilibre dynamique qui s'établit ici tient certainement aussi à l'idée que le ciel étoilé n'est qu'un ensemble de phénomènes, perçus dans l'espace lui-même étant, comme forme de la sensibilité, seulement « en nous »[2]. Dans les exemples que prend Kant pour analyser le sublime dynamique – les rochers qui menacent de s'écrouler, les éruptions volcaniques, l'océan déchaîné – c'est peut-être aussi cela qui est en jeu : un déchirement du voile, un effondrement de la réalité phénoménale. L'imagination ne peut manquer de nous rappeler, au moins secrètement, que toutes ces choses ne sont, au fond, qu'en nous-mêmes... En même temps, face à tous ces spectacles, le sujet se projette nécessairement lui-même dans l'espace, sous cette « voûte qui comprend tout »[3]. Mais la conscience au moins confuse de l'idéalité des phénomènes nourrit assurément le sentiment de vertige qui est ici à l'œuvre[4].

1. CRPr, AK V, 161 ; OP 801-802 ; trad. fr. J.-P. Fussler, Paris, GF-Flammarion, 2003, p. 295.
2. CRP, B 37, AK III, 52 ; OP I, 784.
3. CFJ, AK V, 257 ; OP II, 1025.
4. *Cf.* sur ce thème, voir A. J. Dietrich, *Kants Begriff des Ganzen in seiner Raum-ZeitLehre und das Verhältnis zu Leibniz*, Halle, Verlag von Max Niemeyer, 1916.

Bien sûr, dans le passage sur le ciel étoilé, l'espace n'est pas impliqué seulement comme une forme : le sentiment d'anéantissement porte sur la matière même des êtres naturels (la Terre, les astres), du sol qui nous soutient, et du corps humain. C'est cela qui met en jeu toutes les possibilités, virtualités ou facultés engagées dans cette expérience. En ce sens, Kant rejoint Aristote : la matière est dans un être le support des possibles, elle peut prendre différentes formes, elle est soumise au devenir, elle peut être autrement qu'elle n'est (*Métaphysique*). Plus radicalement encore, elle « peut être, ou ne pas être ». Si l'admiration est liée pour Kant au déploiement de possibilités, c'est avant tout parce qu'elle implique ce vacillement. Le sublime, par sa puissance matérielle, force notre humilité – et Kant souligne à l'occasion à quel point cette vertu est elle-même admirable.

On peut comparer ce passage à une anecdote célèbre, rapportée par Platon dans le *Théétète* : celle de Thalès qui serait tombé dans un trou, alors qu'il cheminait, les yeux levés vers le ciel, en s'interrogeant sur le cours des astres ; une servante thrace se serait alors moquée de lui et de sa distraction. Pour Platon, qui prend la défense de Thalès, c'est bien le *thaumazein* que cette anecdote met en jeu : il doit détourner le philosophe des préoccupations trop utilitaires ou terre-à-terre – celles qui sont habituellement jugées importantes par les hommes – pour nous porter au-delà de ce qui se présente habituellement comme la réalité. Pour Kant, le spectacle du ciel étoilé a une autre signification : l'admiration ne porte pas sur la perfection de la nature, ou des mathématiques ; et si elle met en question notre sens du réel, c'est surtout pour nous renvoyer à la loi morale, et à notre fragilité. Elle nous remet, en quelque sorte, les pieds sur terre. Le *thaumazein* platonicien était marqué par un *éthos* aristocratique et le prestige accordé aux mathématiques. Pour Kant, le ciel étoilé nous renvoie à une admiration plus humaine et plus humble. C'est peut-être pourquoi, dans la Préface de la *Critique de la raison pure*, Kant n'évoque qu'en passant Thalès et ses découvertes mathématiques : c'est à « l'admirable peuple grec » qu'il préfère alors rendre un hommage appuyé.

L'admiration, sentiment philosophique par excellence, reconnu comme tel par les Grecs, et à travers toute l'histoire de la pensée, constitue ainsi un point de repère intéressant pour situer dans cette histoire la philosophie kantienne. Comme on l'a vu, les progrès de la science à l'époque moderne se sont accompagnés, bien souvent, du rejet de l'admiration, ou du moins de la relativisation de son importance : il fallait comprendre plutôt qu'admirer, maîtriser plutôt que vénérer, substituer le mécanisme au finalisme. Kant s'inscrit largement dans ce mouvement. Il va même plus loin, en relativisant l'admiration que l'on peut porter aux mathématiques, et aux sciences elles-mêmes. Il s'agit d'une conséquence paradoxale, mais inévitable de l'idéalisme transcendantal : dès lors que nous reconnaissons n'avoir affaire qu'à des phénomènes, et non à des choses en soi, il est inévitable que l'admiration se recentre, plutôt que sur la nature ou l'être en général, sur l'être humain et ses facultés. Il est inévitable aussi qu'elle devienne plus ambiguë, problématique, ou incertaine. Hannah Arendt disait qu'après Descartes, « le doute occupe à bien des égards la même position centrale qui a été au cours des siècles précédents celle du *thaumazein* grec, l'émerveillement devant tout ce qui est, en tant qu'il est »[1]. Kant s'inscrit assurément dans ce contexte.

L'importance qu'il donne au jugement esthétique est à cet égard significative. C'est là, en effet, que l'admiration retrouve un sens assez proche de celui qu'elle pouvait avoir pour les Grecs, pour Aristote notamment : un plaisir sans orientation trop déterminée, sans concept, un *parergon*, un parachèvement de notre existence, qui se trouve pourtant stimuler nos facultés. Mais chez Kant, ce sentiment, en tant qu'esthétique, donne un rôle central à l'imagination, et cela montre bien à quel point il vient équilibrer des composantes instables et contradictoires – à quel point, aussi, il confronte l'esprit à la possibilité de l'absurdité, de l'irréalité et du néant.

De façon générale, l'admiration ne peut plus être naïve, lorsqu'elle est instruite des progrès de la science et des vicissitudes de l'histoire, lorsqu'elle devient réflexive. Kant a dit nettement que son siècle était « celui de la critique »[2]. C'est dire qu'il n'était plus – en tout cas plus essentiellement – celui de l'admiration. Le paradoxe est que c'est précisément à cette époque que s'est imposé le concept romantique d'une nature esthétiquement admirable – comme pour contrebalancer le développement de la civilisation et de la conscience historique. Mais on voit bien dans les réflexions de Kant sur le sublime à quel point ce concept est problématique, ou en tout cas chargé de ce que l'être humain y projette de sa propre condition. C'est ce que montreront bien, quelques décennies plus tard, les tableaux de Caspar David Friedrich : le *Voyageur contemplant une mer de nuages* ou *Homme et femme contemplant la Lune* mettent en scène des personnages saisis d'admiration devant des spectacles naturels; mais ce sont des *Rückenfiguren*, des personnages vus de dos. Nous voyons ainsi ce qu'ils ne voient pas : leur propre inscription dans la nature qu'ils contemplent. Eux nous montrent inversement, en médiateurs de notre regard, ce que nous projetons de nous-mêmes dans cette admiration apparemment désintéressée. Vues depuis notre époque, ces scènes prennent une signification encore plus problématique : elles évoqueraient plutôt une nature que l'on ne parvient plus à admirer que là où elle est encore relativement préservée de notre influence incontrôlée; et le « ciel étoilé » pourrait bien nous apparaître de plus en plus comme l'espace d'une fuite fantasmatique et désespérée, pour nous qui ne savons plus très bien quoi faire des progrès – technologiques, plutôt qu'éthiques – de la civilisation. Plus que jamais sans doute, et désormais sans naïveté, c'est à l'humanité qu'il incombe d'être admirable, en préservant le monde qu'elle habite, et en donnant sens à ses propres possibilités.

Mathieu HAUMESSER
Professeur en classes préparatoires
au lycée A. Kastler de Cergy-Pontoise

1. *La condition de l'homme moderne*, trad. fr. G. Fradier, Paris, Calmann-Lévy, 1983, p. 344-345.
2. CRP, « Préface de la première édition », A IX ; OP I, 727.

COMPRENDRE UN AUTEUR « MIEUX QU'IL NE S'EST COMPRIS LUI-MÊME »

DE L'ANALYTIQUE DES CONCEPTS À L'ONTOLOGIE EMPIRISTE D'ARISTOTE ET *VICE VERSA*, L'EXEMPLE DES *LEÇONS DE MÉTAPHYSIQUE* VON SCHÖN (C. 1790)

D'après l'inventaire d'Arthur Warda, Kant possédait dans sa bibliothèque personnelle les *Œuvres* d'Aristote en latin. Il connaissait en outre la vulgate aristotélicienne *via* les manuels d'histoire de la philosophie en usage dans les Universités allemandes du XVIIIe siècle, comme l'*Historia critica philosophiae* de Brucker (1742). La lecture kantienne d'Aristote obéit, comme celle des Grecs Platon ou Épicure et plus largement de tous ses prédécesseurs en philosophie, à une *pratique originale et libre de l'histoire de la philosophie*, privilégiant l'interprétation des *intentions* profondes, voire cachées, de l'auteur, sur le commentaire littéral de sa doctrine, Kant mentionnant souvent le Stagirite sans s'attacher au détail de ses textes[1]. Son œuvre publiée compte plus de 120 références au nom d'Aristote, aussi très présent dans ses *Leçons*[2] professées à l'Université Albertina de Königsberg. Le plus souvent, les écrits publiés ainsi que les cours à la fois s'inscrivent dans la *continuité* d'Aristote, se réclamant de la tradition empiriste qu'il contribua à fonder, philosophant *à partir d'Aristote*, *en affinité et filiation avec lui*, et dénoncent ses insuffisances en y voyant un indice de la bonne manière de procéder, Kant philosophant alors *au-delà d'Aristote*, mais *en s'inspirant de lui*, les erreurs du Stagirite le guidant dans l'élaboration de son propre philosopher. C'est le cas par excellence de la lecture originale, singulière dans l'histoire de la philosophie, à la fois élogieuse et critique, que Kant fit, dans la perspective de son propre criticisme *théorique*, de la doctrine des dix catégories d'Aristote, ainsi que de l'articulation de la *logique* à la *métaphysique*, celle-ci

1. Sa lecture d'Aristote se révèle parfois imprécise. Voir les *Rêves* (AK II, 342; OP I, 556), où Kant cite Aristote (« *Aristote* dit quelque part : *quand nous sommes éveillés, nous avons un monde commun, mais quand nous rêvons, chacun a le sien propre* »), alors qu'il s'agit en fait d'un Fragment d'Héraclite.

2. Les références à Aristote dans les cours représentent près de la moitié des références de Kant à Aristote dans l'ensemble de son œuvre.

comprenant, outre une ontologie générale, les trois branches de la métaphysique spéciale.

Il est instructif à cet égard de confronter l'usage d'Aristote que fait Kant dans ses cours et dans ses écrits publiés, afin d'évaluer 1) l'influence réciproque de son enseignement sur ses œuvres et de celles-ci sur son enseignement et 2) la méthode de lecture qu'il applique au Stagirite, faite de reprises et d'altérations. L'interprétation que Kant donne de la table catégoriale d'Aristote, au confluent de la logique et de la métaphysique (ontologie), révèle la complémentarité et la parfaite convergence entre l'Aristote des cours et celui des écrits publiés. La référence au Stagirite permet à Kant professeur de défendre son criticisme. On peut ainsi lire les écrits de la maturité critique – la *Critique* (1781-1787), les *Prolégomènes à toute métaphysique future* (1783), les *Progrès de la métaphysique en Allemagne* (1793), *D'un ton grand-seigneur adopté naguère en philosophie* (1796) – à la lumière des diverses versions des *Leçons de métaphysique* (Mrongovius, Volckmann, Pölitz, Von Schön, Dohna, Herder)[1]. Par exemple, le cours *Pölitz*, daté de la fin des années 1770, accompagne la genèse et la montée en puissance du criticisme théorique. Ce cours, dont l'« Introduction » et la première partie « Ontologie » furent corrigées après coup d'une autre main que celle de Pölitz dans les années 1788-1791, encadrant par conséquent, en amont et en aval, les deux éditions de la *Critique*, révèle en quoi l'évolution de la référence à Aristote suit et épouse la mise en œuvre du criticisme[2].

1. Sur la datation des diverses *Leçons de métaphysique*, voir G. Lehmann, AK XXVIII, « Einleitung », t. 5, 2, 1, p. 1338 *sq*.

2. Selon la partie « Ontologie » du cours *Pölitz* (contemporaine du cours de MVS), « La thèse principale [*Hauptsatz*] d'Aristote était : *rien n'est dans l'intellect qui n'ait été auparavant dans les sens* (*nihil est in intellectu, quod non antea fuerit in sensu*). Par-là *Aristote* englobait toutes les connaissances *a priori* » (MP, AK XXVIII, 5, 20). Contre Platon, dotant à tort l'homme d'un entendement divin, infini, archétypique (voir CRP, A 5/B 8 ; OP I, 764, comparant la métaphysique de Platon à une « colombe légère qui, dans son libre vol », quitte le monde sensible et se risque, au-delà des concepts de l'entendement, « sur les ailes des Idées » et CFJ, § 77, AK V, 405 *sq.* ; OP II, 1203 *sq.*), Kant donne raison à Aristote, héraut d'une humanité finie, d'un entendement dérivé, sensible, ectype, discursif, tributaire des formes *a priori* de la sensibilité que sont les intuitions pures de l'espace et du temps. La MP tire le Stagirite du côté d'une *ontologie transcendantale de l'expérience, en vue de l'expérience*. Le sens (signification et orientation) de la table catégoriale d'Aristote réside dans la finitude de l'entendement, qui certes produit ses catégories *a priori*, mais qui, loin d'être délié de l'expérience, s'y applique comme à son seul horizon d'intelligibilité et de validité objective. Kant dit hériter d'Aristote sa « thèse principale », socle d'une *métaphysique empiriste*, où les catégories de l'entendement épèlent *a priori* (selon l'analogie grammaire/analytique des concepts) les formes élémentaires *pour une expérience possible*. Kant oppose *Aristote*, père de catégories intellectuelles tournées vers l'expérience, à *Platon*, métaphysicien rationaliste dogmatique, tourné vers le savoir contemplatif pur (*nœin*) d'Idées transcendantes, auxquelles ne correspond aucun objet dans l'intuition sensible (pure ou empirique). Voir MP, AK XXVIII, 5, 27 : « Tout ce qui est formel dans l'entendement est traité en détail dans la logique d'*Aristote*. Nous appelons [après lui] les concepts purs de l'entendement des *catégories* ». La MP lie la doctrine catégoriale à la *logique* d'Aristote, autant, voire plus, qu'à sa philosophie première (métaphysique ontologique). Kant y rappelle, comme en 1781, qu'il doit à Aristote le mot même de « catégorie » (qui s'est pérennisé malgré la caducité de sa table) et, plus encore, son

Mais on se bornera ici à la version *Von Schön* du cours de métaphysique, datée du tournant des années 1780-1790 et donc postérieure à la première *Critique*. Le cours MVS, loin de se réduire à un commentaire linéaire fidèle du manuel pris durant 40 ans pour *Leitfaden* – la *Metaphysica* de Baumgarten –, témoigne de la prégnance du criticisme dans l'enseignement tardif de Kant. Il fournit à Kant une occasion de préciser son criticisme théorique, en se réclamant d'un *Aristote empiriste*, bien différent de l'Aristote restitué par le métaphysicien dogmatique Baumgarten. Bien plus qu'un cours d'histoire de la métaphysique commentant Baumgarten, la MVS est un instrument privilégié de diffusion et de promotion du criticisme. Kant, prolongeant son «Analytique des concepts» de 1781, y reconstruit la doctrine catégoriale d'Aristote dans l'horizon délibérément réaliste-*empiriste* de son criticisme théorique.

Ce cours constitue un amplificateur pédagogique de la *Critique* et des *Prolégomènes*, ainsi qu'une illustration-application de la célèbre formule de la première Section de la « Dialectique transcendantale » (« Des Idées en général ») caractérisant la méthode de lecture kantienne en histoire de la philosophie. Lire un auteur (en l'occurrence ici Platon ou Aristote), c'est, dit Kant, s'efforcer de le « comprendre mieux qu'il ne s'est compris lui-même »[1]. Cette formule apparaît précisément dans le contexte de l'interprétation que donne Kant de l'opposition (historique et philosophique) entre la métaphysique rationaliste des Idées de *Platon* et l'ontologie-logique empiriste d'*Aristote*. Sa méthode de libre réinterprétation, appliquée ici aux deux fondateurs grecs du philosopher occidental, autorise Kant à reconstruire *a posteriori* le projet aristotélicien d'ontologie *dans un sens empiriste*, à partir de la table des dix catégories ou prédicaments de l'être. À l'instar de l'Analytique critico-transcendantale de 1781, débarrassée de toute

intention originairement empiriste. « Le mot de *catégorie* vient d'Aristote » (MP, AK XXVIII, 5, 29). Selon l'« Ontologie » de la MP, *la liste catégoriale d'Aristote est à la fois incomplète et trop large*. Kant entend à la fois parfaire (compléter *et* émonder) cette liste et aller plus loin, en exprimant ce que le Grec ne sut dire en ces termes, à savoir que *l'unique horizon d'application des catégories est l'expérience possible en général*. La table catégoriale ne fonde plus, comme c'était encore en partie le cas chez Aristote, une *ontologie* orgueilleuse infatuée d'elle-même (métaphysique dogmatique de l'être). Elle forme désormais la pièce maîtresse d'une modeste analytique transcendantale, d'une logique de l'expérience possible, et dans cette mesure elle fournit à la métaphysique son unique fil conducteur valide. Achevant et radicalisant son geste de 1781, Kant transmue ici la *visée ontologique* (encore présente dans la *philosophia prima* d'Aristote) en une *analytique transcendantale* de l'entendement, en écho au passage célèbre de la *Critique : « le nom orgueilleux d'ontologie* [...] *doit faire place au nom modeste d'une simple analytique de l'entendement pur* » (CRP, A 247/B 303; OP I, 977).

1. Si « Platon se servait du mot *Idée* », tandis qu'Aristote s'occupait quant à lui des « concepts de l'entendement », leurs visées ou intentions sont suceptibles de donner lieu à « interprétation », pourvu qu'on aille au-delà d'une lecture littérale (« recherche littéraire »). Ainsi, selon Kant, « il n'y a rien d'étrange à ce que [...] on arrive, en confrontant les pensées qu'un auteur [*Verfasser*] exprime sur son objet, à le comprendre mieux qu'il ne s'est compris lui-même [*ihn so gar besser zu verstehen als er sich selbst verstand*] » (CRP, A 314/B 370; OP I, 1027). *Verstehen* est ici pris au sens large : entendre, intelliger, concevoir (*intelligere, konzipieren*), et non au sens technique de *Begreifen, comprehendere*, acte d'embrasser un objet par la raison ou l'entendement. Sur ces deux sens du comprendre, voir CRP, A 311/B 367; OP I, 1025 et LOG (Rink), « Introduction », § VIII, AK IX, 65.

vaine et orgueilleuse prétention ontologique à valoir comme science de l'être en tant qu'être (donné en soi, indépendamment du sujet connaissant)[1], le cours MVS vise à renouer avec l'*intention* d'Aristote. Kant convoque ici Aristote comme une boussole donnant le Nord et permettant de s'orienter dans la pensée métaphysique, ontologique et logique. Aristote y apparaît en qualité de *métaphysicien empiriste, opposé à Platon, noologiste idéaliste*, sorte de pôle Sud de la métaphysique. Cette opposition en chiasme d'*Aristote* (philosophe du savoir empirique) à *Platon* (philosophe du savoir des Idées), qui traverse en général les cours de métaphysique et de logique, acquiert une fonction structurante dans l'œuvre publiée, des écrits de jeunesse – *Pensées sur la véritable évaluation des forces vives* (1747), *Unique argument pour une preuve de l'existence de Dieu* (1763), *Rêves d'un illuminé* (1766) – jusqu'aux textes de maturité: *Critique*; *Prolégomènes*; *Progrès de la métaphysique*. Il s'agit de montrer en quoi l'ontologie empiriste d'Aristote, en tant que libre reconstruction kantienne, sert, dans le cours MVS, à défendre et à expliciter le criticisme, sa conception de la connaissance en général et de la science métaphysique en particulier, au carrefour entre logique analytique et ontologie. À l'instar de la *Critique*[2] et des

1. CRP, A 845/B 873; OP I, 1394 (nous soulignons): «Ce qu'on appelle métaphysique [...] se compose de *la philosophie transcendantale* et de la physiologie de la raison pure. La première *ne considère que l'entendement et la raison même* dans un système de tous les concepts et de tous les principes qui se rapportent à des objets en général, *sans admettre des objets qui seraient donnés* (*ontologia*)».

2. Voir CRP, «Analytique des concepts», 3ᵉ Section, § 10, A 79-80/B 105; OP I, 834, où Kant dit reprendre à Aristote à la fois le mot de «catégorie» (pour désigner un concept pur d'entendement s'appliquant *a priori* aux objets de l'expérience possible) *et* son intention originaire d'orienter la métaphysique, *via* les catégories, vers l'expérience possible: «*Nous voulons nommer ces concepts* [purs] *après Aristote catégories* [*Kategorien*], *puisque notre visée* [*Absicht*] *est, en son origine* [*uranfänglich*], *identique à la sienne* [*mit der seinigen zwar einerlei ist*], *quoiqu'elle s'en éloigne beaucoup dans l'exécution* [*ob sie gleich davon in der Ausführung gar sehr entfernt*]». Kant souligne ici à la fois sa communauté originaire de *dessein* avec le Stagirite et sa divergence quant à la *mise en œuvre* de ce dessein. Il reproche à la liste catégoriale d'Aristote de provenir «de façon rhapsodique d'une recherche entreprise au petit bonheur [*auf gut Glück*, au hasard], de concepts purs que l'on n'est jamais sûr d'avoir en nombre complet [...]. *C'était un dessein digne d'un esprit aussi pénétrant* [*eines scharfsinniges Mannes*] *que celui d'Aristote que de rechercher ces concepts fondamentaux* [*diese Grundbegriffe aufzusuchen*]». Après un double éloge d'Aristote, qui forgea *et* le *mot* «catégorie» *et* le dessein d'épeler (*buchstabieren*) le savoir pur d'entendement, Kant fustige la double carence de sa liste catégoriale, qui pèche à la fois *par excès* et *par défaut*, étant et trop large et incomplète, contenant à la fois des redondances et des emprunts à la sensibilité: «comme [Aristote] n'avait aucun principe (*Principium*), il rassembla [ces concepts] précipitamment, comme ils lui venaient, et il en produisit d'abord dix, qu'il nomma *catégories* (prédicaments). Par la suite, il crut en avoir trouvé encore cinq, qu'il ajouta sous le nom de post-prédicaments. Mais sa table [*Tafel*] en resta encore lacunaire. En outre, il s'y trouve aussi quelques *modes* de la sensibilité pure [...], ainsi qu'un mode empirique (*motus*), qui n'appartient pas à ce registre généalogique de l'entendement [*Stammregister des Verstandes*], ou encore des concepts dérivés sont comptés parmi les primitifs [...], et quelques-uns de ces derniers manquent complètement» (CRP, A 81/B 107; OP I, 835). Aristote eut le tort d'élaborer sa table sans principe méthodique *a priori*, d'où sa liste *incomplète, rhapsodique, désordonnée*. Si le but de Kant est le même que celui d'Aristote – exposer la table catégoriale en l'ancrant dans un dessein empiriste, orienter le savoir *a priori* d'entendement vers l'horizon d'application unique qu'est l'expérience –, en revanche sa méthode diffère par l'ordre, la systématicité

Prolégomènes[1], le cours MVS dénonce les carences de la table catégoriale d'Aristote, tout en louant son intention (*Absicht*) implicite, que Kant dit prolonger, parachever et accomplir[2].

exhaustive, la précision et la rigueur lui permettant d'exposer sans reste « l'arbre généalogique », le registre intégral, le catalogue complet des concepts-souches (*Stammbegriffe*) de l'entendement. Voir aussi CRP, A 313/B 370; OP I, 1026, où Kant de nouveau oppose Aristote, métaphysicien de l'usage empirique des catégories d'entendement, à Platon, métaphysicien rationaliste, voire mystique, de l'intuition intellectuelle des Idées comme savoir spéculatif du suprasensible. « Platon se servait du mot *Idée* (*Idee*) [...], il entendait par là quelque chose qui non seulement ne dérive jamais des sens, mais dépasse même de loin *les concepts* [*Begriffe*] *de l'entendement, dont s'est occupé Aristote* [...]. Les Idées sont chez lui les originaux des choses en elles-mêmes [*Urbilder der Dinge selbst*], et non de *simples clefs pour des expériences possibles* [*bloss Schlüssel zur möglichen Erfahrung*], *comme les catégories* [*Kategorien*] [d'Aristote] [...]. Platon voyait très bien que notre faculté de connaître sent un besoin beaucoup plus élevé que celui d'épeler [*buchstabieren*] les phénomènes » (nous soulignons). Voir enfin CRP, A 854/B 882; OP I, 1400, où Kant, dressant un panorama historique de la métaphysique, fait du duel Platon/Aristote le point de départ grec du grand clivage de la philosophie occidentale : « *Aristote* peut être considéré comme le chef des *empiristes* et *Platon* comme celui des *noologistes* », dans la mesure où Aristote lie le savoir pur à l'expérience, là où Platon l'en détache.

1. Voir *Prolégomènes*, § 39, AK IV, 323; OP II, 100-101, où Kant prolonge l'analogie de 1781 entre *grammaire* d'une langue et *analytique* des concepts. Grammaire et Analytique énoncent toutes deux la structure formelle générale d'une langue ou de notre savoir pur, en épelant leurs éléments constitutifs simples et originaires en une liste systématique et exhaustive. L'Analytique expose non un « agrégat » rhapsodique de catégories, mais une table les embrassant toutes, sans oubli ni ajout. « *Aristote* avait rassemblé [*zusammengetragen*] dix de ces concepts élémentaires purs [*reinen Elementarbegriffe*] sous le nom de catégories. À celles-ci, qu'on nommait aussi prédicaments, il se vit ensuite contraint d'adjoindre encore cinq post-prédicaments [...], mais cette *rhapsodie* [*Rhapsodie*] pouvait avoir une *valeur* et *mériter des applaudissements à titre de suggestion* [*Wink*] [signe ou signal] faite aux chercheurs à venir, plutôt qu'à titre d'idée développée avec ordre [*regelmässig*]; [...] le progrès des lumières en philosophie l'a fait rejeter comme tout à fait inutile [*unnütz*] ». La rhapsodie enchaîne des thèmes mélodiques sans ordre préétabli, suivant l'improvisation inventive libre du compositeur et désigne par extension tout ouvrage fait de parties disparates. Kant à la fois *loue* la liste d'Aristote comme impulsion donnée aux recherches futures, intention inaugurale ouvrant une perspective dont il se veut lui-même le continuateur, *et* en *dénonce* l'insuffisance en tant qu'agrégat rhapsodique, privé d'unité systématique, de plan d'ensemble *a priori* et d'articulation nécessaire. Il oppose le genre *rhapsodique*, dont l'unité est seulement *technique*, aléatoire, au genre *systématique* (*architectonique*), dont les parties organiques, liées les unes aux autres selon un ordre nécessaire, forment une unité. L'« Architectonique de la raison pure » de 1781 opposait déjà rhapsodie et architectonique (terme emprunté à l'*Anlage zur Architektonik* de Lambert, 1771) : « L'unité systématique est ce qui [...] d'un simple agrégat de ces connaissances fait un système [...]. Le schème [...] esquissé [...] empiriquement, suivant des buts qui se présentent accidentellement (dont on ne peut savoir d'avance le nombre), donne une unité *technique*, mais celui qui provient d'une Idée [...] fonde une unité *architectonique* » et ce dernier type de schème « renferme *a priori*, l'esquisse (*monogramma*) du tout et son articulation en parties » (CRP, A 832-834/B 860-862; OP I, 1384-1385). La table d'Aristote, n'obéissant à aucun principe de déduction-dérivation ni ordre méthodique *a priori*, nécessaire, reste donc une somme technico-rhapsodique, agrégative, de prédicaments disparates, hétéroclites, auquel s'ajoute par accident un nombre indéterminé de post-prédicaments et de prédicables. Kant dit ici de nouveau s'inspirer de l'intention originaire implicite du Stagirite (reconduire le savoir *a priori* à un nombre déterminé de formes élémentaires générales), mais en parachevant et en stabilisant sa table avec *méthode, en substituant au désordre rhapsodique l'ordre structuré* des jugements logiques.

2. Après le cours MVS, Kant prolongera sa lecture interprétative d'Aristote métaphysicien-logicien auteur d'une table catégoriale à visée empiriste. Voir *Progrès*, « Préface, » AK XX, 7,

Comme dans les autres versions du cours de métaphysique, la présence d'Aristote dans le cours MVS répond d'abord à une *visée didactique*. Kant s'y réfère au Stagirite pour mieux situer son propre propos dans l'histoire longue de la philosophie, supposée connue de son public. Aristote y constitue un point de repère incontournable, que Kant cite, non pour le commenter en sa littéralité, mais pour mieux baliser la trajectoire, elle-même évolutive, de sa propre doctrine. Aristote lui sert d'*instrument pédagogique pour expliciter sa pensée et son intention ou orientation propres*, dans un cours dont le but affiché reste de commenter la *Metaphysica* de Baumgarten. L'aristotélisme tient lieu de boussole pour s'orienter sur l'océan infini de la métaphysique[1]. Aussi le cours MVS propose-t-il une lecture précise (conforme à l'idéal aristotélicien d'*akribeia*), rigoureuse de la table catégoriale d'Aristote, mais tout en assumant pleinement d'en donner une libre réinterprétation, infléchie dans le sens du criticisme comme réalisme empiriste.

Le cours MVS, dispensé à l'extrême fin des années 1780, au tout début des années 1790, illustre la double fonction (pédagogique et de défense du criticisme) de la référence kantienne aux catégories d'Aristote. Cette version du cours, prise en note par Heinrich Theodor Von Schön, ami de Fichte et de Stein[2], est l'une des plus tardives et des plus stabilisées de l'enseignement métaphysique de Kant, qui s'étala des années 1760 jusqu'à 1795. Kant y superpose à sa lecture de la

260 *sq.*; OP III, 1216 *sq* : depuis Aristote, la métaphysique est cette « science qui consiste à progresser, par la raison, de la connaissance du sensible à celle du suprasensible » et elle fait signe vers une « ontologie », *i.e.* un « système de tous les concepts et principes d'entendement [...] dans la mesure où ils portent sur des objets qui peuvent être donnés aux sens ». Mais Kant déplore que, bien que « les purs concepts intellectuels de tous les objets qui peuvent se présenter à nos sens, représentés sous le nom de catégories par Aristote [...], auraient bien pu être mis en un tableau systématiquement ordonné », cela n'ait pas été le cas (*Progrès*, Section I, § « Des concepts *a priori* », AK XX, 7, 271; OP III, 1226). Voir *Progrès*, « Suppléments au Traité », Section I, AK XX, 7, 324; OP III, 1271, où Kant oppose derechef Platon, philosophe intellectualiste, voire « mystique », de la réminiscence des Idées, au « simple philosophe comme Aristote », qui toutefois n'a « pas assez remarqué la différence immense existant entre la pure faculté de raison [...] et celle qui, guidée par des principes empiriques, progresse vers l'universel par des raisonnements », l'entendement. Voir enfin *Progrès*, « Suppléments », « Introduction », AK XX, 7, 317-318; OP III, 1265, où Kant loue Aristote, philosophe modeste, prudent, laborieux, se limitant aux catégories, donc à l'expérience, au lieu de s'égarer dans les chimères d'une raison transcendante : « Aristote s'en tenait avec ses catégories presque uniquement à la [connaissance *a priori*] dont l'examen ne sert que de moyen », et non de fin en soi, connaissance qui, bien que fondée *a priori*, trouve dans l'expérience les objets pour ses concepts. Le travail métaphysique d'Aristote fut de « résoudre toute connaissance *a priori* en ses éléments », et « en tant qu'artiste [artisan] de la raison (*Vernunftkünstler*) [il put] à partir de là [des catégories] recomposer [*zusammenzusetzten*] la connaissance ».

1. La métaphysique « est une mer sans rivage, sur laquelle la progression ne laisse aucune trace et dont l'horizon ne contient aucun objectif [point de mire, de visée] visible permettant de prendre en compte la distance parcourue pour s'en rapprocher » (*Progrès*, « Préface », AK XX, 7, 259; OP III, 1215).

2. En AK XXVIII, 4e partie, t. V.

Metaphysica de Baumgarten[1] sa propre vision de la métaphysique comprenant une philosophie transcendantale et une physiologie de la raison pure. Il traite de l'*ontologie* en son rapport à la *métaphysique* et à la *logique*, au moyen d'une lecture croisée d'*Aristote* et de *Baumgarten*, dans le contexte du criticisme transcendantal que son enseignement tardif s'efforce toujours et encore de consolider. Si l'ontologie dogmatique de Baumgarten n'a plus place après le criticisme, le projet aristotélicien d'une théorie des premiers principes de la connaissance *sensible* non seulement trouve asile dans la métaphysique post-critique, mais encore permet d'en éclairer la genèse, en révélant au public étudiant la force inspiratrice de l'intention originairement quoiqu'implicitement empiriste de la logique et de la métaphysique d'Aristote, que trahit sa table catégoriale. Le cours MVS utilise ainsi la référence à Aristote pour désolidariser l'Analytique des concepts de 1781 de la métaphysique ontologique dogmatique de Baumgarten, comme science rationnelle pure que ne précède aucun examen critique, ni aucune délimitation de la raison et de l'entendement purs.

Le cours reprend le découpage baumgartenien de la métaphysique en quatre parties : ontologie (métaphysique générale), cosmologie, psychologie, théologie (branches de la métaphysique spéciale). Suivant la *philosophia prima* d'Aristote, Baumgarten définissait l'ontologie comme science de l'être en tant qu'être, pris en son essence. Kant utilise l'ontologie d'Aristote, adossée à sa logique empiriste, telle qu'il en explicite le projet originaire inaperçu, comme un levier contre l'ontologie dogmatique de Baumgarten. Une fois de plus, son criticisme s'éprouve ici plus proche de l'ontologie-logique empiriste d'Aristote que de l'ontologie dogmatique de Baumgarten, laquelle pourtant se réclame d'un certain aristotélisme. Ce cours, tout en suivant le plan et les principales propositions de l'ontologie de Baumgarten, utilise la table catégoriale du Stagirite comme un outil pour mieux séparer, d'une part, l'ontologie dogmatique de Baumgarten, et, d'autre part, l'ontologie critico-transcendantale. Contre Baumgarten, la référence – ici plus élogieuse que critique – à Aristote doit permettre de montrer qu'*une ontologie en contexte criticiste est encore possible* et que la table catégoriale d'Aristote (en son intention originairement empiriste) fut *la* cellule germinale de l'Analytique de 1781.

En effet, l'un des enjeux du cours est d'établir que le criticisme n'évacue nullement l'ontologie, comme on pourrait le déduire à tort de la « Méthodologie transcendantale », qui distinguait la philosophie transcendantale de l'ontologie traditionnelle, comme science des êtres ou objets donnés. Poursuivant sa lecture audacieuse de ce qu'aurait été l'intention profonde et cachée d'Aristote, Kant entend prouver qu'une ontologie post-critique ne saurait être une science de l'être en tant qu'être, mais seulement une analyse transcendantale du savoir intellectuel pur. Ainsi, le cours MVS peut être lu comme un traité critico-transcendantal d'ontologie empiriste, inspiré du *projet* d'Aristote supposé sous-tendre sa liste

1. Éditée plusieurs fois de 1739 à 1779.

catégoriale. En renouant avec l'intention profonde d'Aristote, inaperçue de lui, Kant ouvre une réappropriation *corrective* et *critique* de la métaphysique de Baumgarten, qui l'arrache aux affres du dogmatisme. Il convoque Aristote à la fois pour proposer une lecture dédogmatisée de la métaphysique de Baumgarten et pour redéfinir l'ontologie en contexte criticiste. L'ontologie critique ou post-critique n'est plus (comme chez Baumgarten) *science de l'être, ni même des principes ou connaissances premières de l'être*, mais désormais et ce depuis 1781, *science des conditions de possibilité* a priori *de toute connaissance expérimentale possible d'objets*. Kant joue ainsi le Grec Aristote, non plus contre le Grec Platon, mais contre l'Allemand moderne Baumgarten, afin de ménager un espace pour une ontologie critico-compatible, atténuant la distinction de 1781 entre ontologie et transcendantalisme. Le cours MVS creuse ainsi le fructueux sillon aristotélicien, en requalifiant le pan ontologique de sa métaphysique comme science critico-transcendantale des conditions de possibilité de l'expérience. Kant revient à ce titre sur les catégories, comprises par Aristote comme concepts purs conditionnant la possibilité de tout savoir d'objet phénoménal. Tel est le tournant interprétatif qu'opère Kant au début des années 1790 : là où la *Critique* visait à *remplacer* l'ancienne ontologie *par* une analytique transcendantale, le cours MVS tend à fusionner ces deux sciences, la seule ontologie critique possible étant l'analytique transcendantale comme science des conditions *a priori* du savoir objectif.

L'Introduction de l'« Ontologie » du cours MVS rappelle que l'esthétique et la logique transcendantales constituent à elles deux « la philosophie transcendantale ou l'ontologie, qui est la pure métaphysique »[1]. Or cette équation triple (métaphysique = ontologie = analytique) puise sa justification et sa source dans la lecture de l'ontologie inaugurée par Aristote, fût-ce malgré lui. Après la *Critique*, si l'ontologie est légitime comme science, ce ne peut être qu'en tant que théorie de la connaissance expérimentale possible pour le sujet humain. Toutefois cette interprétation d'Aristote dans le sens d'une ontologie empiriste n'est elle-même possible que parce qu'elle s'adosse à une critique transcendantale délimitant d'abord nos pouvoirs de connaître. D'où le *cercle* que révèle le cours : l'intention cachée d'Aristote prépare l'Analytique de 1781, et celle-ci appelle en retour une lecture empiriste de la table catégoriale du Stagirite et plus largement de sa logique et de son ontologie. Avant d'élaborer l'ontologie comme science,

> il est nécessaire auparavant de [...] déterminer l'étendue et les limites de la raison pure [...]. C'est la critique de la raison pure. Sans cette dernière, aucune métaphysique n'est possible [...]. Sans cela, la métaphysique [par exemple de Baumgarten] n'était rien d'autre qu'une simple argutie, une ratiocination vide[2].

1. MVS, AK XXVIII, 5, 469-470.
2. MVS, « Prolégomènes », AK XXVIII, 5, 465.

Pour dédogmatiser la métaphysique de Baumgarten, la purger de ses erreurs, il faut donc la soumettre au tribunal critique, lequel tire son inspiration du projet aristotélicien (fût-il inaperçu) d'ontologie empiriste. Le cours MVS, au lieu de commencer par l'esthétique, comme la *Critique*, s'ouvre directement sur la logique transcendantale et l'analytique des concepts purs de l'entendement, d'où la place première, dans l'ordre du texte et en importance, qu'y occupe la *table catégoriale d'Aristote*.

Fidèle à la *Critique*, Kant ré-expose sa propre table catégoriale, tirée de celle des jugements, qu'il commente dans les mêmes termes qu'en 1781 : il emprunte à Aristote le mot « catégorie »[1] et son intention d'ontologie empiriste, mais il s'en sépare en soumettant sa propre table à un critère d'ordre systématique, là où la liste d'Aristote serait restée arbitraire, fortuite, rhapsodique, agrégeant sans méthode des concepts hétéroclites. « Les copistes des écrits d'Aristote auraient d'abord écrit Physique, et après seulement ces connaissances [pures], et ils leur ont alors donné le titre *meta ta physika* », ce qui vient non pas tant *au-delà* de l'expérience qu'*après* elle, mais toujours en lien avec l'expérience possible[2]. Cette lecture orientée de la métaphysique, syntagme forgé par les copistes d'Aristote, comme science puisant son socle dans une physique (science des objets sensibles), se retrouvera dans les *Progrès de la métaphysique en Allemagne*. Kant interprète la métaphysique, et l'ontologie qui en forme la part principale, comme une science qui, bien que pure, vise l'expérience. Pourtant, si Aristote fit inconsciemment de sa philosophie première (baptisée ultérieurement *méta*-physique) une science *post*-physique (partant de la physique) plus que *supra*-physique (savoir spéculatif du suprasensible), il reste qu'il lui attribua pour objet d'étude « l'être en tant qu'être »[3] et les « principes des choses »[4]. Kant fait alors subir à Aristote une ultime et double (dis)-torsion, dictée par le criticisme : la science de l'être et des principes de l'être devient pour lui une science 1) des *conditions de possibilité* a priori *de la connaissance* (en écho à Baumgarten) et 2) des *objets phénoménaux possibles pour un sujet*. Cette relecture orientée valorise non pas tant la *Métaphysique* d'Aristote (portant sur l'être et les principes de l'être) que ses *Catégories*, situées dans l'*Organon* (portant sur la connaissance des *objets en général*). Tirant la table catégoriale d'Aristote du côté de sa propre Analytique transcendantale, Kant logicise la métaphysique d'Aristote,

1. MVS, « Le rien et le quelque chose », AK XXVIII, 5, 479-480.

2. Le nom « métaphysique » n'est pas « né au hasard [...] : car puisque la nature se nomme *physis* et que d'autre part nous ne pouvons parvenir aux concepts de la nature qu'au moyen de l'expérience, la science qui vient ensuite s'appelle métaphysique (de *meta*, *trans*, et *physica*) » (*Cours de métaphysique Heinze*, AK XIV, 666). Aristote « ne regardait la métaphysique que comme une physique s'élevant à des niveaux supérieurs » (*Progrès*, « Supplément », Section I, AK XX, 7, 324; OP III, 1271), *i.e.* comme une science s'élevant à un savoir pur d'entendement, mais *partant de l'expérience* et *faisant retour vers elle*.

3. *Métaphysique*, Gamma 1, 1003 a.

4. *Ibid.*, Alpha, 1, 981 b.

en y voyant une ontologie *de la connaissance de l'expérience possible*. Il réduit l'*ontologie* d'Aristote à sa *logique*, soulignant le rapport génétique (inaperçu) de sa métaphysique à la physique, *i.e.* à l'expérience.

Dans le cours MVS, Aristote fait donc l'objet d'un double déplacement : 1) Kant déplace la *métaphysique ontologique* du Grec du thème de l'*être* vers celui du *savoir*, et il en fait une *logique* et 2) là où Aristote axait sa *philosophia prima* sur les principes premiers relatifs à l'être, Kant fait porter l'accent sur le sujet et sur les principes du savoir que le sujet peut acquérir d'objets, *i.e.* de substances au sens aristotélicien. Kant projette ici sa propre définition de la *Substanz* comme « ce qu'il y a de réel dans le phénomène » (selon la première « Analogie de l'expérience »)[1] sur la première catégorie d'Aristote : l'*ousia*[2]. Symétriquement, il reconfigure la définition baumgartenienne de la métaphysique en se réclamant du projet aristotélicien d'ontologie en tant que logique à visée empiriste. Baumgarten définissait la métaphysique comme « science des premiers principes de la connaissance humaine »[3], mais, au lieu d'en revenir à l'intention originaire cachée d'Aristote, il en resta à la lettre de sa *Métaphysique* et prétendit exposer les principes de l'être, *sans critique préalable*. Si Kant reprend en un sens la définition nominale de la métaphysique par Baumgarten, il entend désormais par « science des premiers principes de la connaissance » la théorie des conditions de possibilité *a priori* de tout savoir objectivement valide, *i.e.* de tout savoir lié à l'expérience possible. Il montre ainsi à ses étudiants qu'il ne se détourne pas définitivement de toute ontologie, mais de la seule ontologie dogmatique (non précédée d'une critique) de l'être en tant qu'être. Le tort d'Aristote fut de dissocier artificiellement l'exposé de sa *métaphysique ontologique* (science de l'être et des principes premiers) de celui de sa *logique* (science de la connaissance des objets d'expérience possible). Pour Kant en revanche, l'ontologie exige, voire *est* ou *se réduit à* une logique orientée vers l'expérience. Les principes métaphysiques de l'être ne sont que les conditions de cognoscibilité des objets de l'expérience possible. La métaphysique ne doit pas se tourner vers l'être en soi, mais vers le sujet en tant qu'il connaît les substances-objets, selon la révolution « copernicienne » accomplie par le criticisme en matière gnoséologique, recentrant le savoir sur le sujet connaissant. Pour Kant, le tort d'Aristote fut de séparer *la méthode du connaître*, exposée dans ses *Catégories*, de la *connaissance de l'être*, exposée dans sa *Métaphysique*. Mais la faute comparativement plus grave de Baumgarten, pourtant lecteur d'Aristote, fut de réduire sa

1. CRP, A 182/B 225 ; OP I, 919.

2. Voir MP, § « Du changeant et de l'immuable », AK XXVIII, 5, 48, où Kant oppose le sens aristotélicien pertinent de « substance » (*Substanz, substantia, ousia*), substrat matériel permanent des attributs accidentels qui changent ou s'échangent en elle, au sens platonicien erroné de la substance comme « essence » (*Wesen, essentia*).

3. Baumgarten, *Métaphysique* (1749), « Prolégomènes à la métaphysique », § 1, trad. fr. L. Langlois *et al.*, Paris, Vrin, 2019, p. 69.

métaphysique à une science de l'être, sans la faire précéder d'une critique méthodique fixant les conditions et limites du savoir rationnel légitime. L'erreur d'Aristote, n'étant que de degré, peut aisément être corrigée; celle de Baumgarten, étant de nature, l'est plus difficilement. L'*Organon* logique d'Aristote et sa table catégoriale orientée vers l'expérience permettent de prévenir les dérives dogmatiques de son ontologie, là où ce rempart manque à la *Metaphysica* de Baumgarten. L'aristotélisme réélaboré par le criticisme contient l'antidote susceptible de guérir le mal dogmatique de son ontologie, là où la métaphysique de Baumgarten souffre d'un mal dogmatique incurable. Kant corrige et sauve Aristote de son mal en unifiant, *via* sa propre Analytique transcendantale, les visées ontologique et logique du Stagirite. Le cours MVS rassemble ce qui restait distinct, voire séparé chez Aristote, à savoir son *organon* et sa métaphysique. Kant comprend Aristote mieux qu'il ne s'est compris lui-même, en revisitant la métaphysique du Grec, en la rectifiant, en l'infléchissant, au prisme de son propre criticisme transcendantal, de sorte qu'elle cesse d'être une vaine « argutie » produisant des fictions imaginaires, pour devenir une science pleinement légitime, qui retrouve ses lettres de noblesse, non pas malgré le criticisme, mais *en lui* et *par lui*, bien qu'elle ait d'abord inspiré et par là rendu possible ce même criticisme. « La métaphysique n'est pas une simple chimère, mais elle a un objet [...], et cette science a la réalité pour objet »[1], *i.e.* la substance (l'*ousia* d'Aristote) ou le réel phénoménal. Comme l'affirmait la Seconde Préface de 1787 précédant de peu le cours MVS, « Les objets doivent se régler sur notre connaissance [...]. Il en est ici comme de l'idée première de Copernic »[2].

Si le mot « ontologie »[3] se superpose au XVIIe siècle et jusqu'à Wolff à ceux de « métaphysique » et de « philosophie première »[4], le tort de Baumgarten fut de définir encore l'ontologie comme « science des prédicats les plus généraux de l'être »[5]. Baumgarten, manquant le sens des « premiers principes de la connaissance » comme conditions de possibilité de l'expérience, vit dans l'*ontologia* une *Grundwissenschaft*, science fondamentale de la connaissance de l'être en soi, au lieu d'y voir une science du *Grund* de toute connaissance expérimentale possible. Le lien entre premiers prédicats de l'être et premiers principes de la connaissance le conduisit à insérer l'ontologie dans la métaphysique, là où Aristote ouvrit (sans doute sans le savoir) la voie d'une intégration de l'ontologie à la logique. Le cours MVS redéfinit donc l'ontologie en précisant de quel type de connaissance elle est la science fondamentale, jouant Aristote contre Baumgarten, ou lisant Baumgarten à la lumière d'un Aristote reconstruit : « L'ontologie comprend les premiers principes de toute connaissance *qui correspond à l'expérience* »[6].

1. MVS, « Histoire de la métaphysique », AK XXVIII, 5, 469.
2. CRP, Préface de 1787, B XVI, AK III, 12; OP I, 739.
3. Qui apparaît avec le cartésien Clauberg en 1647.
4. Voir É. Gilson, *L'être et l'essence*, Paris, Vrin, 1948, chap. V, p. 166-186.
5. Baumgarten, *Métaphysique*, Partie I « Ontologie », Prolégomènes, § 4 et 5, trad. cit., p. 71.
6. MVS, « Étude de l'ontologie », AK XVIII, 5, 474 (nous soulignons).

L'ontologie, ainsi relue à partir de l'Analytique de 1781 dans une veine catégoriale aristotélicienne empiriste, est parfaitement compatible avec le criticisme. L'Analytique transcendantale de l'entendement de 1781 constituait déjà un analogue d'ontologie dédogmatisée. Le cours se fait ici le porte-voix de la *Critique* :

> notre critique doit assurément mettre sous les yeux un dénombrement complet de tous les concepts-souches qui constituent la connaissance pure [...]. Mais elle s'abstient à bon droit de l'analyse détaillée de ces concepts eux-mêmes, ainsi que de la recension complète de ceux qui en sont dérivés [...]. Ce caractère complet de l'analyse ainsi que la dérivation à partir des concepts *a priori* à fournir à l'avenir est d'ailleurs facile à atteindre[1].

Une fois réinterprétée l'intention originale d'Aristote, inaperçue de lui, une fois ontologie et logique réunies, il est aisé – remarquait Kant dès 1781 – de compléter la table catégoriale par celle, *exposée à part*, des concepts dérivés (post-prédicaments et prédicables d'Aristote).

> Quand on a les concepts primitifs et originaires, on peut ajouter aisément les concepts dérivés et subalternes et dessiner entièrement l'arbre généalogique de l'entendement pur. Comme je n'ai pas à m'occuper ici du caractère complet du système, mais seulement des principes en vue du système, je réserve ce complément pour un autre travail. Mais on peut atteindre à peu près ce but si on prend les manuels d'ontologie [de Wolff ou Baumgarten] et si on subordonne, par exemple, à la catégorie de causalité les prédicables de la force, de l'action, de la passion; [...] à la catégorie de communauté les prédicables de la présence, de la résistance; aux prédicaments de la modalité, les prédicables de la naissance, de la disparition, du changement, etc.[2].

Le cours se fait ici encore l'écho de la *Critique* :

> Par la composition, différentes autres catégories peuvent encore naître. Cependant ces concepts purs de l'entendement ne sont donc pas originaires, mais dérivés. On les appelle alors du nom de prédicables[3].

Enfin, Kant ne se contente pas de réunir l'ontologie et la logique d'Aristote : il intègre à sa relecture interprétative de l'ontologie empiriste du Stagirite l'une des leçons décisives des *Seconds Analytiques*[4], à savoir que l'*existence*, ne pouvant être connue par l'entendement seul, requiert la médiation de l'intuition sensible, ce qui revient à mettre l'expérience au premier plan de la connaissance (toute connaissance commence par, avec l'expérience, quoiqu'elle n'en dérive

1. CRP, « Introduction », § 7, A 13-14/B 27-28; OP I, 778-779. Voir aussi Préface de 1787, B XXIII; OP I, 743.

2. CRP, « Des concepts purs de l'entendement ou des catégories », A 83/B 109; OP I, 836. Kant se réfère cette fois au *De generatione et corruptione* d'Aristote sur les types de changement.

3. MVS, « Le rien et le quelque chose », AK XVIII, 5, 480-481.

4. Aristote, *Seconds Analytiques*, II, 19, 100 b.

pas nécessairement). Par conséquent, l'usage d'Aristote dans le cours MVS consiste à infléchir l'ontologie dans le sens d'une logique et d'une analytique transcendantales de notre « connaissance *a priori* sans aucune expérience, mais qui correspond néanmoins à l'expérience et y trouve son application »[1].

En conclusion, la lecture kantienne d'Aristote – prenant à rebours les interprétations scolaires, voire scolastiques du Stagirite (qu'on trouve par exemple chez Baumgarten) et qui dominent majoritairement l'histoire de la philosophie –, se forge et s'affine dans un dialogue constant entre son enseignement et ses écrits publiés. Le cours de MVS (tout comme l'« Ontologie » du cours *Pölitz* qui lui est contemporaine) permet à Kant de défendre encore et toujours son criticisme auprès du public étudiant, en mobilisant un aristotélisme de circonstance. C'est en référence à Aristote (plus qu'à Baumgarten) que Kant redéfinit les disciplines traditionnelles : ontologie, logique, métaphysique. Le professeur des années 1790, comme l'auteur de la *Critique* de 1781, voit en *Aristote l'auteur d'une ontologie marquée du sceau d'une logique empiriste*. Sans l'expliciter, Aristote aurait découvert dans l'expérience l'unique horizon d'application, de signification et de validité objective *des catégories de l'entendement*. Quand bien même le détail de sa liste catégoriale serait erroné (péchant à la fois par incomplétude et par excès d'extension), le projet d'une ontologie empiriste était légitime, même si son intention demeura cachée à Aristote même. C'est cette intention aristotélicienne qu'accomplissaient déjà l'« Analytique transcendantale » et sa table catégoriale, en appliquant, à la différence du Stagirite, une méthode rigoureuse consistant à suivre l'ordre systématique des jugements logiques. Ce traitement sans doute biaisé et partial conduit Kant à *réduire* Aristote à un *métaphysicien empiriste*, père d'une doctrine catégoriale venant *après* l'expérience et retournant *vers* elle.

L'exemple de la table d'Aristote que mobilise le cours MVS dans le sillage de la *Critique* montre plus généralement la façon dont Kant lit le Grec, voire tout auteur, en l'infléchissant au gré de ses propres besoins tant pédagogiques (ici jouer Aristote contre Baumgarten) que philosophiques (défendre le criticisme). Ce cours confirme la *méthode kantienne de libre interprétation en histoire de la philosophie* esquissée dès 1781. Kant y *interprète* son auteur plus qu'il n'en restitue la littéralité. Aristote illustre par excellence la *méthode* kantienne visant à *comprendre un auteur mieux qu'il ne s'est compris lui-même*, à expliciter ce qui était resté chez lui implicite, à rendre patent ce qui était latent, fût-ce au prix de

1. MVS, « Étude de l'ontologie », AK XXVIII, 5, 474.

distorsions, déplacements, radicalisations ou réductions. Si le rôle décisif d'Aristote dans l'élaboration du criticisme transcendantal n'est plus à prouver, la confrontation du cours de métaphysique *Von Schön* avec les écrits critiques publiés, éclaire la manière dont Kant pratique, voire théorise, sa lecture des philosophes antérieurs à partir du décryptage de leurs intentions profondes, et ce, d'autant plus qu'elles leur sont restées cachées [1].

Mai LEQUAN
Université Lyon III

1. Dans l'Allemagne du XIXe siècle, la *Geschichte der Kategorienlehre* (1846) de Trendelenburg confirmera le rôle prégnant qu'a joué Kant dans la longue tradition d'exégèse moderne allemande de la doctrine aristotélicienne des catégories. Voir E. Mariani, « Le fil des catégories : Trendelenbourg, Kant et la réception de l'*Aristoteles Kantegorienlehre* (1846) », *Les Études Philosophiques*, 3, juillet 2018, p. 447-461.

« L'INTENTION EST IDENTIQUE À CELLE D'ARISTOTE » KANT ET LE DÉBAT SUR L'INTENTION DES CATÉGORIES D'ARISTOTE

De nombreux aspects de la doctrine kantienne des catégories ont depuis toujours retenu l'attention des commentateurs et parfois suscité des réserves : qu'il s'agisse de leur signification dans le système critique et pour la refondation de la métaphysique – à commencer par la métaphysique de la nature –, des difficultés posées par les deux versions de la déduction transcendantale, ou encore de l'échec du projet même selon ce qu'en disent Johann Christian Daniel Wildt ou Friedrich Bouterwek[1].

Même sans endosser l'affirmation kantienne bien connue selon laquelle « la logique n'a fait aucun pas en avant » depuis Aristote[2], la plupart des lecteurs et commentateurs conviennent toutefois avec Kant de la nouveauté radicale, et du sens non aristotélicien, de sa doctrine des catégories. Juste *avant* l'énoncé de la table des catégories, Kant indique en effet que les concepts purs – ou concepts souches[3] – de l'entendement sont *appelés* « catégories » en raison d'une communauté de visée ou d'intention avec Aristote (*einerleie Absicht*), bien que leurs doctrines diffèrent fortement :

> De cette manière, on trouve exactement autant de concepts purs de l'entendement qui se rapportent *a priori* aux objets de l'intuition en général qu'il y avait dans la table précédente de fonctions logiques, dans tous les jugements possibles : car les fonctions en question épuisent l'entendement, et en mesurent complètement le pouvoir. Nous voulons nommer ces concepts, après Aristote, *catégories*, puisque *notre visée* est en origine *identique à la sienne*, quoiqu'elle s'en éloigne beaucoup dans l'exécution (*indem unsre Absicht uranfänglich mit der seinigen zwar einerlei ist, ob sie sich gleich davon in der Ausführung gar sehr entfernt*)[4].

1. Voir J. C. D. Wildt, *Vollständige und systematische Tafel der Categorien*, Göttingen, Vandenhoeck und Ruprecht, 1795 ; Fr. Bouterwek, *Idee einer Apodiktik*, Halle, Renger, 1799.
2. CRP, B VIII, AK III, 7 ; OP I, 734.
3. CRP, A 81/B 107, AK III, 94 ; OP I, 835.
4. CRP, A 79/B 105, AK III, 92 ; OP I, 834.

L'intention catégoriale la plus originaire serait ainsi la même chez Aristote et Kant ; mais les doctrines, et sans doute aussi leurs intentions plus explicites, divergeraient. C'est cette affirmation d'une communauté originaire d'intention que nous voulons ici examiner, d'autant plus étonnante que la question du *skopos* (intention) des catégories fut bien l'une des plus disputées.

On peut d'abord facilement accorder que leurs doctrines divergent : Kant, on le sait, reproche à Aristote d'avoir établi son inventaire sans principe ni fil conducteur, et d'y avoir ainsi intégré des concepts de la sensibilité pure (*quando, ubi, situs, prius, simul*) ou encore un concept empirique (*motus*) « qui n'appartient pas à ce registre généalogique de l'entendement »[1]. Au-delà de la seule doctrine des catégories, c'est toute la métaphysique d'Aristote et ses réceptions que Kant conteste. Avec sa fameuse annonce d'un remplacement du nom orgueilleux d'ontologie par celui plus « modeste d'une simple analytique de l'entendement pur »[2], il pense bien entendu mettre un terme à la forme historique qu'a prise le programme d'une science de l'être en tant qu'être annoncé au livre *Gamma* de la *Métaphysique*[3] – même s'il n'est pas certain qu'Aristote lui-même ait voulu en poursuivre la réalisation au nom d'une science, non seulement parce qu'il affirme par ailleurs que l'être n'est pas un genre[4], mais aussi de manière plus décisive parce qu'il n'en parle plus jamais ensuite. Comment comprendre alors que leurs *intentions* puissent converger ?

Juste *après* l'énoncé de la table, Kant indique que « c'était un dessein digne d'un esprit aussi pénétrant que celui d'*Aristote* que de rechercher ces concepts fondamentaux », faisant référence à ceux qu'il vient de caractériser comme « les concepts originairement purs de la synthèse que l'entendement contient *a priori* en lui »[5]. On a souvent remarqué que ce projet d'inventaire des concepts fondamentaux ne s'applique pas vraiment à Aristote même, mais à tous les auteurs qui, avant Kant, ont voulu identifier les concepts simples ou inanalysables de l'entendement, parmi lesquels on peut citer Crusius, Tönnies, Tetens ou Lambert. Ce point a été établi par Giorgio Tonelli en 1964[6]. Toutefois, Ulrike Santozki a insisté plus récemment sur le fait que Kant n'avait qu'une connaissance de seconde main d'Aristote – essentiellement à travers l'*Historia critica philosophiae* de Brucker[7] et la *Kurzgefassete Historie der Philosophie* de Formey

1. CRP, A 81/B 107, AK III, 94 ; OP I, 835.
2. CRP, A 247/B 303, AK III, 207 ; OP I, 977.
3. Aristote, *Métaphysique*, 1003a20.
4. *Ibid.*, 998b15-28.
5. CRP, A 80-81/B 106-107, AK III, 93 ; OP I, 835.
6. G. Tonelli, « Das Wiederaufleben der deutsch-aristotelischen Terminologie bei Kant während der Entstehung der "Kritik der reinen Vernunft" », *Archiv* für *Begriffsgeschichte*, 9, 1964, p. 233-242, en part. p. 235 *sq*.
7. J. J. Brucker, *Historia critica philosophiae a mundi incunabilis ad nostram usque aetatem deducta*, Leipzig, 1742–1744, 5 vol. Voir U. Santozki, *Die Bedeutung antiker Theorien fur die Genese und Systematik von Kants Philosophie. Eine Analyse der drei Kritiken*, « Kantstudien Ergänzungshefte » 153, Berlin-New York, De Gruyter, 2006, chap. II.

(Berlin, 1763) – de sorte que, n'ayant eu aucune confrontation avec Aristote, si ce n'est au travers de manuels, Kant n'aurait eu au mieux qu'une idée confuse de l'intention originaire d'Aristote.

On peut toutefois se demander s'il n'y aurait pas une affinité plus souterraine entre les projets au-delà de ce que Kant lui-même aurait pu soupçonner, comme une heureuse convergence ou une sorte de justesse somnambulique. Aristote n'a certes pas cherché à épuiser et mesurer le pouvoir de l'entendement ; cependant, et dans sa formulation la plus générale, il a bien cherché à distinguer les différents sens de « être » au travers des différentes figures, formes ou schèmes de la prédication (*skhemata tes kategorias*) énumérées dans les *Catégories* et les *Topiques*[1]. Bien loin de toute univocité du mot « être », ces figures irréductibles de la prédication manifestent ce que Pierre Aubenque a appelé la dispersion des sens de l'être[2], dont il est précisément impossible de clore la liste en un système ou une table des catégories. Si telle est bien « l'inspiration générale de la démarche aristotélicienne »[3], on peut comprendre à la fois la divergence d'avec l'inventaire systématique kantien, mais aussi une certaine communauté dans la recherche de significations irréductibles les unes aux autres, en l'occurrence pour Kant des manières dont l'entendement se rapporte *a priori* aux objets de l'intuition en général. Ce faisant, il est manifeste que la reconstruction d'une éventuelle proximité d'esprit ou d'intention entre Aristote et Kant engage nécessairement une certaine lecture, non exclusive, d'Aristote lui-même. On peut ainsi objecter au rapprochement précédent qu'Aristote ne prétend pas explicitement épuiser les sens de l'être.

Le point qui émerge n'est pas seulement que Kant n'ait eu accès à Aristote qu'au travers de manuels, mais que ceux-ci défendaient l'une des versions de l'aristotélisme en Allemagne. Aussi, pour interroger des continuités et des ruptures avec « les Grecs », et avec Aristote en particulier, on ne peut négliger le fait que Kant s'inscrit dans une certaine histoire de la réception des catégories en Allemagne, de sorte que les ruptures annoncées avec Aristote constituent peut-être, en réalité, un *retour à Aristote* par-delà les lectures des Aristotéliciens. Nous voulons ici envisager la situation de Kant à la fois dans le contexte plus large du *retour à Aristote* en Allemagne (§ 1), et en même temps dans la lignée particulière de la critique des catégories aristotéliciennes – et de l'ontologie – que l'on peut faire remonter à Jakob Thomasius (§ 2).

1. Voir Aristote, *Topiques* I, 9, 103b20-104a1 ; *Catégories* IV, 1b25. L'expression « τὰ σχήματα τῆς κατηγορίας » se trouve en *Métaphysique*, Δ 7, 1017a23.

2. P. Aubenque, *Le problème de l'être chez Aristote* [1962], Paris, P.U.F., 1991, p. 186.

3. *Ibid.*, p. 183.

« Comprendre un auteur mieux que lui-même » : le débat sur l'intention

La confrontation des doctrines kantienne et aristotélicienne des catégories a jusqu'ici été envisagée de deux manières, qui ressortent toutes deux du jeu des différences doxographiques.

D'un côté, Giorgio Tonelli a insisté sur les *divergences* entre la doctrine des concepts-souches (*Stammbegriffe*) et celle des figures aristotéliciennes de la prédication. Kant se serait ainsi démarqué du contexte académique de Königsberg, où il faut rappeler qu'Aristote fut officiellement enseigné contre la philosophie des modernes jusque dans les années 1730, et où les commentaires aristotéliciens de Paul Rabe ont été durablement en usage : citons la *Dissertatio philosophica de definitione categoriarum* (Königsberg, 1703) et la *Dissertatio philosophica de sede categoriarum propria* (Königsberg, 1705)[1].

D'un autre côté, Marco Sgarbi, dans sa monographie *Kant and Aristotle*, a insisté sur la *transmission* doctrinale qui s'est opérée au travers de ces mêmes manuels de Paul Rabe. M. Sgarbi s'oppose à la lecture qui verrait dans la doctrine kantienne une nouveauté radicale par rapport à la logique aristotélicienne, et il défend en particulier la thèse d'une « dérivation aristotélicienne de la doctrine des catégories »[2]. Il souligne ainsi que la *mention* d'Aristote dans les premières réflexions sur les catégories vers 1770-1771 serait révélatrice d'une dette envers Aristote[3]:

> Les catégories sont les actes universels de la raison par lesquels nous pensons un objet en général (relativement à des représentations, des phénomènes). Aristote[4].

Bien plus, Kant aurait hérité de Rabe son interprétation nominaliste des catégories[5], selon laquelle elles seraient les concepts les plus généraux des choses, ou les têtes des lignes prédicamentales sous lesquelles toutes les prédications sont faites – autant dire des constructions mentales qui ne disent rien de l'ordre réel des choses. En fin de compte, de « fortes analogies » pourraient être établies entre l'appartenance d'un sujet à une catégorie (ou prédicat) chez Aristote, et l'appartenance d'une intuition à une catégorie chez Kant[6]. M. Sgarbi conclut qu'il faut

1. CRP, A 81/B 107.

2. M. Sgarbi, *Kant and Aristotle. Epistemology, Logic, and Method*, Albany, SUNY Press, 2016, p. 135-136.

3. *Ibid.*, p. 139.

4. Réfl. 4276, AK XVII, 492 : « Categorien sind die allgemeinen handlungen der Vernunft, wodurch wir einen Gegenstand überhaupt (zu den Vorstellungen, Erscheinungen) denken. Aristoteles ».

5. M. Sgarbi, *Kant and Aristotle*, *op. cit.*, p. 17.

6. Voir *ibid.*, p. 145 : « The formula for the application of the categories which in Aristotle was "*s* (subject) pertains to *p* (predicate/category), " in Kant is "*i* (intuition) pertains to *c* (category)," that is, sensible intuitions correspond to categories ».

inclure Kant dans « la tradition aristotélicienne » et que c'est par son inscription dans l'Aristotélisme que Kant rompt avec Wolff[1].

Pour suggestive que soit cette lecture, la notion monolithique de « tradition aristotélicienne » est trop peu déterminée, et finalement peu utile puisqu'elle escamote le fond de l'affaire, à savoir : le conflit entre les différentes réceptions d'Aristote, qui ne porte pas sur l'interprétation des *doctrines*, mais sur *l'intention* générale de la métaphysique d'Aristote – qu'elle se dise *Absicht* en allemand ou σκοπός en grec. En effet, tout le monde partage, peu ou prou, la lecture conceptualiste des catégories depuis le commentaire de Porphyre, et il importe peu dans ce cadre de retrouver la source de formulations parfaitement communes aux XVIIe et XVIIIe siècles, à quelques variations près[2]. Mais la question est de savoir si cette doctrine des catégories, telle qu'elle est lue dans une perspective logique, coïncide avec l'intention générale de la métaphysique d'Aristote ou non. Or, de ce point de vue, Kant hérite de toute une lignée interprétative parfaitement établie – et qui dépasse de loin le seul Paul Rabe de Königsberg – et selon laquelle il faut revenir à Aristote par-delà les interprétations modernes des Aristotéliciens, qui, faute d'avoir identifié l'intention véritable du Stagirite, ont indûment boursouflé la logique aristotélicienne en une orgueilleuse ontologie. Ce qui deviendra un motif kantien bien connu se trouvait déjà chez d'autres auteurs familiers de Kant : Reimmann, Brucker, Leibniz, Gottsched, Formey, Lambert – c'est-à-dire chez des éclectiques, des wolffiens et des leibniziens de toutes nuances. Mais avant d'exposer cette filiation de critique de l'ontologie – et sa formulation canonique chez Jacob Thomasius – il faut évoquer ce que signifie identifier le véritable *skopos* d'Aristote pour tous ces auteurs, ainsi que pour leurs adversaires.

Tournons-nous pour cela vers un texte que Kant mentionne dans la Réfl. 4160 : l'*Introduction à la lecture d'Aristote, ou hypotypose de toute la philosophie d'Aristote* de Michael Piccart[3]. Le titre est explicite : il s'agit de produire une « hypotypose », c'est-à-dire finalement une présentation sommaire ou une esquisse de « toute » la philosophie d'Aristote, à la manière dont le bon point de vue permet de discerner le sens global d'une anamorphose, ou à la manière dont Aristote s'interroge pour savoir si la notion de sujet constitue la bonne « hypotypose » de la substance[4]. Pour cela, le discours préliminaire indique qu'il s'agit de restituer l'idée fondamentale ou l'idée-souche, de « pénétrer de manière pleine

1. Voir *ibid.*, p. 18 : « My thesis that Kant's work must be included within the Aristotelian tradition » ; *cf.* p. 150 : « The use of concepts and argumentative structures characteristic of the Aristotelian tradition marks a break with Wolffian philosophy and a reassessment of Königsberg philosophical tradition ».

2. Voir Porphyre, *Isagoge*, trad. fr. A. de Libera et A.-P. Segonds, Paris, Vrin, 2015.

3. Réfl. 4160, AK XVII, 439 : « Piccard : isagoge in lectionem aristotelis ». Voir M. Piccart, *Isagoge in lectionem Aristotelis, hoc est hypotyposis totius philosophiae Aristotelis*, Nuremberg, Körber, 1605; et F. V. Tommasi, « Michael Piccart, Kant, e i termini primi. Il trascendentale nel rapporto tra filosofia e linguaggio », *Archivio di filosofia*, 73, 2005, p. 369-390.

4. Aristote, *Métaphysique* Z 3, 1028b 31-32 : « ὑποτυπωσαμένοις τὴν οὐσίαν ».

et complète l'intellect ou l'âme d'un écrivain [*mens aut animus scribtoris*] »[1], non à partir d'une proposition isolée, mais à partir de la totalité organique de ses écrits. L'interprète doit comme s'efforcer de se transformer jusqu'à épouser l'esprit ou le caractère de l'auteur (*interpres in Auctoris sui indolem transformare se satagat*)[2] ; et c'est cet esprit-là (*ingenium*) qu'il faut d'abord restituer avant que de vouloir expliquer le détail. Piccart prend une image qui est commune chez les commentateurs d'Aristote alors : l'intention originaire est comme le vestibule (*vestibulum*) par lequel il faut passer avant d'entrer dans les différentes salles d'apparat – les doctrines – de la maison[3]. À bien des égards, on peut comparer cette conception d'une intention originaire (*indolem, ingenium, mens* ou *uranfängliche Absicht*) à ce que Bergson concevait comme l'« intuition originelle » propre à chaque philosophie[4].

Pour Piccart, le point important est le suivant : cet effort pour coïncider avec l'intention de l'auteur ne signifie pas rendre raison de toutes les propositions, et en particulier pas de celles qui sont jugées manifestement erronées ou contraires à cet esprit d'ensemble, mais il s'agit de restituer une doctrine authentique purifiée de ses scories – y compris celles introduites par l'auteur. Cette règle interprétative se trouve chez certains néo-platoniciens – Piccart renvoie d'ailleurs à Ammonius et Simplicius[5] –, mais aussi chez les commentateurs modernes d'Aristote et jusqu'au jeune Leibniz[6]. Il s'agit donc bien, pour reprendre l'expression de Kant au début de la « Dialectique transcendantale », de « comprendre un auteur mieux que lui-même »[7], puisque l'interprète est en position de fournir une lecture d'ensemble à partir d'une intention qui a soit échappé à l'auteur dans le détail soit été déformée par sa réception. Restituer une *intentio auctoris* par-delà la littéralité du texte n'est ni une audace ni une position proprement kantiennes, mais un *topos* herméneutique commun dont il hérite. La variante la plus immédiate pour Kant se trouve dans la *Logica Latina* de Christian Wolff : « Le lecteur comprend et explique mieux l'esprit de l'auteur [que l'auteur lui-même] »[8].

Le lieu du débat étant resitué dans la question de l'intention, dans quelle filiation la réception kantienne des catégories d'Aristote s'inscrit-elle ?

1. M. Piccart, « Oratio de ratione interpretandi », *Isagoge in lectionem Aristotelis*, *op. cit.*, B4r. Voir L. Bianchi, « Interpréter Aristote par Aristote. Parcours de l'herméneutique philosophique à la Renaissance », *Methodos*, 2/2002, en ligne : http://journals.openedition.org/methodos/98 (consulté le 21 octobre 2019).

2. *Ibid.*, B4v-B5r.

3. *Ibid.*, B5v : « Vestibulo Interpretationis sic perlustrato nunc interius ingrediamur atrium, & penitiorem ejus consideremus domum ».

4. H. Bergson, « L'intuition philosophique », in *La pensée et le mouvant*, Paris, P.U.F., 1938, p. 117-142.

5. M. Piccart, *Isagoge in lectionem Aristotelis*, *op. cit.*, B8r-v.

6. Lettre de Leibniz à Jakob Thomasius du 30 avril 1669, *in* G. W. Leibniz, *Sämtiche Schriften und Briefe*, Berlin, Akademie Verlag, série II, vol. 1, 2006 (2e éd.), p. 30.

7. CRP, A 314/B 370, AK III, 246 ; OP I, 1027.

8. Voir Ch. Wolff, *Philosophia rationalis*, Marburg, Renger, 1732, § 929 : « Lector mentem autoris intelligit et melius explicat ».

CONTRE L'INTENTION ONTO-LOGIQUE DES CATÉGORIES : LA FILIATION THOMASIUS-KANT

L'un des tournants du débat peut être identifié dans l'opposition de Jakob Thomasius à la lecture d'Aristote proposée par ceux qui, au début du XVIIe siècle, ont inventé la discipline et le nom d'ontologie – à savoir les calvinistes Clemens Timpler et Jakob Lohrard. La critique est formulée par Thomasius dans l'*Ébauche historique* de 1665[1] et dans un appendice à son manuel de métaphysique de 1670 (*Erotemata metaphysica pro incipientibus*), sous le titre de « Histoire de la fortune diverse qu'a subie la discipline métaphysique chez Aristote, chez les scolastiques et chez les auteurs récents »[2]. Ces textes inaugurent une filiation qui trouve des échos jusqu'à Kant.

Pour Thomasius, l'histoire de la métaphysique est celle des tentatives répétées pour surmonter les problèmes insolubles nés de la contamination mutuelle – et de la défiguration réciproque – de la philosophie grecque païenne d'un côté et de la théologie judéo-chrétienne de l'autre[3]. La corruption durable de la métaphysique aristotélicienne fut la suivante : au lieu d'être correctement identifiée à la théologie, c'est-à-dire à la science de l'étant premier, la rencontre avec la théologie révélée a progressivement séparé la métaphysique aristotélicienne de son cœur théologique – une théologie ayant pris la place de l'autre – pour la réduire à une simple ontologie, c'est-à-dire à une science de l'étant général, de l'étant en général. Cette mutilation théologique a réduit la métaphysique à une simple description des étants communs, et bientôt à un simple lexique de termes, une discipline si générale et si instrumentale qu'elle en est philosophiquement vide : cette ontologie plate est prise pour la métaphysique elle-même, alors qu'elle ne devait en être que l'instrument logique, le préambule.

> En lieu et place d'une Philosophie Première ou Métaphysique, nous n'avons aujourd'hui qu'un Lexique philosophique aristotélicien, c'est-à-dire qu'au lieu d'une discipline principale, [nous n'avons qu'une] discipline instrumentale qu'Aristote lui-même, s'il avait été interrogé, n'aurait pas considérée comme une partie de la philosophie, mais comme quelque moyen pour s'y préparer[4].

Tel est le reproche : l'ontologie ou « science universelle de l'étant » n'était chez Aristote qu'un moyen d'accéder à la doctrine de Dieu ; mais les scolastiques ont tout simplement inversé l'ordre (*ordo plane inversus est*), de sorte que

1. Jakob Thomasius, *Schediasma historicum quo occasione definitionis, qua philosophia dicitur γνῶσις τῶν ὄντων, varia discutiuntur ad historiam tum philosophicam tum ecclesiasticam pertinentia*, Leipzig, 1665.

2. *Id.*, « Historia Variæ fortunæ, quam disciplina Metaphysica iam sub Aristotele, iam sub Scholasticis, iam sub Recentibus experta est », in *Erotemata metaphysica pro incipientibus*, *Accessit pro adultis historia variae fortunae, quam metaphysica experta est*, Leipzig, 1670.

3. Nous nous permettons de renvoyer à notre article : « Les catégories : la réforme de la scolastique allemande dans le premier Leibniz », *Studia Leibnitiana*, 46/2, 2014, p. 152-166.

4. Thomasius, « Historia », *op. cit.*, § 14-16, p. 72-73.

l'ontologie ne permet plus de parvenir qu'à une doctrine abstraite de Dieu et de la substance[1]. Il faut donc restituer l'intention aristotélicienne par-delà la corruption de ses successeurs, et redéterminer la métaphysique comme philosophie du premier étant – *ens primum* ou *prote ousia* – ou comme théologie naturelle, et non pas comme philosophie de l'étant commun – *ens commune* – ou comme ontologie. L'*Absicht* de la métaphysique aristotélicienne est théologique, et non ontologique.

L'enjeu pour Thomasius n'est pas purement philologique, mais aussi religieux. Il s'agit de revenir à une doctrine aristotélicienne censément authentique pour, dans le même geste, purifier la théologie des scories philosophiques et faire de la place pour une croyance débarrassée des hérésies nées de sa contamination par la raison philosophique[2]. Indépendamment de cet enjeu, il reste une position : mettre un terme à l'orgueilleuse ontologie, simple lexique qui prétend s'ériger en métaphysique, afin de retrouver la véritable connaissance des choses telles qu'elles sont[3].

Cette critique formulée par Thomasius constitue une ligne de réception de l'intention d'Aristote jusqu'à Kant. Dans sa version la plus ramassée, elle se manifeste dans les nombreuses déclarations de rejet d'une métaphysique purement lexicale, que l'on trouve dans les histoires de la philosophie de Reimmann[4], Brucker[5], Formey[6], auxquelles Kant renvoie dans la *Critique* ou dans ses *Leçons de métaphysique*; mais aussi chez Christian Thomasius[7], Leibniz[8], Hollmann[9], ou Lambert[10]. Quant à Paul Rabe, son appartenance à cette lignée interprétative d'Aristote est manifeste dans le « Proemium in Metaphysicam » qu'il publie à Königsberg en tête de son *Cursus philosophicus* de 1703. Rabe y défend l'interprétation de la métaphysique comme théologie, c'est-à-dire comme philosophie de l'étant premier, qui permet de connaître ensuite l'étant commun[11] ; et il rejette toutes les inventions nouvelles des commentateurs qui

1. Thomasius, « Historia », *op. cit.*, § 41, p. 81.

2. S. Lehmann-Brauns, *Weisheit in der Weltgeschichte*, Berlin, De Gruyter, 2004, p. 21-111.

3. Thomasius, *Schediasma*, *op. cit.*, § 7, p. 2 : « Philosophia est cognitio rerum, ut sunt ».

4. J. F. Reimmann, *Versuch einer Einleitung in die Historiam Literariam derer Teutschen. Historia der Metaphysicae und Matheseos*, etc., 4. Theil., Magdeburg, Rengerische Buchhandlung, 1710, p. 91.

5. J. J. Brucker, « Historia », *op. cit*, t. I, p. 806 ; t. IV, p. 336.

6. J. H. S. Formey, *Kurzgefassete Historie der Philosophie von Herrn Formey*, Berlin, Pauli, 1763.

7. C. Thomasius, *Introductio ad philosophiam aulicam*, Leipzig, 1688, p. 140.

8. Leibniz, *Cinquième écrit contre Clarke* (quatrième réponse), in *Die Philosophischen Schriften von G. W. Leibniz*, éd. C. I. Gerhardt, Berlin, Weidmann, 1890, vol. VII, p. 395.

9. S. C. Hollmann, *Philosophia rationalis quae logica vulgo dicitur*, Göttingen, Vandenhoeck, 1767, p. 127.

10. J. H. Lambert, *Anlage zur Architectonic*, Riga, Hartknoch, 1771, § 4.

11. P. Rabe, *Cursus Philosophicus, Sive Compendium Præcipuarum Scientiarum Philosophicarum*, Königsberg, Boye, 1703, p. 1175, p. 1179 et p. 1183-1184.

trouvent chez Aristote autant de disciplines séparées que seraient l'ontologie, la noologie, la gnostologie ou la pneumatologie[1].

Aussi, et pour comprendre le contexte d'élaboration de la philosophie kantienne, il n'importe pas tant de souligner la rupture ou la dérivation aristotélicienne de la doctrine kantienne des catégories, que de la resituer dans une certaine réception de l'intention de la métaphysique aristotélicienne comme théologie, et non comme ontologie. De fait, parmi les réceptions d'Aristote, certains professeurs de Königsberg se sont opposés à l'invention de l'ontologie : Christian Dreier au début du XVIIe siècle, et Paul Rabe au début du XVIIIe siècle. À l'évidence, Kant hérite de cette contestation de l'ontologie, et c'est en ce sens qu'il peut trouver chez Aristote, plutôt que dans la « tradition aristotélicienne », une « même intention » catégoriale. Cette identité d'intention a même été soulignée au-delà de ce que Kant lui-même reconnut.

CONCLUSION : MAIMON OU L'IDENTITÉ RÉELLE DE L'INTENTION D'ARISTOTE ET DE KANT

Laissant entièrement de côté le détail de la doctrine kantienne des catégories, nous voulons pour conclure évoquer un effet inattendu de la *Critique*, à savoir l'intérêt renouvelé pour la doctrine d'Aristote, et dont témoigne la première traduction allemande des *Catégories* d'Aristote par Salomon Maimon en 1794[2]. Maimon élabore même une critique de Kant du point de vue d'Aristote, et en vient à défendre une communauté réelle d'intention chez les deux auteurs au-delà de ce que Kant concédait. En somme, il s'agit de comprendre l'« einerleie Absicht » mieux que Kant lui-même.

Dans un premier temps, Maimon ne s'intéresse pas particulièrement à la doctrine des catégories, ni au lien avec Aristote. En 1792, il prend part au concours de l'Académie sur les progrès de la métaphysique en Allemagne depuis le temps de Leibniz et Wolff. Dans son mémoire, il entend d'abord formuler une critique de Kant à partir de Leibniz : il s'agit de « réconcilier Leibniz avec la *Critique de la raison pure* », et de montrer que Kant reproche illégitimement à Leibniz ce qui concerne en réalité ses successeurs (« Anhänger ») qui ont fait des monades des éléments physiques, là où il ne faudrait y voir que des fictions – à la manière des infiniment petits mathématiques, qui ne sont que des fictions[3].

1. *Ibid.*, p. 1205-1207.

2. [Aristote], *Die Kathegorien des Aristoteles. Mit Anmerkungen erläutert und als Propädeutik zu einer neuen Theorie des Denkens dargestellt von Salomon Maimon*, Berlin, Ernst Felisch, 1794. Maimon (« Préface », p. VII) indique suivre non le texte grec mais la traduction latine de Johann Gottlieb Buhle : *Aristotelis opera omnia graece, annotationem criticam, librorum argumenta, et novam versionem latinam adiecit*, Biponti (Zweibrücken), Ex Typographia Societatis, 1791.

3. S. Maimon, *Ueber die Progressen der Philosophie : veranlaßt durch die Preisfrage der Königl. Akademie zu Berlin für das Jahr 1792 : Was hat die Metaphysik seit Leibniz und Wolf für Progressen gemacht ?*, Berlin, Wilhelm Vieweg, 1793, p. 29-30.

Maimon se trompe : que les monades ne soient pas des éléments physiques ne signifie pas qu'elles soient des fictions, mais simplement des réalités non phénoménales; et connaître une chose ne signifie pas pour Leibniz la rapporter à tous les mondes possibles[1]. Cette critique articulée à une position soi-disant leibnizienne n'aborde pas les catégories : Maimon reprend ce que Kant en dit, et en particulier qu'Aristote aurait manqué d'un principe ou d'une origine (*Ursprung*) dans l'inventaire des premiers concepts pensables.

En revanche, le texte de 1794 entend proposer une nouvelle théorie de la pensée à partir d'une présentation des catégories d'Aristote – indiquant ainsi que Kant n'aurait pas rendu justice à l'*intention* catégoriale aristotélicienne : c'est donc une critique formulée non plus du point de vue de Leibniz, mais du point de vue d'Aristote. Maimon énonce d'abord que l'interprétation conceptualiste des catégories comme *Hauptbegriffe*, et premiers fondements de la connaissance, n'épuise pas le sens proprement réaliste des catégories. Faute de le reconnaître, on a cru – comme Kant – qu'Aristote aurait manqué d'un principe de détermination des catégories :

> Il est vrai qu'Aristote ne dérive pas, comme Kant, l'origine des catégories selon un principe tiré des formes logiques fondées dans la nature de la pensée en général, mais qu'il cherche à les produire d'abord par abstraction. Mais Aristote a-t-il complètement tort en cela? Je ne peux le croire. Si l'on veut y réfléchir posément, on trouvera que loin de poser les formes logiques au fondement des catégories, on doive bien plutôt poser les catégories au fondement des formes logiques[2].

> La simple réflexion sur les premiers objets de la pensée qui se présentent à nous est suffisante [à garantir la complétude des catégories]. Si Aristote devait avoir commis une erreur en cela (ainsi que Kant l'affirme), la raison ne doit pas en être cherchée dans la *méthode des catégories*, mais dans un défaut de perspicacité. Puisque Kant avait déjà à disposition la logique avec toutes ses formes, il pouvait bien entendu démontrer la complétude des catégories par ces formes. Aristote au contraire, qui est le créateur de la logique, devait d'abord établir par réflexion la complétude de ces formes mêmes[3].

Maimon rejette de manière radicale l'un des aspects les plus originaux de Kant, qui était de partir non des concepts simples, mais des jugements pour passer de là aux fonctions de l'entendement et en dériver les catégories[4]. Pour Maimon, les catégories, comme les formes logiques de la pensée, ne sont déterminées que par réflexion. C'est en ce sens que Kant, loin de rompre avec l'inventaire rhapsodique des catégories par Aristote, comme il le prétend, viendrait au contraire prolonger le travail de réflexion que le Stagirite avait commencé, et mener ainsi à

1. S. Maimon, *Ueber die Progressen der Philosophie, op. cit.*, p. 42 : « Man hat keinen präzisen, ausführlichen, vollständingen Begriff von irgend einem Dinge, so lange man nicht sein Verhältnis zu allen möglichen Dingen einsieht ».

2. *Id.*, préface à [Aristote], *Die Kathegorien des Aristoteles, op. cit.*, p. IV (notre traduction).

3. *Ibid.*, p. VI-VII (notre traduction).

4. Voir *ibid.*, p. XII.

terme une même intention originaire. Aristote n'aurait pas manqué de méthode en vue d'un inventaire catégorial, mais de perspicacité dans la mise en œuvre du principe. Maimon a pris Kant au mot : il y a bien une intention identique à celle d'Aristote, une *einerleie Absicht*. Cette lecture, très forte, entend souligner l'affinité réelle, mais souterraine, de Kant et d'Aristote ; elle s'inscrit dans l'une des filiations d'un retour à Aristote amplifiée par Thomasius ; et elle s'achève littéralement par un retour au texte d'Aristote, pour en donner une traduction. Quoiqu'il en soit de cette lecture de Maimon, elle témoigne du fait que l'œuvre de Kant s'est non seulement inscrite à la suite d'une certaine compréhension de l'intention aristotélicienne, mais qu'elle a même eu – et cela n'a pas été remarqué jusqu'ici – un effet sur la réception d'Aristote en Allemagne.

Arnaud PELLETIER
Université libre de Bruxelles

PHILOSOPHIE DE LA CONNAISSANCE

KANT, SCHLOSSER ET JACOBI DANS *SUR UN TON SUPÉRIEUR NOUVELLEMENT PRIS EN PHILOSOPHIE* (1796)

Comme on le sait, dans *Sur un ton supérieur nouvellement pris en philosophie* (1796), Kant répond à Johann Georg Schlosser. Dans ses *Lettres de Platon sur la révolution syracusaine, avec une introduction historique et des remarques* (1793/1794, 1795), ce dernier avait brocardé le criticisme en établissant un parallèle entre la position politique de Platon et le contexte de la Révolution française. Kant nous met en garde contre l'« intuition intellectuelle » (*intellectuelle Anschauung*), qui est une solution de facilité éminemment séduisante, nous donnant l'illusion de saisir « immédiatement et d'un coup » l'objet visé. Nous faisons ainsi l'économie du labeur que suppose l'entendement discursif au moyen duquel nous devons « gravir [*besteigen*] péniblement beaucoup de degrés »[1] pour espérer progresser véritablement dans la connaissance. En recommandant de fonder la philosophie sur la faculté de perception immédiate, le piètre platonisme de Schlosser flatterait non seulement « le penchant naturellement égoïste (*selbstsüchtigen*) des hommes », mais aussi leur « vanité ». La critique philosophique de l'intuition intellectuelle d'origine platonicienne se double d'une virulente remise en cause sociale et morale des prétentions de la « vieille noblesse héréditaire »[2] ayant beau jeu de mépriser le travail en se targuant d'une culture littéraire classique. Kant juge, à l'occasion de cette polémique acerbe, que « Au fond, toute philosophie est sans doute prosaïque »[3]. Dès lors, le sublime platonisme mystique que soutient Schlosser paraît ridicule à l'époque du commerce et des Lumières, car il conforte une attitude conservatrice, qui est « perçue comme si l'on proposait au commerçant d'écrire désormais ses livres de comptes en vers »[4]. Kant ne prend pas seulement le parti des Modernes. Il se réclame en effet d'Aristote et estime qu'on ne saurait « philosopher aujourd'hui, de nouveau, d'une manière poétique »[5].

1. TSP, AK VIII, 389 ; OP III, 396 (trad. légèrement mod.).
2. TSP, AK VIII, 406 n. ; OP III, 416.
3. *Ibid.*
4. *Ibid.*
5. *Ibid.*

On ne peut s'empêcher de songer au dialogue pythique de Plutarque : *Pourquoi la Pythie ne rend plus ses oracles en vers*. Selon Plutarque, « l'usage du langage ressemble à la circulation d'une monnaie dans une transaction financière : pour lui aussi la valeur de référence c'est celle qui est habituelle et familière, bien qu'il prenne une force différente selon les périodes »[1]. Plutarque affirme qu'il fut un temps où « comme monnaie du langage » on utilisait des vers, notamment pour toute philosophie, et pour la divination, le dieu se conciliait la muse, « et donnait en même temps l'impulsion au *ton prétentieux et savant*, le considérant comme adapté et admirable »[2]. Il ajoute que lorsque « la vérité se sépara du fabuleux », on s'exprima en prose. Cette évolution vers la sobriété et le dépouillement n'est pas perçue par Plutarque comme délétère : le passage à la prose est favorable à la philosophie[3]. Kant semble adosser sa critique du style oraculaire à celle de Plutarque, qui parle du discrédit jeté sur « les métaphores, les énigmes, les équivoques »[4] à cause des charlatans et des imposteurs qui pratiquent la cléromancie, ou encore des sophistes qui enjolivent les oracles pour en tirer de la gloire. Kant remarque que le recours au « pressentiment » (*Ahnung*) du suprasensible dans « le langage mystico-platonicien contemporain »[5] fait un funeste usage des « expressions imagées »[6]. La discussion sur le voile d'Isis avec Schlosser illustre les efforts de Kant pour substituer à l'idolâtrie, qui se nourrit de platonisme, l'idéal rationnel de la théologie, car la théophanie transforme l'Idée platonicienne en une idole qui favorise la superstition[7].

Mais, selon Plutarque, le recours à la poésie a pu jadis être justifié par les circonstances politiques qui nécessitent de révéler tout en dissimulant, de s'adresser à un petit nombre tout en se protégeant du tyran ou de ses ennemis[8]. Il faut alors comprendre l'*hyponoia*, c'est-à-dire le « sens caché » ou sous-entendu que recèle l'image. Plutarque précise qu'il s'agissait d'une réfraction poétique du vrai. Ne voulant pas faire disparaître le vrai, il convenait alors de faire « dévier la manifestation dans la poésie, comme il arrive à la lumière du soleil »[9]. Schlosser fait allusion aux philosophes kantiens qui ont certes eu « la chance de

1. Plutarque, « Pourquoi la Pythie ne rend plus ses oracles en vers », in *Dialogues pythiques*, trad. fr. F. Ildefonse, Paris, Gallimard, 2006, p. 143.

2. *Ibid.* (nous soulignons).

3. Voir ibid., p. 144 : « s'attachant plus à la clarté et à l'enseignement qu'à ce qui frappe d'admiration, en venait à ne plus mener sa recherche que par le biais d'arguments en prose ».

4. *Ibid.*, p. 144-145.

5. TSP, AK VIII, 398 ; OP III, 407 (trad. mod.) ; il ne s'agit pas en effet d'une « nouvelle langue » (A. Renaut).

6. TSP, AK VIII, 399 ; OP III, 408.

7. TSP, AK VIII, 400-401 ; OP III, 409.

8. Plutarque, « Pourquoi la Pythie ne rend plus ses oracles en vers », *op. cit.*, p. 146 : « Il y avait ainsi des révélations [dont il importait] aussi que les tyrans les ignorent et que les ennemis n'en aient pas vent ; le dieu les enveloppait donc de sens cachés et d'expressions ambiguës, qui tout en dissimulant aux autres ce qui était exprimé, n'échappait pas aux intéressés eux-mêmes et n'induisait pas en erreur les consultants qui leur prêtaient attention ».

9. *Ibid.*

voir le soleil *derrière la manière allégorique de Platon* »[1], mais leur séjour dans le lieu intelligible ayant été trop bref, ils restent éblouis lors de la catabase et ne voient plus « ni les choses, ni les ombres des choses »[2]. Schlosser se réfère à cet art d'écrire ésotérique du philosophe, en particulier lorsqu'il annote la fameuse *Lettre VII*, où Platon semble affirmer l'existence d'une doctrine non écrite. Mais Schlosser souligne la différence entre le petit nombre et le grand nombre, en traduisant ce dernier terme par « peuple », car il s'inquiète de l'influence croissante et dangereuse à ses yeux de la philosophie critique dans le contexte révolutionnaire. Schlosser affirme que le « problème difficile » qui se pose est celui d'« unir le pouvoir important à la sagesse et l'obéissance à la noblesse d'âme [*Edelmuth*] »[3]. Schlosser se réfère probablement à la *Lettre II*, mais il est notable qu'il ajoute l'obéissance à la noblesse d'âme. Les « adeptes » de l'école platonicienne peuvent donner aux « systèmes des États » « la stabilité [*Haltbarkeit*] et le libre cours de la nature ». Platon exhorterait ses amis à imiter l'« inactivité » (*Unthätigkeit*) « dans laquelle il s'était lui-même retiré »[4]. Il est probable que la noblesse d'âme implique ce que Schlosser nomme, dans la nouvelle Préface à la seconde édition, « l'obéissance passive » (*den leidenden Gehorsam*)[5], qu'il oppose à « l'obéissance active ». En somme, Schlosser exhorte ses lecteurs à lire Platon pour adopter sa propre position, qu'il qualifie d'« apathie politique » (*politische Apathie*)[6]. Dans sa Préface à la première édition, Schlosser récuse ceux qui ne voient en Platon qu'un « exalté politique » (*einen politischen Schwärmer*)[7], qui imagine en rêve un « État idéalisé ». Schlosser retient la figure du philosophe roi, d'« un homme politique philosophe » (*ein philosophischer Politiker*)[8], confronté aux difficultés du gouvernement, pour proposer une voie moyenne (*Mittelmäßigkeit*)[9], similaire à celle indiquée dans la *Lettre VIII*, où Platon conseille aux

1. J. G. Schlosser, *Plato's Briefe, nebst einer historischen Einleitung und Anmerkungen*, Königsberg, Friedrich Nicolovius, 1795, p. XXIV (nous soulignons).
2. *Ibid. Cf.* Platon, *République*, livre VII, en particulier 532 b-533 a.
3. J. G. Schlosser, *Plato's Briefe*, *op. cit.*, p. XXVI. Voir Platon, *Lettres* [1987], trad. fr. L Brisson, Paris, Gallimard, 2004, 310 e : « Par nature, sagesse et pouvoir important tendent à s'unir pour ne faire qu'un, et ce sont choses qui mutuellement ne cessent de se poursuivent, de se rechercher et de s'assembler » ; *cf.* J. G. Schlosser, *Plato's Briefe*, *op. cit.*, p. 78-79. Voir aussi Platon, *Lettres VII*, 335 d : « Si, au cours de son règne [de Denys II], s'était réalisée l'union de la philosophie et du pouvoir, sa gloire eût brillé sur tous les hommes, Grecs aussi bien que Barbares ».
4. J. G. Schlosser, *Plato's Briefe*, *op. cit.*, p. XIII.
5. *Ibid.*, p. XI, voir aussi p. VII.
6. *Ibid.*, p. XXX. Voir la remarquable contribution de G. Zöller, « Plato on Revolution. Kant and the Political Conservatism of J. G. Schlosser », *in* A. Falduto et H. F. Klemme (Hrsg.), *« Kant und seine Kritiker – Kant and his Critics », Studien und Materialien zur Geschichte der Philosophie*, t. 94, Hildesheim-Zürich-New-York, G. Olms Verlag, 2018, p. 113-126. G. Zöller parle de « misopolitique » pour caractériser cette inactivité : « a politics of non-politics, or a misopolitics, so to speak » (p. 123). Sur Schlosser on se reportera à la monographie bien informée de J. van der Zande, *Bürger und Beamter. Johann Georg Schlosser (1739-1799)*, Wiesbaden-Stuttgart, F. Steiner, 1986.
7. J. G. Schlosser, *Plato's Briefe*, *op. cit.*, p. XXVIII.
8. *Ibid.*, p. XXIX, voir aussi p. XX.
9. *Ibid.*, p. XXIX.

proches et aux partisans de Dion un compromis entre la tyrannie et la démocratie pour rétablir la paix en Sicile après le renversement de Denys II. C'est dans les annotations du passage suivant de la *Lettre VII* que Schlosser s'oppose à Kant et s'interroge sur la philosophie en général à partir de la doctrine platonicienne :

> confier à l'écrit ce qui représente une grande utilité pour l'humanité et *amener la nature à la lumière, pour que tous puissent la voir*? Mais l'entreprise dont je parle relativement à ces questions n'est pas, à mon avis, une bonne chose pour l'humanité, si ce n'est pour un petit nombre, tous ceux à qui une courte démonstration suffit pour trouver eux-mêmes ce qu'il en est; quant aux autres hommes assurément, on remplirait les uns, sans convenance aucune, d'un mépris injustifié, et les autres d'un espoir hautain et vain, en raison de la sainteté des enseignements qu'ils ont reçus[1].

Dans la traduction de Schlosser, Platon s'interroge sur l'utilité de « dévoiler » aux yeux des hommes « le caractère sacré de la nature » (*zu enthüllen das Heiligthum der Natur*)[2]. Kant voit bien que Schlosser conçoit la nature sous l'influence de la représentation maçonnique alors en vogue, comme le montre la discussion sur le voile d'Isis[3]. Ce platonisme qui ne veut pas divulguer les arcanes de la *phusis* s'appuie sur la digression philosophique de la *Lettre VII*, en insistant sur la dimension initiatique de la connaissance. L'intuition immédiate des Idées ne nous mène d'ailleurs pas, selon Schlosser, « à l'intérieur du sanctuaire de la vérité », mais illumine (*erleuchtet*) suffisamment le vestibule du sanctuaire pour nous faire comprendre en quoi consiste le service de notre prêtrise (*den Dienst unsrer Priesterschaft*). Kant fait allusion à cette « illumination [*Erleuchtung*] mystique », qui signifie à ses yeux « la mort de toute philosophie »[4]. La philosophie critique nous met en garde contre « les vaines espérances et la vaine illusion de la connaissance de grands mystères ». Kant commente le passage de Platon en ajoutant entre crochets que « c'est là le seul élément rationnel »[5]. Mais Platon voulait dire que la doctrine écrite peut être mal comprise, que la publication peut mettre en danger le philosophe, si une personne non philosophe s'imagine être capable de l'interpréter, comme c'est le cas du tyran Denys II. Les déboires de Kant avec la censure suite à l'édit de Wöllner en 1788 nous inclinent à penser qu'il est néanmoins conscient de l'importance de l'art d'écrire. C'est d'ailleurs ce que pense Friedrich Heinrich Jacobi dans l'*Appendice sur*

1. Platon, *Lettres*, *op. cit.*, 341 d-e.

2. J. G. Schlosser, *Plato's Briefe*, *op. cit.*, p. 179.

3. Voir P. Hadot, *Le voile d'Isis. Essai sur l'histoire de l'idée de nature*, Paris, Gallimard, 2004, p. 347. Hadot rappelle que l'Isis-Nature a été l'objet d'un culte à la Révolution et qu'il y avait une statue de l'Isis-Artémis dans les jardins de Potsdam à l'époque du roi de Prusse Frédéric-Guillaume II.

4. TSP, AK VIII, 398 ; OP III, 406.

5. TSP, AK VIII, 398 ; OP III, 407. *Cf.* G. Zöller, « Aufklärung über Aufklärung. Kants Konzeption des selbstständigen, öffentlichen und gemeinschaftlichen Gebrauchs der Vernunft », *in* H. F. Klemme (Hrsg.), *Kant und die Zukunft der europäischen Aufklärung*, Berlin-New-York, Walter De Gruyter, 2009, p. 82-99.

l'idéalisme transcendantal, lorsqu'il compare Kant à un caméléon[1]. Dans la traduction de Schlosser, Platon déclare que ceux qui se prononcent « publiquement » sur sa vraie doctrine font preuve de « témérité » (*Verwegenheit*). Schlosser affirme en note qu'il s'agit, s'il a « bien compris », de la doctrine des Idées. Tandis que pour Schlosser il est question d'une « essence » (*Wesen*) immuable que l'on ne peut intuitionner (*anschauen*) que dans l'âme et par l'âme. Par un « raisonnement analogique », Schlosser insiste sur la validité de « l'intuition immédiate ». Nous percevons immédiatement ces principes agissant en nous-mêmes, et c'est en étant conduits « également par l'intuition immédiate de notre passivité [*unsers Leidens*] » que nous déduisons analogiquement les objets à l'extérieur de nous. Schlosser concède que Platon va « souvent trop loin dans l'objectivation », mais la philosophie kantienne fixe des limites trop étroites à l'humanité en abandonnant le souci de la totalité au profit de la subjectivité, de la « subjectivation » (*Subjektiviren*)[2]. Sa volonté de purifier son système philosophique en écartant tout élément empirique, d'édifier sa doctrine sur des principes purs *a priori* « coupe l'homme pensant pour ainsi dire de toute la nature »[3].

L'être de la nature et l'objectivité des Idées sont au cœur de cette polémique. Kant qualifie l'objet lui-même, « son véritable être » (*sein wahres Sein*), dont parle Platon dans la *Lettre VII*, de « cinquième roue du carrosse »[4]. Le platonisme de Schlosser relève du *philosophus inspirationem*. Selon Kant, le philosophe possède alors en lui-même un indicible secret et l'adepte de cette doctrine médite et écoute en lui-même l'oracle à prononcer. Cette conception à la source de la création poétique correspond à l'inspiration du génie, dont le regard fulgurant et clairvoyant sur l'intériorité a une portée gnoséologique[5]. À suivre Kant, le platonisme encourage « un élan [*Schwung*] audacieux »[6] vers les Idées, et la noèse accrédite l'image commode du « philosophe de la vision ». Kant évoque le « talent du poète » (*Dichtertalent*) qui « trouve de quoi s'alimenter dans le sentiment et la jouissance de l'exaltation mystique [*schwärmen*] »[7].

La question de la poésie est présente en filigrane dans la philosophie critique, lorsque Kant parle de la raison qui se livre à des élucubrations, à des fictions en quittant l'expérience sensible[8]. La *Schwärmerei* relève d'une tradition aussi bien religieuse que poétique, c'est celle de l'enthousiasme, du poète inspiré « qui a un dieu en soi ». Kant estime que la connaissance philologique de Platon – celle de Schlosser, mais aussi celle de Friedrich Leopold comte de Stolberg – n'est pas

1. F. H. Jacobi, *David Hume et la croyance. Idéalisme et réalisme*, trad. fr. L. Guillermit, Paris, Vrin, 2000, p. 248.
2. J. G. Schlosser, *Plato's Briefe*, *op. cit.*, p. 181.
3. *Ibid.*, p. 182.
4. TSP, AK VIII, 398 ; OP III, 406.
5. TSP, AK VIII, 390 ; OP III, 397.
6. TSP, AK VIII, 403 ; OP III, 413 (trad. mod.). Il ne s'agit pas d'un « bond » (A. Renaut).
7. TSP, AK VIII, 396 ; OP III, 401.
8. Voir par exemple l'introduction de la CRP, A 4. Kant parle des fictions, *Erdichtungen* de la raison en évoquant Platon qui prend son envol sur les ailes des Idées comme une légère colombe.

favorable à l'activité véritablement philosophique en raison de son approche historique qui incline au dogmatisme. Ce savoir relève de « la culture du goût »[1] et ne saurait légitimer le travail philosophique. Kant rapproche à juste titre Pythagore et Platon pour caractériser la direction empruntée par Schlosser. Les Pythagoriciens ne laissaient pas de doctrines écrites et les « cryptaient » en les transmettant oralement[2]. La critique de la *Schwärmerei* et de la poésie issue de cette tradition pythagorico-platonicienne n'est pas seulement kantienne, mais vient à l'époque contemporaine de la prose elle-même qui fait entendre sa voix. Le roman grec *Agathon* (1666/1667, 1773, 1794) de C. M. Wieland, réédité peu avant la réponse de Kant à Schlosser, dénonce précisément les idéaux poétiques pythagorico-platoniciens comme mensongers. Le personnage éponyme est un *Schwärmer* qui, à l'instar de Plutarque, fut à Delphes l'un des deux prêtres du sanctuaire d'Apollon Pythien. Il se rend à la cour du tyran de Syracuse et fait l'expérience de l'échec politique de son modèle platonicien. Il faut ajouter que Wieland, dans son Introduction, se réfère à la *Lettre VII* de Platon pour parler de l'expérience syracusaine d'Agathon. Il faut aussi rappeler que l'article de Schlosser *Sur la moquerie et la Schwärmerei* (*Ueber Spott und Schwärmerey*, 1776) est une réponse à *Enthousiasme et Schwärmerei* (*Enthusiasmus und Schwärmerey*, 1776) de Wieland[3]. Ce dernier provoqua justement la discussion sur la *Schwärmerei* et l'anti-platonisme dans les Lumières allemandes en se demandant notamment « quelles limites [*Schranken*] devraient respecter les anti-platoniciens et les partisans de Lucien pour être utiles ? ».

Dans la polémique avec Schlosser, Kant soutient que les néoplatoniciens veulent « nous donner l'illusion d'une connaissance de l'objectif qui vise l'élan transcendant [*das Überschwengliche*] »[4]. Ce terme fait aussi songer à ce « débordement prodigieux » dont parle Glaucon dans la *République*, lorsqu'il évoque l'excès du Bien « au-delà de l'essence », de même que le soleil dispensant sa lumière « laisse déborder son trésor »[5]. Le suprasensible peut, selon Kant, se dévoiler à l'entendement humain, mais seulement d'un point de vue pratique. Kant ne nie pas l'existence de tout mystère pour la connaissance, mais il convient d'en préciser le sens dans le cadre du système transcendantal.

1. TSP, AK VIII, 403 ; OP III, 413.

2. L. Brisson estime cependant dans la notice de la *lettre VII* que « chez Platon, le secret ne joue aucun rôle. [...] Platon avait pris beaucoup plus de distance que Pythagore et les Pythagoriciens avec tout arrière-plan religieux et notamment avec les Mystères » (Platon, *Lettres*, *op. cit.*, p. 158).

3. *Cf.* M. Engel, « Die Rehabilitaion des Schwärmers, Theorie und Darstellung des Schwärmers in Spätaufklärung und früher Goethezeit », *in* H. J. Schings (Hrsg.), *Der ganze Mensch. Anthropologie und Literatur im 18. Jahrhundert. DFG-Symposion 1992*, Stuttgart-Weimar, Metzler, 1994, p. 469-498.

4. TSP, AK VIII, 399 ; OP III, 408 (trad. mod.).

5. Platon, *République*, *op. cit.*, 508 b.

Kant ne répond pas seulement explicitement à Schlosser en le citant, mais aussi implicitement à Jacobi en parlant de *salto mortale*. Dans ses *Lettres à Mendelssohn sur la doctrine de Spinoza* (1785-1789), Jacobi entendait échapper au fatalisme spinoziste en faisant un saut périlleux, et dénonçait ainsi la réduction matérialiste de la pensée à la suite notamment de la suppression des causes finales dans la nature. De la querelle du panthéisme au néoplatonisme contemporain, ce saut signifie, selon Kant, « la mort de toute philosophie »[1]. Il faut reconnaître que lorsque Kant caractérise Schlosser comme étant « le philosophe du sentiment qui platonise » (*der platonisirende Gefühlsphilosoph*), cela correspond aussi à ce que Jacobi n'hésite pas à dire de lui-même, par exemple en 1815 dans sa *Préface pouvant servir à l'ensemble des écrits philosophiques de l'auteur*. Jacobi prétend adhérer « à la doctrine authentique et non émasculée (*unentmannten*) du vieux Platon »[2], ce qui laisse sans doute entendre qu'il récuse la réforme des Idées platoniciennes élaborée par Kant. Le terme *unentmannt* rappelle en effet la polémique entre Kant et Schlosser, ce dernier reprochant au criticisme de purifier et de formaliser la volonté et d'être ainsi une menace de « castration [*Entmannung*] de la raison »[3]. D'autre part, Jacobi se réfère aux Mystères d'Eleusis dans *Sur une prophétie de Lichtenberg* (1801), en expliquant en note que le terme d'épopte peut se traduire par *Anschauer* et désigne dans les Mystères celui qui était autorisé à accéder au regard intuitif après être passé par tous les degrés de l'initiation. On appelait des mystes ceux qui suivaient encore une initiation. Jacobi précise que cette classe de mystes est devenue aujourd'hui « ridicule », car « tout est donné à voir » (*alles ist aufgethan*)[4] à l'époque des Lumières. La science contemporaine révèle désormais ce qui était encore caché, et la logique métaphysique s'aligne sur les découvertes des sciences de la nature. Dieu peut être expliqué comme une illusion psychologique comparable à celle qui se produit en optique, lorsqu'on analyse le phénomène de l'arc-en-ciel comme étant la réfraction et la concentration de la lumière. Ce passage peut ainsi donner l'impression que Jacobi partage la position de Schlosser, que Kant comparait à un mystagogue. Souvenons-nous aussi que Jacobi met en exergue à ses *Lettres sur Spinoza* un passage de la *Lettre II* de Platon dans la version latine de Ficin. Platon s'exprime *more pythagorico* et condense ce que l'on a coutume d'appeler la doctrine « des trois rois ». Ficin avait expliqué ce passage obscur dans son commentaire du *Banquet* (« Deuxième discours », chap. IV). Cette lettre parle aussi du « pressentiment des hommes divins [qui] ont plus d'autorité que ceux des hommes qui ne le sont pas »[5]. Schlosser souligne justement ce passage sur l'*Ahndung* sur lequel se fonde la philosophie du sentiment selon Kant.

1. TSP, AK VIII, 399 ; OP III, 406. *Cf.* J. G. Schlosser, *Plato's Briefe*, *op. cit.*, p. 182.

2. F. H. Jacobi, « Préface pouvant servir à l'ensemble des écrits philosophiques de l'auteur », in *David Hume et la croyance*, *op. cit.*, p. 135.

3. TSP, AK VIII, 398 ; OP III, 406.

4. F. H. Jacobi, *Sur une prophétie de Lichtenberg* (1801), in *Des choses divines et de leur révélation*, trad. fr. P. Cerutti, Paris, Vrin, p. 36 (trad. mod.).

5. Platon, *Lettres*, 311 d, *op. cit.*, p. 87 ; *cf.* J. G. Schlosser, *Plato's Briefe*, *op. cit.*, p. 81.

De la publication de *Qu'est-ce que s'orienter dans la pensée* (1786) à *Sur un ton supérieur nouvellement pris en philosophie* (1796), Kant rapproche le saut périlleux de l'élan platonicien, qui caractérise une philosophie inspirée par le génie, et qu'il pense à tort être défendue par Jacobi. Il est indéniable que Jacobi rapproche le sentiment de l'œil de l'esprit « qui révèle positivement à l'homme la vrai, le bon et le beau en soi, loin de ne faire que l'abuser au moyen de vaines images (Idées) sans portée objective »[1]. Mais Jacobi se défend d'êtr misologue, comme le lui reproche l'historien de la philosophie platonicienne Tennemann, dans son *Abrégé d'histoire de la philosophie*[2] (auquel se réfère aussi Schlosser dans ses *Lettres de Platon)*[3]. Jacobi affirme qu'on n'ose pas accuser Platon de donner libre carrière à la superstition et à l'enthousiasme, et pourtant Kant admet, dans la *Critique de la raison pure*, que le « système intellectualiste [de Platon] n'est pas simplement logique, mais mystique »[4]. Mais Jacobi s'appuie sur Kant lui-même, qui supprime « le savoir pour faire place à la croyance [*Glauben*] » et démontre l'impuissance théorique de la science à s'élever du sensible au supra-sensible. Jacobi approuve pleinement le primat donné à la raison pratique qui préserve le *logos* confronté à la logique orgueilleuse de la raison idolâtrique. Nous n'avons pas le loisir de confronter la pensée de Kant à celle de Jacobi, mais la lecture de Kant par Jacobi est bien plus complexe et profonde que la lecture de Kant par Schlosser[5]. La philosophie de Jacobi est bien plus consistante et ne saurait être assimilée à la position réductrice de Schlosser[6]. Cela tient aussi au fait que Jacobi met l'accent sur le rapport spécifique de Kant lui-même à Platon[7]. De plus, aucun philosophe n'a jamais été autant louangé par Jacobi que Kant, car Jacobi entend donner une impulsion nouvelle à l'*Aufklärung* en faveur d'une autodétermination de l'individu[8].

1. F. H. Jacobi, « Préface », in *David Hume et la croyance, op. cit.*, p. 135.

2. Dans son *Grundriss der deutschen Philosophie* (1812), Tennemann consacre deux brefs chapitres à Jacobi, à sa doctrine de la foi et à son école (§ 396-397). F. D. E. Schleiermacher loue les travaux de Tennemann, qui prend au sérieux la critique platonicienne de l'écriture dans la lettre VII, in *Über die Philosophie Platons*, Hamburg, Felix Meiner Verlag, 1996, p. 47. Sur Tennemann et le platonisme *cf.* J.-L. Vieillard-Baron, « Le système de la philosophie platonicienne de Tennemann », *Revue de Métaphysique et de Morale*, 78 e année/4, 1973, p. 513-524; et *id.*, *Platon et l'idéalisme allemand (1770-1830)*, Paris, Beauchesne, 1979.

3. J. G. Schlosser, *Plato's Briefe*, *op. cit.*, p. XXVI et note p. 252.

4. F. H. Jacobi, « Préface », in *David Hume et la croyance, op. cit.*, n. 1 p. 135. *Cf.* CRP, A 854/B 882.

5. S. Schick, *Die Legitimität der Aufklärung*, Frankfurt am M., Klostermann, 2019.

6. Sur la philosophie de Jacobi, voir B. Sandkaulen, *Jacobis Philosophie. Über den Widerspruch zwischen System und Freiheit*, Hamburg, Meiner, 2019, et *id., Grund und Ursache. Die Vernunftkritik Jacobis*, München, Fink Verlag, 2000.

7. P. J. Brunel, *De Protée à Polyphème. Les Lumières platoniciennes de F. H. Jacobi*, Paris, PUPS, 2014.

8. S. Schick, *Die Legitimität der Aufklärung*, *op. cit.*, p. 7.

Le besoin platonicien de la raison est au cœur des divergences entre Kant et Jacobi. Or selon Jacobi, « Socrate était incontestablement plus paulinien qu'aristotélicien »[1]. Cette déclaration surprenante suppose que l'on s'interroge sur l'amour et la raison, sur les choses érotiques en philosophie, afin de comprendre ce qu'est le pressentiment. Certes, Kant n'est pas insensible à la recherche de l'unité. Mais quelle est la nature de ce lien entre le besoin de la raison et la réalité de son objet de connaissance? Nous voudrions, pour conclure, mentionner une lettre de Jacobi à Schlosser du 25 avril 1796, où Jacobi prend ses distances avec la *Continution du Banquet*, que Schlosser venait de publier, tout en critiquant la volonté pure kantienne.

Jacobi fait allusion au *Philèbe* et à l'exemple de la faim pour nous faire saisir ce qu'est le plaisir. L'analyse de cette attente de l'âme elle-même sans la participation du corps s'oppose, selon Jacobi, à la manière kantienne de définir la volonté pure. Dans ce passage du *Philèbe*, Socrate aborde la question de la mémoire et de la réminiscence pour clarifier ce qu'est le plaisir de l'âme sans le corps, et en même temps ce qu'est le désir. Il parle de la faim pour savoir d'où naît le désir[2]. Jacobi s'attache à faire saisir ce qui peut nous donner cette idée d'une chose que nous désirons sans l'éprouver. Or le corps en est incapable, puisqu'il est vide, c'est donc l'âme qui a l'idée de la réplétion par la mémoire. Le désir est le moyen primitif de la connaissance du Bien, sa révélation. Jacobi exhorte alors Schlosser à s'interroger sur le lien entre Eros et la connaissance du Bien pour comprendre le ressort même de l'âme dans le *Banquet*. Jacobi mêle implicitement les réflexions de Diotime dans le *Banquet* à celles de Socrate dans le *Philèbe*. Le désir nous « montre le chemin », le philosophe se met en chemin et vise l'objet qu'il ne possède pas, précisément en raison de la nature érotique de sa relation à la sagesse et au savoir. Avec Kant, nous ne pouvons être à mi-chemin, car cette visée érotique de l'âme n'a pas de sens dès lors que la pure volonté s'affirme : il ne reste plus que le chemin pour le chemin, dit Jacobi. Ce dernier partage certes le jugement péjoratif de Kant sur le théisme, qui rend la raison paresseuse, « Mais le vrai théisme, le théisme de Platon, n'a rien d'un tel séducteur; au contraire, lui seul rend, au sens strict et sans causer de préjudice, à la science ce qui est de la science, et à Dieu ou à l'esprit ce qui est à Dieu ou à l'esprit »[3]. Jacobi se revendique d'un platonisme non dogmatique éloigné de celui de Schlosser, en l'occurrence de Socrate. La séduction que Socrate exerce réside dans le fait qu'il sait qu'il ne sait pas. La critique kantienne des Idées platoniciennes nous place finalement devant l'alternative suivante : ou bien la critique kantienne est valide, ou bien nous sommes obligés de reconnaître que le Vrai se manifeste dans et au-dessus des phénomènes à partir d'une faculté supérieure qui n'est pas la raison

1. F. H. Jacobi, *Ueber die Lehre des Spinoza in Briefen an den Herrn Moses Mendelssohn* (1785, 1789, 1819), *in* K. Hammacher et I.-M. Piske (Hrsg.), *Schriften zum Spinozastreit*, Hamburg/Stuttgart-Bad Cannstatt, Meiner/Frommann-Holzboog, 1998, t. 1.1, p. 345 (notre traduction).

2. Platon, *Philèbe*, 34d-35a.

3. F. H. Jacobi, *Des choses divines et de leur révélation*, *op. cit.*, p. 101.

démonstrative. L'unité de la spéculation et de la raison pratique ne peut être rétablie qu'en renversant leurs rapports. Selon S. Schick, Jacobi considère que « la conscience de l'action pratique est le fondement de la raison spéculative »[1]. C'est précisément ce renversement que Jacobi qualifie de *salto mortale*. Cette causalité originaire de la liberté dans l'action est accessible à notre conscience seulement par le sentiment immédiat et peut être seulement l'objet de la croyance, et non du savoir. Jacobi pense avec Pascal que nous n'en savons pas assez pour être dogmatique et trop pour être sceptique. Or cette expérience de la raison, à la fois pauvre et pleine de ressources, nous révèle que le vrai rationalisme dont parle Jacobi doit commencer par un éloge d'Eros.

Pierre Jean BRUNEL
IHRIM

1. S. Schick, *Die Legitimität der Aufklärung*, *op. cit.*, p. 423.

KANT DANS L'AGORA D'ATHÈNES ÉLÉMENTS DE LA PENSÉE GRECQUE DANS LA *DISSERTATION* DE 1770

INTRODUCTION : QUEL HISTORIEN DE LA PHILOSOPHIE KANT EST-IL ?

Le rapport de Kant avec la pensée grecque présente des limites historiques objectives, en premier lieu l'impossibilité de la part de Kant, pour des raisons linguistiques, de se confronter directement aux textes grecs anciens : d'où la nécessité – bien documentée – dans laquelle il était d'approcher ces textes à travers le filtre d'ouvrages comme par exemple, dans le cas de Platon, l'*Historia critica* de J. J. Brucker[1]. Ceci n'empêche pourtant pas Kant de revendiquer une certaine autonomie de jugement et on peut justement mentionner à cet égard le cas de Brucker : dans le livre I de la « Dialectique transcendantale », en effet, lorsque Kant cite l'ouvrage de Brucker à propos de la *République* de Platon, il se déclare en désaccord avec lui concernant l'inutilité et la nature chimérique de ce modèle platonicien, lequel, selon Brucker, serait idéal au seul titre d'être irréalisable[2].

Cette prise de position très nette par rapport à l'interprétation d'un texte auquel Kant ne pouvait pas avoir un accès direct est très révélatrice de la posture herméneutique adoptée par Kant par rapport à ses sources (plus ou moins directes). C'est précisément en référence au concept platonicien d'« Idée » que Kant, dans les mêmes pages où il critique Brucker, déclare explicitement que

> il n'est pas du tout rare dans le langage commun, tout comme dans la littérature, que – à travers la comparaison des pensées qu'un auteur exprime à propos de son objet – l'on comprenne un auteur mieux qu'il ne s'est compris lui-même[3].

1. J. J. Brucker, *Historia critica philosophiae a mundi incunabulis ad nostram usque aetatem deducta*, 5 vol., Leipzig, Breitkopf, 1741-1744.

2. CRP, A 316/B 372 ; OP I, 1028.

3. CRP, A 314/B 370 ; OP I, 1027.

Cette déclaration méthodologique s'accorde avec au moins trois éléments qui présentent une tendance de longue durée dans la pensée de Kant :

1) dans les cours de Logique, de Métaphysique, à propos de l'Encyclopédie philosophique (aussi bien que dans les *Reflexionen* qui s'y réfèrent) à partir des années 1760, l'exposition kantienne de l'histoire de la philosophie, qui précède normalement certains de ses cours, a tendance à marginaliser la philosophie orientale pour favoriser la philosophie grecque. À la racine de cela, il y a l'abandon progressif par Kant du schéma des « sectes philosophiques » au profit des différentes approches selon lesquelles les divers courants de la pensée grecque ancienne affrontent les problèmes[1].

2) Cette manière de présenter l'histoire de la pensée, on la retrouve, plus amplement développée, à la fin de la « Doctrine de la méthode » de la *Critique de la raison pure* : le quatrième et dernier chapitre de cette section est constitué précisément par l'« Histoire de la raison pure », que Kant conçoit non pas comme un simple exercice archéologique, mais comme une « lacune qui reste dans le système, et qui devra être remplie plus tard »[2]. La preuve de cette conception de l'histoire de la raison pure est que la reconstruction des étapes qui ont conduit à la situation actuelle n'est pas chronologique, mais thématique. En effet, Kant affirme que les transformations les plus significatives qui ont eu lieu dans le « champ de bataille » de la métaphysique ont répondu à un triple but, articulé selon l'*objet des consciences rationnelles*, leur *origine* et la *méthode* suivie par les philosophes qui ont le plus contribué à rénover la métaphysique[3]. Cette démarche permet à Kant de compter Platon parmi les intellectualistes en ce qui concerne l'objet des connaissances rationnelles, et parmi les « noologistes » en ce qui concerne leur origine[4].

3) Enfin, dans les *Löse Blätter* relatifs à l'écrit tardif sur les *Progrès de la métaphysique*, Kant parle d'une « histoire philosophante de la raison » et, en conformité avec les affirmations que nous venons d'analyser, il affirme que

> une représentation historique de la philosophie raconte [...] comment on a philosophé jusqu'au présent et dans quel ordre. Mais l'activité philosophique est un développement progressif de la raison humaine et celle-là ne peut avoir avancé sur la voie empirique [...]. Il doit y avoir eu un besoin (théorique ou pratique) de la raison qui l'a contrainte à s'élever de ses jugements sur les choses en direction des fondements jusqu'au premier de ceux-là[5].

1. Voir Réfl. 1635 (selon Adickes 1752-1755/1756), AK XVI, 56-58 en opposition à Réfl. 1636 (selon Adickes 1760-1772), AK XVI, 60. À ce propos, voir également G. Micheli, *Kant storico della filosofia*, Padova, Antenore, 1980, p. 60-61, 269.

2. CRP, A 852/B 880 ; OP I, 1398-1399.

3. Voir CRP, A 853-855/B 881-883 ; OP I, 1399-1401.

4. Voir CRP, A 854/B 882 ; OP I, 1399-1400.

5. *Progrès*, AK XX, 340-341 ; OP III, 1284.

Par conséquent, Kant ajoute que bien qu'une histoire philosophique de la raison « établisse des faits de la raison, elle ne les emprunte pas au récit historique, mais elle les tire de la nature de la raison humaine à titre d'archéologie philosophique »[1].

Ainsi, la seule « archéologie » admise dans l'histoire de la philosophie est une archéologie philosophique, à savoir une démarche informée par cette vie de la raison qui n'est pas épuisée et ne se résout pas dans ses manifestations contingentes. Cette prémisse est nécessaire pour comprendre à la fois le sens, les limites et aussi les potentialités de la manière dont Kant se rapporte à la pensée grecque, en particulier à celle de Platon, dans ce texte aussi problématique qu'énigmatique qu'est la *Dissertation* de 1770. Il s'agira donc maintenant d'essayer de comprendre quels sont les problèmes qui occupent Kant à ce moment crucial de son parcours théorique et de quelle manière le monde grec, ou plutôt l'image que Kant avait pu s'en former, joue un rôle dans la constitution de ces problèmes et dans la tentative kantienne de les résoudre.

LES LIMITES DU « PLATONISME » KANTIEN DANS LA *DISSERTATION* DE 1770

Selon une interprétation répandue – qui, depuis M. Wundt et K. Reich, arrive jusqu'à J.-L. Vieillard-Baron et A. Nuzzo[2] – la *Dissertation* de 1770 constituerait le moment crucial de la rencontre (toujours indirecte) de Kant avec Platon. M. Wundt va jusqu'à faire l'hypothèse que Kant se réfèrerait à sa découverte de Platon dans la célèbre *Reflexion* 5037 (1776-1778), où il est question de la « grande lumière » qui l'aurait investi en 1769[3]. En revanche, K. Reich voit plutôt dans le *Phaedon* de M. Mendelssohn (1767) le texte qui aurait provoqué chez Kant le « réveil » des réminiscences platoniciennes au cours de ces années cruciales pour la détermination des instances critiques[4]. La raison déterminante

1. *Progrès*, AK XX, 341 ; OP III, 1284.

2. Voir M. Wundt, *Kant als Metaphysiker. Ein Beitrag zur Geschichte der deutschen Philosophie im 18. Jahrhundert*, Stuttgart, Enke, 1924, p. 162, 428 ; G. Mollowitz, « Kants Platoauffassung », *Kant-Studien*, 40, 1935, p. 13-67, ici p. 41 ; K. Reich, *Kant und die Ethik der Griechen*, Tübingen, Mohr, 1935, p. 23 ; H. Heimsoeth, « Kant und Plato », *Kant-Studien*, 56/3-4, 1967, p. 349-372 ; *id.*, « Plato in Kants Werdegang », *in* H. Heimsoeth, D. Henrich et G. Tonelli (Hrsg.), *Studien zu Kants philosophischer Entwicklung*, Hildesheim, Olms, 1967, p. 124-143, ici p. 125 ; J.-V. Vieillard-Baron, *Platon et l'idéalisme allemand (1770-1830)*, Paris, Beauchesne, 1979, p. 41 ; A. Nuzzo, « Soul and Body : Plato in Kant's Theory of Ideas », *in* B. Mojsisch et O. F. Summerell (Hrsg.), *Platonismus im Idealismus. Die platonische Tradition in der klassischen deutschen Philosophie*, München-Leipzig, Saur, 2003, p. 33-58, ici p. 43-44 et p. 48. Ces études sont également prises en compte par U. Santozki, *Die Bedeutung antiker Theorien für die Genese und Systematik von Kants Philosophie*, Berlin-New York, De Gruyter, 2006, n. 110-111 p. 57.

3. Réfl. 5037 (1776-1778), AK XVIII, 69. Voir M. Wundt, *Kant als Metaphysiker*, *op. cit.*, p. 153-178.

4. K. Reich, *Kant und die Ethik der Griechen*, *op. cit.*, p. 15.

de la maturation de ces interprétations est représentée par la structure conceptuelle sous-jacente à la division principale que Kant illustre déjà dans le titre de l'ouvrage, à savoir celle entre le monde sensible et le monde intelligible – une division qui, depuis le § 3 de la *Dissertation*, consacré justement à *De sensibilium atque intelligibilium discrimine generatim*, est liée à celle qui sépare les phénomènes des noumènes :

> L'objet de la sensibilité est le sensible; mais ce qui ne contient que ce qui doit être connu par l'intelligence est l'intelligible. Dans les écoles des Anciens, on appelait le premier *phénomène* et le second *noumène.* [1]

Pourtant, dans ce passage, tout comme dans les approfondissements ultérieurs de cette distinction, non seulement Platon n'est pas évoqué, mais aucun auteur ni école ancienne ne sont explicitement mentionnés. La référence de Kant à l'Antiquité est pourtant claire, de sorte que se pose de manière tout à fait légitime la question de l'interlocuteur ou des interlocuteurs idéels de Kant dans cet extrait. Le fait que dans le passage cité il ne s'agisse pas de Platon semble être assez clair si l'on considère la manière selon laquelle Kant positionne le monde sensible et le monde intelligible l'un par rapport à l'autre. Dès le premier paragraphe, consacré à la notion de *monde* en général, Kant précise qu'il a examiné la « double genèse » de ce concept tel qu'il surgit « e mentis natura » :

> concevoir la *composition* d'un tout à l'aide d'une notion abstraite de l'entendement une fois que des parties sont données est une chose, mais considérer cette *notion* générale comme un problème de la raison et la *produire* au moyen de la faculté sensible de connaître, c'est-à-dire se représenter la notion concrètement par une intuition distincte, en est une autre. On parvient à la première par [...] des idées universelles de l'entendement; mais la seconde repose sur des *conditions* temporelles dans la mesure où le concept de composé est rendu possible de manière génétique par l'addition successive des parties, c'est-à-dire par synthèse, et relève ainsi des lois de l'*intuition* [2].

Toujours dans le premier paragraphe, Kant affirme explicitement que

> ce désaccord entre la faculté *sensible* et la faculté *intellectuelle* [...] indique seulement [...] *que l'esprit [mens] contient des idées abstraites reçues de l'entendement qui souvent ne peuvent être produites concrètement et transformées en intuitions* [3].

Les deux mondes, donc, ne sont pas subordonnés l'un à l'autre, mais correspondent à deux façons différentes de considérer la réalité. Ce à quoi il faut être attentif, c'est plutôt de ne pas tomber dans le *vitium subreptionis* dénoncé par Kant dans la cinquième et dernière section du texte, dans laquelle il énonce les

1. *Dissertation*, AK II, 392. La *Dissertation de 1770* est citée ici dans la traduction d'A. Pelletier, Paris, Vrin, 2007, p. 13.

2. *Dissertation*, AK II, 387; trad. cit., p. 69-71.

3. *Dissertation*, AK II, 389; trad. cit., p. 75.

axiomes subreptices[1]. Dans toute la première partie de la *Dissertation*, Kant poursuit ce parallélisme entre les deux mondes avec une grande rigueur. Au § 4, en effet, il précise que « les pensées sensibles [*sensitive cogitata*] sont les représentations des choses *telles qu'elles apparaissent* et que les pensées intellectuelles [*intellectualia*] sont les représentations des choses *telles qu'elles sont* »[2]. Sur cette base, cependant, Kant n'établit pas une hiérarchie entre ces deux types de connaissances, mais il les situe chacune en correspondance avec autant d'usages de l'entendement. Au moyen de l'usage *logique* de l'entendement, commun à toutes les sciences :

> les concepts, quelle que soit leur origine, sont seulement *subordonnés* [...] (au moyen de leurs caractères communs) et sont rapportés les uns aux autres selon le principe de contradiction. [...] Des connaissances sensibles étant ainsi données, elles sont subordonnées à d'autres connaissances sensibles par l'usage logique de l'entendement comme à des concepts communs, tout comme des phénomènes sont soumis aux lois plus générales des phénomènes[3].

En revanche, au moyen de l'usage *réel* de l'intellect, sont *donnés* « les concepts des choses ou de leur rapports »[4]. Cet usage, qui – à la différence de l'usage logique –, n'est pas commun à toutes les sciences, concerne les « intellectualia stricte talia » : « Les concepts intellectuels des objets aussi bien que de leurs rapports sont donnés par la nature même de l'entendement : ils ne sont abstraits d'aucun usage des sens », puisque Kant précise : « abstraire de quelque chose » suppose un mélange original des deux éléments, tandis que le concept intellectuel *abstrait* et n'*est pas abstrait de* tout ce qui est sensible, de sorte qu' « il serait peut-être plus juste de dire qu'il est *abstrayant* plutôt qu'*abstrait* »[5]. En outre, pour dissiper tout doute à l'égard d'une position subordonnée de la connaissance sensible, au début du § 11, Kant déclare expressément : « Quoique les phénomènes soient proprement l'aspect des choses [*rerum species*], et non leur idée, et qu'ils n'expriment pas la qualité interne et absolue des objets, leur connaissance n'en est pas moins très vraie »[6].

On peut donc affirmer que le monde intelligible, obtenu *per notionem abstractam intellectus*, c'est le monde de l'analyse, caractérisé par une totalité de parties simples coordonnées entre elles et dont la particularité est celle d'être *abstrayant* par rapport au monde sensible et *universel* dans son idéalité. À côté du monde intelligible, mais non pas subordonné à lui, il y a le monde sensible, à savoir le monde de la synthèse, un monde concret et fondé sur l'intuition. Dans ce monde, les parties simples ne sont jamais données en tant que telles, puisqu'elles sont toujours placées dans des relations dont les conditions de possibilité sont

1. *Dissertation*, AK II, 412-417 ; trad. cit., p. 149-165.
2. *Dissertation*, AK II, 392 ; trad. cit., p. 87.
3. *Dissertation*, AK II, 393 ; trad. cit., p. 89-91.
4. *Ibid.* ; trad. cit., p. 89.
5. *Dissertation*, AK II, 394 ; trad. cit., p. 91-93.
6. *Dissertation*, AK II, 397 ; trad. cit., p. 101.

l'espace et le temps. Cela permet l'usage logique de l'entendement, qui subordonne les connaissances sensibles à d'autres connaissances sensibles. Cela a poussé divers interprètes – comme par exemple G. Tonelli, R. H. Popkin et J. C. Laursen, W. Patt, O. Höffe[1] et surtout J. Ferrari – à s'opposer à ceux, mentionnés plus haut, qui ont cru reconnaître dans la distinction entre le monde phénoménal et le monde nouménal une référence à Platon. En empruntant les mots de Jean Ferrari :

> Mais alors que, pour la tradition issue de Platon, le sensible est source d'erreurs et d'illusions, il devient chez Kant par sa forme *a priori* un lieu de la vérité ayant sa clarté et sa distinction propres : l'espace et le temps permettent de rendre compte de l'existence de la géométrie et du développement de la mathématique [2].

Certes, étant donné la connaissance indirecte que Kant avait de Platon, il se pourrait qu'il eût une image déformée de la perspective platonicienne, si bien qu'il n'avait pas à l'esprit la hiérarchie fondamentale entre la dimension intelligible et la dimension sensible qui est à la base de la pensée de Platon. Cela nous autoriserait à croire que le modèle de Kant, dans cette conception de la distinction entre les deux mondes, aussi bien que de la distinction qui en résulte entre le phénomène et le noumène, est effectivement inspiré de Platon, quoique d'un Platon apocryphe. Mais cela ne semble pas être le cas pour au moins deux raisons. 1) Déjà en ces années-là, Kant est bien conscient de la prééminence de l'élément intelligible sur l'élément sensible chez Platon, comme le démontre par exemple la *Reflexion* 1636, que nous avons déjà citée, dans laquelle il parle des écoles, respectivement, ionique, éléatique et italienne, comme partisanes d'un rationalisme pur, dont le « Magnus defensor » serait Platon. Dans un contexte qui renvoie sans doute à la théorie des idées, Kant affirme à propos de Platon qu'« Intelligibile oppositum sensibili »[3]. 2) U. Santozki, entre autres, a montré de manière convaincante que, en ce qui concerne la considération non hiérarchique des deux mondes, la source ancienne de Kant serait probablement les sceptiques, que Kant connaissait indirectement, grâce à la médiation de J. Regius[4], J. Carpov[5], J. J. Brucker et A. G. Baumgarten. U. Santozki formule

1. Voir G. Tonelli, « Kant und die antiken Skeptiker », in *Studien zu Kants philosophischer Entwicklung*, *op. cit.*, p. 93-123, ici p. 96-97 ; J. C. Laursen et R. H. Popkin, « Sources of Knowledge of Sextus Empiricus in Kant's Time : A French Translation of Sextus Empiricus from the Prussian Accademy, 1779 », *British Journal for the History of Philosophy*, 6, 1998, p. 261-267, ici p. 262 ; W. Patt, *Formen des Anti-Platonismus bei Kant, Nietzsche und Heidegger*, Frankfurt a. M., Klostermann, 1997, p. 15, p. 18 et n. p. 35 ; O. Höffe, *Kants* Kritik der reinen Vernunft. *Die Grundlegung der modernen Philosophie*, München, Beck, 2003, p. 51. Voir aussi U. Santozki, *Die Bedeutung antiker Theorien*, *op. cit.*, n. 110-111 p. 57.

2. J. Ferrari, « Occurrences platoniciennes dans l'œuvre de *Kant* », *Diotima*, 17, 1989, p. 66-74, ici p. 67.

3. Voir Réfl. 1636, AK XVI, 60.

4. J. Regius, *Oratio pro scepticismo*, Franequerae, Halma, 1725.

5. J. Carpov, *Idealismus ex concessis explosus*, Vinariae/Francofurti et Lipsiae, Melchior, 1740. Tant pour cette référence à Carpov que pour la précédente à Regius voir : G. Tonelli, « Kant und die

l'hypothèse que Baumgarten aurait contribué de manière décisive à accréditer le platonisme de Sextus Empiricus, lequel aurait transmis à la Modernité un Platon pour qui les connaissances sensibles et intelligibles ne seraient pas situées sur des plans nettement hiérarchisés[1]. En effet, dans sa lecture de Platon, Sextus Empiricus attribue au plan perceptif de l'*aisthesis* une capacité représentative primitive capable de produire une connaissance complète. Les objets de cette connaissance sont les *aisthetà* (les *sensibilia*), lesquels, en tant que produits d'une représentation, peuvent être considérés comme *phenomena*. Les connaissances sensibles ainsi caractérisées ne seraient donc pas nettement subordonnées aux connaissances intelligibles (les *noetà*), mais il y aurait plutôt entre *aisthetà* et *noetà* un chemin de clarification progressive, celui de la *doxa*. C'est surtout Baumgarten qui aurait diffusé cette lecture, en établissant ainsi une affinité indue entre Platon et l'école leibnizo wolffienne, une affinité qui serait fonctionnelle dans le cadre conceptuel de son *Esthétique*.

Nous ne savons pas si Kant connaissait les textes de Baumgarten dans lesquels cette interprétation est explicite – il s'agit en effet d'un cours[2] et d'une dissertation publiée par un élève après la mort de Baumgarten[3] –, mais en tout cas on ne peut qu'observer qu'un rapprochement polémique entre Leibniz et Platon est encore présent, chez Kant, dans l'*Anthropologie*[4]. En revanche, Kant aurait certainement pu trouver cette distinction entre *aisthetà* et *noetà*, très bien exprimée et en référence à des « philosophes anciens » guère mieux précisés, dans les *Meditationes de nunnullis ad poema pertinentibus* de Baumgarten (1735)[5]. Il va sans dire que les termes dans lesquels la distinction est établie ici font écho non seulement à ce qui est exposé dans la *Dissertation*, mais aussi, et peut-être même plus explicitement, à ce que Kant affirmera dans la *Critique de la raison pure* en polémique ouverte avec Baumgarten au sujet de la signification à attribuer au terme *esthétique*[6].

Même en supposant, donc, que le modèle pour la séparation entre les deux mondes dans la *Dissertation* n'est pas Platon, mais bien plutôt les sceptiques, il faut de toute manière examiner les passages du texte dans lesquels Kant pense

antiken Skeptiker », art. cit., n. 25 p. 97 et U. Santozki, *Die Bedeutung antiker Theorien*, *op. cit.*, n. 130 p. 64.

1. Voir Sextus Empiricus, *Hypotyposes* I, 8-9 ; *id.*, *Adversus Mathematicos*, VII, 141.

2. Voir A. G. Baumgarten, *Kollegium über die Ästhetik*, § 1, *in* B. Poppe, *Alexander Gottlieb Baumgarten. Seine Bedeutung und Stellung in der Leibniz-Wolffschen Philosophie und seine Beziehungen zu Kant. Nebst Veröffentlichung einer bisher unbekannten Handschrift der Ästhetik Baumgartens*, Leipzig, Noske, 1907, p. 65.

3. Voir J. Chr. Förster, *Dissertatio prooemialis de dubitatione et certitudine*, Hemmerde, Halle, 1770, *in* A. G. Baumgarten, *Philosophia generalis*, Halle-Magdeburg, 1770, repr. Hildesheim, Olms, 1968, § 3.

4. Voir APP, AK VII 140-141 n. ; OP III, 959 n.

5. A. G. Baumgarten, *Meditationes philosophicae de nonnullis ad poema pertinentibus*, Halle, Grunert, 1735, § 116.

6. Voir CRP, A 21/B 35-36 n. ; OP I, 783 n.

sans doute à Platon, à un Platon pas si éloigné de l'original. Deux passages répondent à ce propos : le premier et le plus significatif est situé au § 9, lorsque Kant, en définissant le but « dogmatique » des connaissances intellectuelles – qui consiste à dessiner le modèle exemplaire représenté par la « perfection nouménale » –, identifie deux acceptions de cette perfection : la première acception, *théorétique*, coïncide avec « l'Être Suprême, Dieu », tandis que la seconde acception est *pratique* et consiste dans la « perfectio moralis »[1]. Épicure et Shaftesbury sont ici critiqués pour avoir identifié les *principia diiudicandi* de la philosophie morale avec les éléments sensibles, comme « le sentiment du plaisir et de l'aversion »[2]. En ce qui concerne le deuxième interlocuteur, Kant reconsidère au moins partiellement l'avis favorable qu'il avait exprimé à l'égard des théories morales – par rapport aussi à Hutcheson et Hume – dans la *Deutlichkeit* et dans la *Nachricht* de 1765-1766[3].

Dans la *Dissertation*, Platon est clairement évoqué par rapport à l'idéalité du maximum de perfection morale[4], et la référence à Platon est motivée par le fait que Kant a pour intention de souligner que les principes moraux doivent être complètement détachés de l'expérience. L'objectif de Kant, ce sont des *principia diiudicandi*, à savoir des critères permettant de *mesurer* la valeur morale de l'action à partir d'un horizon par définition inaccessible, que Kant qualifie d'*idéal* en le superposant ouvertement à l'idée platonicienne et en introduisant en ce sens une signification destinée à se préciser, toujours par rapport à l'idée, dans la phase critique. L'idée platonicienne ainsi comprise est, bien sûr, inaccessible à un sujet fini, et dans ses acceptions les plus extrêmes, elle sera ultérieurement critiquée en raison des dérives mystiques auxquelles elle est exposée. Cependant, dans ce contexte, ce qui compte pour Kant, ce n'est pas son caractère d'intuition intellectuelle – évoqué en passant au § 25[5] –, mais bien plutôt son caractère non empirique – ce qui la rend de toute manière potentiellement connaissable, même si ce n'est que par un intellect divin – en en faisant ainsi un instrument adéquat de « mesure morale ». Par conséquent, on peut conclure avec Jean Ferrari :

> La théorie platonicienne des idées, débarrassée de ses illusions métaphysiques, ouvre la voie et appelle la solution critique qui définit l'idée comme un concept de la raison, c'est-à-dire une représentation qui naît de l'application d'une exigence d'inconditionné à une notion de l'entendement[6].

1. *Dissertation*, AK II, 396.
2. *Ibid.* ; trad. cit., p. 97.
3. Voir *Deutlichkeit*, AK II, 300, et *Annonce du programme des leçons du semestre d'hiver 1765-1766*, AK II, 311.
4. *Dissertation*, AK II, 396 ; trad. cit., p. 97-99.
5. *Dissertation*, AK II, 413.
6. J. Ferrari, « Occurrences platoniciennes dans l'œuvre de *Kant* », art. cit., p. 70.

La composition entre les deux mondes et ses conséquences sur le « platonisme » de Kant

Nous pouvons maintenant essayer de comprendre la manière dont il faut lire les influences platoniciennes, ou prétendument telles, dans la *Dissertation*, et cela à la lumière de la conception kantienne de l'histoire de la philosophie que nous avons exposée au début. Autrement dit, il faut se demander quels sont les problèmes auxquels Kant se confronte à cette époque. Toute la dernière section de la *Dissertation* est consacrée à « la méthode à suivre en métaphysique concernant les connaissances sensibles et intellectuelles » [1], et elle met en garde contre le risque de considérer les éléments de la connaissance sensible comme des éléments intellectuels. Cependant, comme Kant le reconnaîtra ouvertement peu de temps après, dans la célèbre *Lettre* à Marcus Herz du 21 février 1772, cela laisse dans l'ombre une question cruciale pour la connaissance humaine, aussi bien que pour la métaphysique qui entend la fonder, à savoir la question de l'adéquation entre la représentation et son objet, sur lequel repose l'objectivité de la connaissance. Les *intellectualia*, en tant qu'abstrayants,

> ne doivent [...] ni être abstraits des impressions des sens [*Empfindungen der Sinne*], ni exprimer la réceptivité des représentations par les sens, mais à la vérité avoir leur source dans la nature de l'âme, sans pour autant être causés par l'*objet* ni produire eux-mêmes l'*objet*[2].

Dans sa *Lettre* à Herz, Kant mentionne explicitement les limites de la perspective de la *Dissertation* :

> Dans la *Dissertation*, je m'étais contenté d'exprimer la nature des représentations *intellectuelles* de façon purement *négative*, en disant qu'elles n'étaient point des *modifications* de l'âme [*Seele*] par l'objet. Mais comment donc était possible autrement une représentation qui se rapporte à un objet sans être d'aucune façon *affectée* par lui, voilà ce que j'avais passé sous silence [3].

À partir de la perspective esquissée dans la *Dissertation*, le problème de l'adéquation de la représentation oblige à trouver une composition entre les deux mondes, une composition qui, sans générer la confusion entre eux, puisse garantir la légitimité par laquelle on peut dire que la « faculté de l'entendement » (*Verstandesvermögen*) est conforme à ce que Kant définit encore dans la *Lettre* à Herz comme « Dinge selbst »[4]. Mais cette composition ne peut se fonder que sur le dépassement de la dichotomie très nette qui sépare encore les deux types de connaissances de chaque monde dans la *Dissertation* : la connaissance intuitive pour le *mundus sensibilis* et la connaissance symbolique pour le *mundus intelligibilis*[5].

1. *Dissertation*, AK II, 410 ; trad. cit., p. 143.
2. Lettre à Marcus Herz, 21 février 1772, AK X, 130.
3. *Ibid.*, AK X, 130-131.
4. *Ibid.*, AK X, 131.
5. *Dissertation*, AK II, 396.

Nous ne pouvons pas ici reconstruire toutes les étapes du chemin qui conduit Kant à identifier le caractère discursif de la connaissance conceptuelle et, par conséquent, à opposer la connaissance symbolique non pas à la connaissance intuitive, mais à la connaissance discursive. Il suffit de rappeler que ce chemin commence dans les années 1770, à l'époque des *Leçons* d'anthropologie et de métaphysique conduites par Kant sur la base de la *Metaphysica* de Baumgarten. D'une part, Kant suit Baumgarten en considérant la connaissance intuitive et la connaissance symbolique comme deux niveaux différents d'adhérence du signe au *signatum*, et, de l'autre, il souligne le caractère particulier de la connaissance discursive[1]. En effet, contre l'usage en vogue dans l'école leibnizo-wolffienne consistant à appeler « symbolique » la connaissance par les signes qui a pour base les mots, il fait valoir que

> l'intuition ne s'oppose pas à la connaissance symbolique, mais à la connaissance par concepts. Bien plutôt, la représentation symbolique *sert* à l'intuition. [...] Les mots ne sont pas des symboles, car ils n'expriment pas d'images[2].

Il s'agit là d'une position décisive pour la détermination de la nature des catégories conçues comme *discursive Verstandesbegriffe* – une position qui aura des échos significatifs aussi dans la troisième *Critique* et qui, toujours en posture polémique à l'égard de la tradition leibnizo-wolffienne, reviendra avec force dans l'écrit contre Eberhard[3].

Cependant, afin de mesurer le rapport avec Platon, l'aspect qui nous intéresse ici est tout autre. En effet, une fois déterminée la légitimité par laquelle la connaissance discursive peut, ou mieux *ne peut que* se référer de manière transcendantale à la sensibilité, sans être déterminée par elle, Kant peut récupérer la valeur positive de la perspective platonicienne non seulement au niveau pratique, mais aussi théorétique. La nature ambiguë des *intellectualia* de la *Dissertation* est certainement résolue au sens de la conceptualité des catégories, mais l'exigence d'un *en soi* inconditionné, totalement détaché du niveau sensible, reste dans la forme des idées telles que Kant les décrit au début de la « Dialectique transcendantale », dans le paragraphe consacré à « Des idées en général » : « Les idées sont chez lui [Platon] les originaux [*Urbilder*] des choses en elles-mêmes, et non des simples clefs pour des expériences possibles, comme les catégories »[4]. Ces archétypes expriment l'exigence d'une unité de niveau supérieur visant à déterminer « l'usage de l'entendement, d'après des principes, dans le tout formé par l'ensemble de l'expérience »[5], comme Kant l'affirmera dans le paragraphe sur « Les idées transcendantales », en introduisant ainsi la distinction entre les

1. Voir A. G. Baumgarten, *Metaphysica* [1739], Halle, Renger, 1779 (7e éd.), § 620. Kant, *Vorlesungen Metaphysik* L_1 (1775-1780), AK XXVIII, 238.

2. *Nachlass, Collegentwürfe aus den 70er Jahren* (1773-1778), AK XV, 710. Voir aussi *Vorlesungen Wintersemester 1772-1773 Anthropologie Parow* (1772-1773), AK XXI, 338-339.

3. Voir par exemple les *Vorarbeiten zur Schrift gegen Eberhard*, AK XX, 362.

4. CRP, A 313/B 370 ; OP I, 1026.

5. CRP, A 321/B 378 ; OP I, 1032.

concepts de l'intellect – les catégories – et les concepts de la raison (*Vernunftbegriffe*), à savoir justement les idées transcendantales. À la différence de la *Lettre* à Herz, dans laquelle les *Vernunftbegriffe* assumaient également un sens général, cette expression recouvre désormais un sens technique grâce à l'articulation interne à la logique transcendantale se déployant dans l'« Analytique » et la « Dialectique ».

Dans cette perspective, un élément de comparaison efficace en ce sens est représenté par les termes dans lesquels, dans la *Metaphysik Dohna* (au début des années 1790), Kant distingue entre les concepts intellectuels purs (*reine Verstandesbegriffe*), auxquels correspond un objet d'expérience, et les idées (*Ideen*), « auxquelles aucun objet de l'expérience ne sera jamais adéquat »[1]. Aux concepts purs de l'intellect et aux idées correspondent, respectivement, un usage immanent et un usage transcendant de la raison[2]. Cependant, malgré cette distinction, autant les concepts purs de l'entendement que les idées font partie des *Notionen*[3], comme Kant les appelle dans ce cours, en empruntant le terme latin *notio* utilisé par la *Schulmetaphysik* pour désigner le concept. Les *Notionen* qui représentent des *idées* [harmoniser la graphie de « idée », écrit tantôt avec majuscule, tantôt avec minuscule] ne sont rien d'autre que ces concepts particuliers de la raison que Kant, dans le premier Livre de la « Dialectique transcendantale », définit dans le cadre de la distinction entre *conceptus ratiocinati* et *conceptus ratiocinantes*[4] et que, dans le paragraphe « Des idées en général », il a désignés au moyen des seules deux occurrences du terme allemand *Notion* dans toute la *Critique*[5].

Donc, par rapport au tableau problématique de la *Dissertation*, on peut affirmer qu'entre le *mundus sensibilis* et le *mundus intelligibilis* Kant a établi cette nouvelle articulation systématique qu'est la conceptualité discursive. Cette conceptualité coopère avec la dimension sensible à la détermination de l'expérience possible, et elle est délimitée dans son application par les idées transcendantales. Or, dans ce

1. *Vorlesungen Wintersemester 1792/1793 Metaphysik Dohna* [désormais *Met. Dohna*], AK XXVIII, 617. Kant réitère cette distinction en termes identiques dans le paragraphe intitulé *Kritische Abhandlung der Transzendentalphilosophie*, *Met. Dohna*, AK XXVIII, 655-656. L'opposition sémantique entre *Begriffe*, caractérisés par une référence expérientielle, et *Ideen*, lesquelles sont dépourvues de cette référence, était déjà apparue dans deux cours de logique dispensés dans les années 1780, toujours médiée par le terme *notio*, voir : *Logik Pölitz* (1780), AK XXIV, 566, et *Logik Busolt* (1789-1790), AK XXIV, 653-654. En revanche, dans un cours de la fin des années 1970 sur l'*Encyclopédie philosophique*, dans lequel l'idée ne pouvait pas encore être caractérisée en un sens critique, mais était encore et expressément comprise en un sens platonique, Kant pouvait affirmer que « si le conceptus est pris *a priori*, c'est une *notio*. Le plus haut degré de la notion [*Notion*] est l'idée au sens platonicien, qui exprime l'archétype de la chose [*Sache*] » (AK XXIX, 17). Sur la signification spécifique du concept d'idée chez Kant, voir N. Hinske, « Kants Anverwandlung des ursprünglichen Sinnes von Idee », *in* M. Fattori et M. L. Bianchi, *Idea. Atti del VI Colloquio internazionale del Lessico intellettuale europeo*, Roma, Edizioni dell'Ateneo, 1990, p. 317-327.

2. *Met. Dohna*, AK XXVIII, 617.

3. *Ibid.*

4. CRP, A 311/B 368 ; OP I, 1025.

5. CRP, A 320/B 377 ; OP I, 1031.

cadre modifié, la délimitation «par le haut» n'est pas simplement négative. En effet, à côté de la reprise de la polémique contre « l'empirisme moral », qui était déjà bien définie dans la *Dissertation*, Kant revendique avec force la nature non chimérique, mais positive de l'idée conçue à la manière de Platon :

> Platon voyait très bien que notre faculté de connaître sent un besoin beaucoup plus élevé que celui d'épeler des phénomènes d'après une unité synthétique pour pouvoir les lire comme une expérience, et que notre raison s'élève naturellement à des connaissances trop hautes pour qu'un quelconque objet que l'expérience puisse donner soit jamais susceptible d'y correspondre, mais qui n'en ont pas moins leur réalité et ne sont aucunement de pures chimères.

Et il ajoute que

> ce n'est pas seulement [...] dans le domaine moral, c'est aussi dans la considération de la nature elle-même que Platon trouve, et avec raison, des preuves manifestes de ce que celle-ci tire son origine des idées[1].

D'où des considérations qui font allusion de très près à la critique du jugement téléologique, tel qu'il est exposé dans la troisième *Critique* : en effet, « une plante, un animal, l'ordonnance régulière de la structure du monde [...] montrent clairement qu'ils ne sont possibles que d'après des idées »[2]. Et, même si aucune créature prise individuellement n'est adéquate à cette idée, dans l'entendement suprême, chaque idée est unique, immuable, complètement déterminée et cause originelle des choses, de sorte que : « seul l'ensemble formé par leur liaison dans l'univers est absolument adéquat à l'idée que nous en avons »[3].

Kant explique d'ailleurs que l'idée platonicienne pourrait concrètement et positivement servir de principe à la connaissance de la nature, même si elle remplit une fonction essentiellement régulatrice. Pour ce faire, il se réfère à un autre concept, déjà évoqué dans la *Dissertation*, à savoir celui d'*idéal*[4]. À ce propos, Kant précise que :

> Ce qui pour nous est un idéal était pour Platon une *idée de l'entendement divin*, un objet singulier dans la pure intuition de cet entendement, la perfection suprême de chaque espèce d'êtres possibles, le fondement originaire [*Urgrund*] de toutes les copies dans le phénomène. [...] De même que l'idée donne la règle, l'idéal en pareil cas sert d'orignal [*Urbilde*] pour la complète détermination de la copie[5].

Il est difficile de ne pas reconnaître, dans cette caractérisation de l'idéal, la fonction de mesure que Kant lui avait déjà attribuée en 1770 à propos de l'action morale.

1. CRP, A 317/B 374; OP I, 1029.
2. CRP, A 317-318/B 374; OP I, 1029-1030.
3. CRP, A 318/B 374-375; OP I, 1030.
4. CRP, A 568/B 596; OP I, 1193.
5. CRP, A 568-569/B 596-597; OP I, 1193-1194.

REMARQUES FINALES

Platon, donc, ne constitue pas la raison décisive des changements théoriques fondamentaux qui interviennent entre la *Dissertation* de 1770 et la première édition de la *Critique*. Cependant, la manière différente et de plus en plus significative dont Kant peut se servir de doctrines qui, selon lui, peuvent être reconduites plus ou moins fidèlement à Platon, représente un bon exemple de la manière dont l'histoire de la philosophie pénètre dans la conception architecturale kantienne, selon les lignes méthodologiques que nous avons tracées à l'ouverture de notre propos.

Il est évident que Kant ne peut pas suivre Platon dans ce qu'il voit comme des dérives dogmatiques et « enthousiastes ». Il en saisit pourtant l'esprit de système, qu'il fait revivre à l'intérieur de ses propres difficultés systématiques, tout en trouvant des motifs qui stimulent une confrontation renouvelée en raison des virages brusques qu'il donne à sa propre réflexion. Au-delà des limites que représente la connaissance indirecte que Kant avait de Platon, dans le rapport qu'il instaure avec le philosophe grec à propos des thèmes que nous venons d'évoquer, on peut reconnaître le sens de la célèbre *Reflexion* selon laquelle « quand on veut être inventeur, on veut être le premier, mais si l'on veut seulement la vérité, on voudrait avoir des prédécesseurs »[1]. Toutefois, le Platon prédécesseur de Kant n'est pas un géant sur les épaules duquel Kant essaierait de grimper, car cela supposerait à la fois une connaissance directe exacte et, par conséquent, la reconnaissance d'une autorité claire par rapport aux thèmes abordés. Dans les textes de Kant, Platon apparaît plutôt comme un explorateur qui a emprunté certains chemins, au long desquels Kant veille, en chaque occasion, à ce que les hommes aillent dans la bonne direction. Pour conclure, en citant à nouveau les mots très éclairants de Jean Ferrari :

> Kant n'éprouve de véritable intérêt pour Platon que dans la mesure où il croit découvrir en lui les prémisses de sa propre doctrine ou parce que Platon, par ses erreurs mêmes, s'inscrit dans une histoire de la raison qui montre « le pas critique » comme l'accomplissement de la philosophie[2].

Gualtiero LORINI
Università Cattolica del Sacro Cuore (Milan)

1. Réfl. 2159, AK XVI, 255.
2. J. Ferrari, « Occurrences platoniciennes dans l'œuvre de *Kant* », art. cit., p. 74.

LOGOS – PSYCHÈ – ÉROS
LA LECTURE NATORPIENNE DE PLATON
DANS LE « *METAKRITISCHER ANHANG* » DE 1920

Figure majeure du néo-kantisme de l'École de Marbourg, Paul Natorp publie en 1903 sa *Théorie des Idées de Platon*, significativement sous-titrée : *Une introduction à l'idéalisme*, dans laquelle il n'hésite pas à affirmer d'emblée que l'Idée platonicienne s'identifie à « la découverte du logique » [1], c'est-à-dire des lois par lesquelles la pensée ne contemple pas seulement son objet, tel un simple donné, mais le constitue en vertu de son pouvoir propre.

L'idéalisme dont il s'agit dans l'ouvrage de Natorp s'inscrit ainsi, par le biais d'un commentaire sur la théorie platonicienne des Idées, dans la lignée de l'idéalisme logique défendu par Cohen. Parallèlement, il s'agit, autant pour Cohen que pour Natorp, de s'opposer tant à une interprétation métaphysique que psychologique des Idées. Comme le souligne Natorp dans le chapitre que la *Théorie des Idées* de 1903 consacre au *Banquet*, la connaissance de l'Idée platonicienne n'est à chercher ni dans un quelconque au-delà, ni dans une représentation préexistante qu'il ne s'agirait que de retrouver, mais elle est le fruit d'une production continuée et autonome de la vie de la conscience [2]. Si l'ultime pouvoir de « production » (*das letzte Erzeugende*), c'est-à-dire la pure loi de celle-ci, n'est pas le produit de la pensée elle-même, il n'en reste pas moins que, en suivant cette lecture de Platon, toute pensée déterminée et même la plus empirique d'entre elles est produite, et non donnée. Natorp peut dès lors suggérer que l'*a priori* « métaphysique » se trouve remplacé, déjà chez Platon, par l'*a priori* transcendantal [3].

1. P. Natorp, *Platos Ideenlehre. Eine Einführung in den Idealismus*, Leipzig, Meiner, 1921 (2e éd.), repr. Hamburg, Meiner, 2004, p. 1.

2. Voir *ibid.*, p. 179 : « Hier wird die Ideenerkenntnis [...] selbsttätig hervorgebracht in jener beständigen Selbsterneuerung, in der überhaupt das Bewusstsein nur lebt ».

3. *Ibid.*

L'« APPENDICE MÉTACRITIQUE » DE 1920

Natorp s'est pourtant défendu d'avoir opéré ce qui peut effectivement apparaître comme une « kantianisation » de Platon. Le « Metakritischer Anhang », ajouté à la deuxième édition de sa *Théorie des Idées*[1], prend en effet soin de préciser qu'il ne s'agissait aucunement de faire de Platon un kantien avant Kant, ni même un kantien de Marbourg avant Marbourg :

> Celui qui est capable de faire l'impasse sur les aspects qui, chez Platon, anticipent Kant et sur ceux qui, chez Kant, renvoient à Platon, a nécessairement mal compris aussi bien l'un que l'autre. Celui qui croit un Marbourgeois capable de vouloir établir Platon comme un kantien d'observance marbourgeoise, celui-là falsifie le sens entier de l'effort philosophique que l'on honore du titre d'École de Marbourg[2].

Pour Natorp, les écoles et même les époques ne peuvent en effet faire autrement que d'être autant d'expressions différentes de ce qui est éternel, elles ne peuvent donc prétendre elles-mêmes à une validité qui s'étendrait au-delà de celle d'une « hypothèse » constamment mise à l'épreuve par rapport à ses conclusions (*Folgerichtigkeit*)[3]. Possédant une origine commune, les écoles et doctrines philosophiques sont donc nécessairement « en dialogue » les unes avec les autres, et c'est pourquoi une lecture de Platon « à partir de » Kant n'a, de ce point de vue, rien d'illégitime.

On notera toutefois que l'« Appendice » de 1920 paraît à un moment où l'influence de l'École de Marbourg a déjà nettement décliné. Or c'est justement dans le contexte de ce déclin – que les commentateurs situent dans l'après 1912, c'est-à-dire après le départ de Cohen pour Berlin[4] – que Natorp continuera d'élaborer sa pensée telle qu'on la trouvera notamment dans sa *Psychologie générale* et sa *Systématique philosophique*. La question est alors de savoir dans quelle mesure il s'agit encore d'écrits proprement néo-kantiens ou non.

Pour ce qui est de l'« Appendice métacritique » de 1920, auquel on se limite ici, il convient tout d'abord de le situer dans le contexte qui est fourni par la thèse de Cohen (et reprise par Natorp), selon laquelle l'Idée platonicienne doit s'entendre comme hypothèse, ce qui permet en même temps de clarifier l'articulation *Logos* – *Psychè* présente dans ce texte. D'autre part, c'est le troisième terme, à savoir celui d'*Éros*, dont il faut élucider la lecture natorpienne et le lien que cette dernière établit avec le religieux chez Platon.

1. La deuxième édition paraît en 1921 et inclut cet « Appendice métacritique » pourtant lui-même daté de 1920.

2. P. Natorp, *Platos Ideenlehre*, *op. cit.*, p. 462 (notre traduction).

3. *Ibid.*, p. 463.

4. U. Sieg, *Aufstieg und Niedergang des Marburger Neukantianismus*, Würzburg, Königshausen & Neumann, 1994, p. 479.

L'« APPENDICE » DE 1920 COMME PENSÉE DE L'UNITÉ : LA RÉÉVALUATION DE LA THÈSE DE L'IDÉE PLATONICIENNE COMME HYPOTHÈSE

Ce qui dans ce texte oriente l'ensemble de la lecture natorpienne de Platon, et donc aussi celle du rapport entre *logos* et *psychè*, c'est le concept *d'epekeina*[1] en tant qu'il désigne l'unité dernière, et finalement indicible, de *l'agathon*, du *kalon* et du *sophon*. Il s'agit donc ici de l'unité de trois éléments absolument fondamentaux : le bien (ou comme on le verra : l'être), le beau et le sage, unité dont le *Phèdre* précise par ailleurs qu'elle est celle de tout ce qui est proprement divin.

La question est alors celle du rapport de l'accent mis sur *l'epekeina* avec la doctrine des Idées, puisque l'on se souvient que cette doctrine fournit non seulement la trame de l'ensemble de l'ouvrage de 1903, mais encore qu'elle est au cœur de la thèse néokantienne de l'Idée platonicienne comme hypothèse et comme loi. Cette interprétation, qui remonte à Cohen et qui est reprise par Natorp[2], se présente comme une alternative à celle qui considère que l'Idée est *donnée*, ou doit pouvoir l'être, quoique par une forme de réceptivité différente de la sensibilité, c'est-à-dire sous la forme d'un objet accessible à un voir originaire. Or, pour les Marbourgeois, cela revient à confondre la condition de possibilité de l'objet avec un objet. L'hypothèse signifie justement l'Idée comprise comme condition de possibilité de l'objet, comme la ou les lois placées « au-dessous » du divers phénoménal et en assurant la détermination successive. L'Idée est ainsi pur déterminant, c'est-à-dire direction permettant d'embrasser une infinité de déterminations dans le visible. Elle est point de vue, et non objet[3]. Quant à ce qui est donné (*gegeben*), il ne dépasse pas le statut de la question, donc de ce qui suscite une tâche à accomplir (*aufgegeben*) : le terme « "être-donné" ne doit pas vouloir signifier davantage que le caractère d'un problème à résoudre »[4]. Mais cette tâche est davantage celle d'une création ou d'une construction plutôt que celle d'une découverte, puisque c'est l'hypothèse qui, en tant que déterminante, énonce les conditions qui s'appliqueront à l'individuel[5].

Toutefois, et comme le concède Natorp dans l'« Appendice » de 1920 à l'égard de certaines critiques qui s'étaient faites entendre après la parution de *Platos Ideenlehre*, il aurait peut-être mieux valu ne pas séparer le « Platon mystique » du Platon théoricien des Idées. Mais c'est pour ajouter aussitôt que les

1. Notamment dans le passage souvent cité de *République* VI, 509b (*épekeina tès ousias*).

2. Natorp considère cependant, à la différence de Cohen, que le général ou l'universel (c'est-à-dire en fin de compte la loi ou l'hypothèse) est aussi dépendant du singulier que l'inverse. Autrement dit, qu'une loi sans cas d'application de la loi n'est pas une loi.

3. J. Servois, *Paul Natorp et la théorie platonicienne des Idées*. Lille, Septentrion, 2002, p. 73.

4. P. Natorp, « Kant und die Marburger Schule », *Kant-Studien*, 17, 1912, p. 200 (notre traduction).

5. C'est pourquoi D. Seron qualifie l'interprétation de Cohen/Natorp comme interprétation « quasiment constructiviste de la théorie des Idées » (D. Seron, « L'idéalisme de Cohen et Natorp : Entre Kant et Platon », *in* S. Delcomminette et A. Mazzu (éd.), *L'idée platonicienne dans la philosophie contemporaine : Jalons*, Paris, Vrin, 2012, p. 97-116.

distinguer reste possible et est même légitime, dès lors que l'analyse demeure sur le plan de la multiplicité des Idées et que l'on se satisfait précisément de son unité simplement logique. Dans ce cas, la théorie des Idées se suffit en quelque sorte à elle-même. Pour une vue d'ensemble, cependant, ce point de vue apparaît comme trop restrictif et c'est ce que l'« Appendice » cherche à rectifier. On peut donc dire que ce dernier texte constitue une certaine révision, ou un changement de perspective, par rapport à l'ouvrage de 1903[1].

Comme le précise l'« Appendice méta-critique », l'*epekeina*, en tant qu'elle désigne le fondement ultime du monde des Idées (son *Einheitsgrund*), n'est pas seulement une unité logique du système, elle est plutôt la vie originaire, voire le concret originaire (*Urlebendiges*, *Urkonkretes*), c'est-à-dire non pas *une* unité, mais l'unité de toutes les unités ou encore l'Idée des Idées, le *Logos* de tous les *logoï*, ou encore le « *Logos* même ». Selon un premier attendu du texte de 1920,

> le fondement de l'unité dernière (*Einheitsgrund*) du monde des Idées que désigne le terme d'*epekeina* ne signifie pas l'unité simplement logique du système – même s'il signifie aussi cela –, mais l'unité du vivant originaire, du concret originaire [...]. En tant que vivante, toutefois, cette unité entre dans un rapport des plus étroit avec la *psychè*. Et c'est justement dans cette saisie commune [*Zusammenfassung*] et de la *psychè* et du *logos* que Platon rejoint Héraclite de façon remarquable[2].

Trop souvent méconnue par les commentateurs selon Natorp, l'influence d'Héraclite est déterminante en ce que Platon lui doit la découverte de la réflexivité. C'est le cas, par exemple, dans les *Fragments* 101 (Diels) et 116 – « Il est donné à tous les hommes de se connaître et de faire usage de la raison » –, où Héraclite met en parallèle et la nécessité de se connaître soi-même et le caractère commun de la raison. Cette communauté de l'individuel et de l'universel est à la fois théorie du *logos* comme loi de la *psychè* et théorie de la totalité comme coïncidence de l'Un et du multiple[3]. Or, pour Natorp, cet emprunt n'est en rien anecdotique chez Platon, mais au contraire central. Ainsi, aussi bien le *Banquet*[4] que le *Sophiste*[5] plus tardif reprennent la doctrine éphésienne du double mouvement constitué, d'une part, de l'auto-différentiation de l'Un et, d'autre part, de l'union des différences (*Selbstdifferenzierung des Einen*, *Wiedereinung des Differenten*)[6]. Et tout comme dans le *Fragment* 60 d'Héraclite, il faut considérer que, pour Platon également, ce double mouvement a bien lieu constamment, c'est-à-dire que c'est simultanément que l'Un s'auto-différencie dans la multiplicité et que le multiple se rassemble dans l'Un.

1. Ce que confirment d'ailleurs et l'introduction à la seconde édition de 1921 et les remarques introductives de l'*Appendice*.

2. P. Natorp, *Platos Ideenlehre*, *op. cit.*, p. 467-468.

3. *Ibid.*, p. 466.

4. Voir Platon, *Banquet* 187a.

5. Voir *id.*, *Sophiste*, 242e.

6. Avec une référence au Fragment 51 d'Héraclite.

Au vu des accents portés sur l'idée d'un originaire qui serait fondement vivant et non pas simplement logique, faut-il alors abandonner la conception défendue en 1903 de l'Idée platonicienne comme loi et hypothèse ?

Natorp se prononce ici en faveur du maintien de cette conception issue de l'interprétation marbourgeoise de Kant, à condition cependant de comprendre le concept de loi d'une certaine façon. C'est en effet une idée commune, et non platonicienne, que de considérer la loi comme généralité abstraite qui effacerait toute différence et tout caractère individuel. Pour Natorp, il convient au contraire de penser la loi dans sa concrétude, c'est-à-dire comme immanente à l'apparaître, effective et agissante (*lebendig und wirksam*) au sein de la continuité qui caractérise la totalité de l'apparaître (*Kontinuität des Allzusammenhangs*). C'est ce qu'illustrent à la fois les termes de communauté (ou *koinonia*) et de parousie comme présence, par exemple dans le *Phédon*[1] comme présence du beau dans la chose belle[2]. Le terme d'hypothèse et surtout l'interprétation de l'Idée comme hypothèse renvoient à cela même. L'hypothèse est en effet une délimitation (*Abgrenzung*), c'est-à-dire une mise en évidence d'une partie de cette lumière originaire (*Ur-Licht*) dont la vue directe, à l'instar du soleil, nous aveuglerait. Nous ne pouvons dès lors la saisir en tant que telle, même si nous pouvons savoir que c'est par elle que nous connaissons. Autrement dit, c'est en quelque sorte indirectement, par la multiplicité de ce qu'elle éclaire, que nous en avons la certitude. L'Idée est alors hypothèse au sens de cette partialité, elle demeure de l'ordre du conditionné en tant qu'elle n'est que partielle, même si elle est unité (*das Unteilhafte, Einzigestaltete*) par rapport à la multiplicité de ses apparences.

> Dans le terme d'apparaître (*Erscheinung*) il n'y a rien de l'apparence trompeuse (*Schein*), bien que certaines tournures plus tranchées chez Platon (comme chez Kant) puissent en tout cas expliquer un tel malentendu, mais il signifie strictement et littéralement : apparition de la lumière en un point singulier (*Lichtwerden im Einzelpunkt*), ou sur une ligne singulière, de point en point, ou, d'une manière générale, par rapport à n'importe quelle délimitation[3].

On peut dès lors ajouter les précisions suivantes concernant l'Idée-hypothèse chez Platon.

Elle n'est pas de l'ordre d'une vue (*Anblick*) qui s'offrirait à celui qui, voulant connaître, se détacherait des sens et de la *doxa*[4]. Car elle serait alors encore dépendante d'une réceptivité qui, même s'il n'est plus celle ni des sens ni du discours, mais celle d'une donation à l'intuition, se contenterait de saisir ce qui est donné et apparent (*erfasslich, vorfindlich, erscheinlich*), à la manière objective d'une

1. Voir Platon, *Phédon* 100d.

2. Ainsi, ce qui est de l'ordre de la participation (*teilhaft*) se dépasse-t-il dans l'être sans participation (*ins unteilhafte Sein völlig mitaufgehoben*) auquel il participe. De la sorte, il y a bien communauté entre l'éternel, d'une part, et le changeant, d'autre part.

3. P. Natorp, *Platos Ideenlehre*, *op. cit.*, p. 469.

4. La *doxa* qui fait d'ailleurs elle aussi l'objet de clarifications longuement développées, voir *ibid.*, p. 474-487.

chose (*dinghaft gegenständlich sich darbietend*). Elle est au contraire principe actif, fonctionnel et dynamique, non objet de connaissance, ni même de compréhension (*verstehbar*), mais bien *ce* qui permet de connaître et de comprendre (*verständigend*), c'est-à-dire la force originaire du *logos*. En ce sens, elle est unité, mais aussi, au sens de Kant, ce qui *permet* l'unité de l'objet.

Ainsi, dans le *Banquet*[1], la connaissance suprême est désignée comme pure vision et être-un (*Schauen allein und Einssein*), c'est-à-dire comme dépassement de la dualité entre la vision et ce qui est vu[2]. L'Idée, c'est-à-dire *une* Idée, exprime cependant une vue encore partielle de la Totalité. Natorp souligne maintenant que l'Idée entendue comme telle ou telle Idée est justement vision *à partir de* cette Totalité, qu'elle la porte pour ainsi dire en elle, tout comme l'apparition du singulier était en même temps apparition de l'Idée auquel ce singulier participe :

> L'« Idée » [ainsi qu'il le souligne par une variation autour du terme « Schau » pris comme suffixe] n'est donc pas seulement (comme il a été dit plus haut) vue *en direction* de la Totalité (*Durchschau zur Totalität*) et vue à l'intérieur (*Hineinschau*) de tout ce qui en elle est de l'ordre du singulier ou du particulier [...], mais contemplation et compréhension (*An- und Einschau*) *à partir de* la Totalité, laquelle ne saisit pas simplement mais fait apparaître (*hervorgehen lässt*) depuis le centre de son origine tout ce qui, de quelque manière que ce soit, est encore périphérique ou orienté en direction de la périphérie[3].

Du coup aussi, c'est l'Idée des Idées, le « *Logos* même » en tant qu'unité, qui doit être lu comme le principe actif de la *psychè*. S'il n'y a pas de séparation stricte entre le logique et le psychologique, c'est parce que le *logos* est toujours *logos* de la *psychè* elle-même et qu'il est ce qui est central en elle. Comme l'écrit Natorp, dans une sorte de mise au point par rapport à la première édition de la *Théorie des Idées de Platon* :

> S'il pouvait sembler indiqué au moment de la confection de cet ouvrage [c'est-à-dire en 1903] d'orienter exclusivement et avec une rigueur inflexible l'investigation vers la logique et la dialectique, ce dernier ne défendait cependant pas l'idée selon laquelle il y aurait chez Platon une séparation nette [entre *logos* et *psychè*]. Bien au contraire, *logos* et *psychè* sont chez lui, du début jusqu'à la fin de son œuvre, intimement mêlés [*im engsten Ineinander*]. Le *logos* est la « *psychè* même » et ce qui en fin de compte est central en elle[4].

1. Voir Platon, *Banquet*, 211d.

2. Certes, la saisie de ce dépassement de la multiplicité au profit d'un retour à l'archi-concrétude comme origine de tout ce qui vit et croit, et dont l'Idée est en quelque sorte l'expression, ne s'effectue qu'*a posteriori*. Mais il permet de compléter la compréhension de l'Idée en tant qu'elle n'est que partielle.

3. P. Natorp, *Platos Ideenlehre*, *op. cit.*, p. 472.

4. *Ibid.*, p. 498-499. Voir aussi Platon, *Phédon* 66ae, pour la corrélation entre la psychè et l'être des Idées

L'union intime du *logos* et la *psychè* ayant été soulignée, y compris dans ses conséquences pour la conception des Idées platoniciennes, il reste à clarifier la lecture natorpienne de l'*éros*.

Éros et religion

Comme la *doxa*, que Natorp décrit longuement dans une étude allant du *Ménon* jusqu'au *Sophiste*, l'éros occupe une position intermédiaire : s'il n'est ni sage, ni bon, ni beau, il n'est pas non plus leurs contraires, il n'est ni dieu ni homme, mais *daimon*, c'est-à-dire qu'il se situe précisément entre les deux (*Zwischen*, « entre » que Natorp utilise sous sa forme substantivée). Né de Pénia et de Poros, il est fait à la fois de manque et de volonté créatrice (*poiesis*). Force qui opère dans le passage du non-être à l'être, voire mouvement d'immortalisation, il ouvre à la contemplation de la beauté, qui va de la contemplation de la beauté des corps à celle du beau absolu lui-même :

> L'entre n'est ainsi ni un espace vide ni un espace rempli d'une matière quelconque, fut-elle des plus variées, mais *force* agissant de tous les côtés [*in allseitiger Wechselbeziehung wirkend*] en tout et entre tout ; force de création [*Schöpfung*] et force d'engendrement [*Zeugung*], médiation au sens d'une communauté créatrice[1].

Si, pourtant, l'*éros* n'est qu'une médiation entre l'être et le pur non-être[2], il n'est pas le seul à remplir cette fonction, puisque la *psyché* et le *logos* sont également de cet ordre[3]. Si l'on considère avec Natorp les trois moments de l'unité dernière, à savoir celle de l'*agathon*, du *kalon* et du *sophon*, ces moments apparaissent eux-mêmes comme hiérarchisés du point de vue de l'*éros*. Selon Natorp, la « sagesse même », le *sophon*, est le moins important des trois aspects :

> En ce qui concerne l'immortalisation de ce qui est mortel, laquelle constitue la signification la plus profonde de l'*éros*, la connaissance n'en constitue que le moment le moins central. L'*éros* est donc certes aussi *philosophos* (*Banquet* 203de, 204b, *cf.* 202a), mais c'est seulement dans la mesure où il correspond à cette tendance profonde que, comme tout ce qui s'efforce vers l'Un éternel, il inclut en lui aussi l'effort vers l'éternellement vrai, vers l'unique et seule sagesse [*Einen, allein Weisen*][4].

1. P. Natorp, *Platos Ideenlehre*, *op. cit.*, p. 492.

2. Ou entre forme et matière, pour parler avec Aristote.

3. Pourquoi alors une telle tripartition de la médiation entre ces deux limites extrêmes, pourrait-on demander ? Natorp se réfère ici au *Timée* pour détailler ce que l'on pourrait appeler la « répartition fonctionnelle » de cette médiation entre l'éros, la psychè et le logos. *Cf.* P. Natorp, *Platos Ideenlehre*, *op. cit.*, p. 503-504.

4. *Ibid.*, p. 506.

L'*agathon* représente quant à lui l'être dernier (ou l'Un), c'est-à-dire ce vers quoi tout tend :

> Le terme dernier en vue duquel tout effort [*Streben*] fait effort est justement « l'être » ; [c'est-à-dire] la paix et la béatitude de l'être [*Wesen*] [...] qui ne connaît plus aucun manque. [...] C'est seulement ensuite et de façon dérivée que peut être déterminé ce qui sera appelé bon[1].

L'*agathon* n'est pas sans lien avec le *kalon* qui est orientation vers la multiplicité, mais en tant que celle-ci est éclairée *à partir* de la lumière de l'unité dernière. Il est donc comme un « rayon réfléchi depuis le point central » (*Zurückstrahlung vom Zentralpunkte*), qui comporte le caractère apaisé de ce qui est recueilli dans l'unité originaire du beau et du bien (*Urgutes*, *Urschönes*), unité qui rend compte du fait que ce qui est bon est en même temps beau et au même degré[2]. D'une manière générale, l'*éros* est donc *Streben* ou désir de paix dans le beau et, par là, dans l'Un éternel[3].

À travers le thème de cette « communication » entre l'âme et le divin, communication que réalise le *dialektos* attaché à l'*éros*[4], nous touchons, comme le fait remarquer Natorp, au sens religieux du platonisme. Dans ce contexte, l'*éros* joue un rôle à la fois dynamique et unificateur. Il est dynamique parce qu'il est cette *force* qui pousse l'homme dans l'ascension vers le bien, le beau, le sage, et il unifie dans la mesure où il réunit cette triple ascension en une seule quête. Le divin est alors cette unité fondamentale de l'*agathon*, du *kalon* et du *sophon* dans l'Un[5], à la fois point-limite et point de convergence de l'*éros* :

> Ainsi l'*éros* ne se dirige-t-il pas exclusivement vers le beau, mais de manière tout aussi déterminée vers le bien et le vrai, comme on le comprend entièrement à partie de l'unité tripartite de l'*agathon*, du *kalon* et du *sophon* dans l'Un dernier, vers lequel, grâce à l'*éros*, la *psychè* reflue depuis toute division et toute dispersion dans « l'autre » [*Zerstreuung und Zerstücktheit*][6].

1. P. Natorp, *Platos Ideenlehre*, *op. cit.*, p. 505.
2. Voir *ibid.*, où Natorp précise évidemment que ce n'est pas pour autant que le beau et le bien sont identiques, mais qu'ils sont bien plutôt comme les deux faces d'une même unité originaire.
3. La psychè est le « souffle » qui anime le double mouvement de la réflexivité, qui va vers le divisible, d'une part, et vers l'intériorité de son unité indivisible, d'autre part. Dans le premier mouvement, elle est à la fois *aisthesis* (lorsqu'elle se tourne vers ce qui est singulier) et *doxa* (lorsqu'elle recueille le singulier dans un « il y a quelque chose »). Dans le second mouvement, elle se tourne vers les Idées (*die je eine Idee*), fondant ainsi l'*épistemè* et le *nous*. L'Un dernier est le fondement de la connaissance (et ainsi à la fois de la psychè et du logos) et en même temps sa limite.
4. Voir P. Natorp, *Platos Ideenlehre*, *op. cit.*, p. 508. Le *dialektos* renvoie au rôle du dialogue, mais aussi à l'importance du mot, ce dernier restant cependant toujours secondaire par rapport à la chose même que le mot désigne, puisque c'est bien celle-là qu'il s'agit de connaître à partir d'elle-même (voir Platon, *Lettre VII* 342 *sq.*; *Cratyle* 439ab, par exemple). En tant qu'il renvoie, en fin de compte, au désir de connaître, c'est bien à l'éros que revient le *dialektos*.
5. Voir Platon, *République* 505de et 519c (pour l'agathon), *Philèbe* 58d (pour le sophon).
6. P. Natorp, *Platos Ideenlehre*, *op. cit.*, p. 513.

C'est dans le *Banquet* que Natorp situe le moment de l'œuvre de Platon où l'abîme séparant l'Un du multiple se referme, car l'Un est désormais bien compris comme pouvoir originaire qui, par son rayonnement, donne vie à la multiplicité :

> Pour Platon, ce qui est dernier ce n'est bien sûr pas le multiple [*das* « *All* »] dans sa dispersion au sein de l'altérité, mais l'unité de l'archi-force [*Urkraft*] qui dirige et détermine depuis le centre. Dans ce contexte, il ne faut [donc] pas se représenter le « centre » à l'image d'un point vide, mais le penser comme force centrale, présente tout entière dans le Tout et en chacune des parties du Tout, les irradiant de manière vivante et créatrice de sorte qu'elles forment le Tout justement[1].

Par conséquent, il faut reconnaître au sensible la dignité d'une participation au divin. Il n'y a rien à « reprocher » au sensible, si ce n'est sa prétention indue à valoir comme le Tout. C'est au contraire la présence du divin jusque dans la dernière parcelle du sensible qui, selon l'expression de Natorp, « purifie et sanctifie » ce dernier, tout en le conservant comme sensibilité dans tout ce qu'il peut avoir d'immédiat pour l'homme[2].

Pareille *Durchdringung* ou « pénétration » du sensible par le divin interdit du même coup de parler d'une « dimension religieuse » chez Platon, au sens où il faudrait alors en distinguer une dimension non-religieuse. Comme le fait valoir Natorp à l'égard de l'un des critiques de sa *Théorie des Idées de Platon*[3], il est en effet inapproprié de parler de religion ou de philosophie de la religion chez Platon, puisque c'est *l'ensemble* de sa philosophie qui est centré autour de la religion, prise en son sens le plus littéral du moins, comme réaffirmation du lien avec le divin. En ce sens, écrit Natorp, la philosophie de Platon n'est pas seulement traversée de part en part par la religion, mais s'identifie entièrement avec elle[4].

Faut-il alors conclure, au vu de ces analyses, que la pensée de Natorp a évolué d'un Platon néokantien vers un Platon religieux, voire mystique? Ou, au contraire, que pour elle le sens du Platon religieux se résorbe en fin de compte dans l'unité logique de l'idéalisme néokantien? Aucune de ces deux conclusions ne peut convaincre. Contre la seconde, il faut en effet faire valoir l'aveu explicite de l'auteur selon lequel le cadre patiemment élaboré dans l'ouvrage de 1903 est

1. P. Natorp, *Platos Ideenlehre*, *op. cit.*, p. 512.

2. *Ibid.*, p. 511.

3. Il s'agit de Heinrich Friedemann et de son ouvrage : *Platon – seine Gestalt*, Berlin, Bondi, 1914, qui récuse l'approche de Natorp (tout en admettant le rapprochement qu'elle opère entre l'Idée platonicienne comme hypothèse d'une expérience possible) au motif qu'elle passerait sous silence la dimension cultuelle chez Platon. Or, comme le fait remarquer Natorp, le cultuel n'est pas le religieux. Il est en effet possible de concevoir le cultuel sous une forme anthropocentrée, ce que semble d'ailleurs faire Friedemann. Le cultuel devient ainsi l'expression pédagogique d'un « leadership » spirituel attaché à une personne, ce qui n'est pas du tout le sens du religieux chez Platon.

4. Voir P. Natorp, *Platos Ideenlehre*, *op. cit.*, p. 509 :« Weil von Religion im so verstandenen Sinne das Ganze seiner Philosophie nicht bloss durchsetzt, sondern damit völlig eins ist. »

appelé à être dépassé par un remaniement en profondeur de l'interprétation de l'œuvre platonicienne et que, faute de pouvoir s'atteler à une seconde édition, qui ne serait plus même une réédition, mais bien un autre livre, c'est à l'« Appendice métacritique » qu'échoit la tâche de signifier à grands traits l'orientation que pourrait prendre un tel remaniement. Parmi les traits les plus saillants, on l'a vu, figure l'idée que l'unité logique des Idées constitue une vue encore partielle qui nécessite d'être complétée par la pensée, chez Platon, d'une unité originaire et vivante, divine même, et vers laquelle tend l'âme en même temps qu'elle en est issue.

Mais, et c'est pourquoi la première réponse doit être elle aussi écartée, ce complément n'entraîne pas pour autant un abandon de la conception néokantienne de l'Idée comme hypothèse, puisque cette dernière y est au contraire maintenue. Cette hypothèse continue de faire sens, y compris dans les thèmes de prédilection de Natorp que seront la psychologie, la pédagogie, mais aussi la philosophie de la culture. En effet, l'hypothèse peut y être considérée comme ce qui permet de valider un sens à travers un processus infini de détermination. S'opposant ainsi à l'idée d'une donation simplement passive de sens, elle en exige au contraire la création.

Frédéric SEYLER
DePaul University

PHILOSOPHIE PRATIQUE

ÉTHIQUE ET POLITIQUE

KANT ET ARISTOTE
DÉSACCORDS ET CONVERGENCES
À PROPOS DE L'ÉTHIQUE

La philosophie morale de Kant est communément considérée comme fondamentalement différente de celle d'Aristote, et cette opinion est devenue un *topos* si dogmatiquement adopté que, malheureusement, beaucoup de chercheurs ne songent même pas à la remettre en question ou à la nuancer. Parmi les principales différences retenues par les exégètes, l'on mentionne le plus souvent les suivantes : a) l'éthique de Kant est déontologique et formaliste, alors que celle d'Aristote est téléologique et « matérielle », au sens où elle inclut des contenus spécifiques, comme les vertus ; b) tandis que l'éthique d'Aristote est fondée sur la nature de l'homme, l'éthique kantienne rejette comme non pertinente la considération des déterminations de la nature en général et de la nature humaine en particulier pour l'élaboration d'une théorie des normes éthiques ; c) tandis que l'éthique d'Aristote est fondée sur le concept de bonheur (εὐδαιμονία), la philosophie morale de Kant évacue la question du bonheur humain du champ proprement éthique.

L'objectif de cette étude est d'examiner la validité du dogme interprétatif selon lequel les différences qui viennent d'être évoquées présentent un caractère irréductible qui interdit tout rapprochement autre que trompeur et superficiel entre les deux doctrines.

La thèse que je soutiendrai est que, malgré toutes les différences et divergences que l'on peut déceler entre l'éthique de Kant et celle d'Aristote, il y a aussi entre elles des passerelles et même de remarquables affinités sur certaines thématiques, comme la question de la téléologie de la morale, de la téléologie de la nature, du bonheur ou celle des vertus, tant et si bien qu'on ne doit pas exclure *a priori* que les deux grandes théories morales puissent fournir les composantes de base pour une synthèse éthique plus large.

RELATIONS HISTORIQUES

Les références de Kant à Aristote dans le domaine éthique sont peu nombreuses, et elles sont la plupart du temps critiques. Mais cela ne doit pas nous empêcher de chercher à établir des points de convergence entre les deux philosophies morales, quand bien même Kant ne paraît pas les avoir soupçonnés. À cet égard, nous appliquerons à Kant le principe herméneutique qu'il avait lui-même énoncé et suivi dans sa lecture de Platon, en essayant de chercher « à le comprendre mieux qu'il ne s'est compris lui-même »[1].

Les principales références de Kant à l'éthique d'Aristote sont :

> – *Aristote* et *Platon* ne se distinguent que relativement à *l'origine* de nos concepts moraux[2].
>
> – En d'autres termes, ce fameux principe (d'*Aristote*) que la vertu consiste dans un *milieu* entre deux vices est faux »[3].
>
> – On peut dégager un exemple de l'inexactitude de toutes les définitions par le simple degré, des vertus aussi bien que des vices, et en même temps démontrer l'incompétence du principe *aristotélicien* selon lequel la vertu consiste à tenir le milieu entre deux vices[4].

Outre ces mentions explicites, on trouve un éloge appuyé d'Aristote dans l'opuscule *Sur un ton supérieur récemment pris en philosophie*. Après avoir critiqué les différentes écoles de philosophie « mystiques », et parmi elles l'école pythagoricienne, Kant dit ironiquement qu'user de son « talent poétique » en s'appuyant sur « le sentiment et la jouissance de l'exaltation mystique » est « de loin plus séduisant et brillant que la loi de la raison » ou que le fait de n' « acquérir un bien que par le travail ». Tournant en dérision la facilité avec laquelle certains penseurs élaborent leur philosophie, en se fondant sur un prétendu pouvoir de l'intuition, Kant conclut : « La philosophie d'Aristote est au contraire un travail »[5].

Notons en passant une étrange omission de la part de Kant : lorsqu'il traite de la question de la perfection[6], il se réfère aux stoïciens et à l'école leibnizo-wolffienne, et non à Aristote, alors que cette notion est partout présente dans sa métaphysique et son éthique.

Il est au moins un point où Kant n'a manifestement pas compris la pensée morale d'Aristote : lorsqu'il pense que la conception aristotélicienne de la vertu comme « mésotès » est fondée sur un raisonnement quantitatif :

1. CRP, A 314/ B 370 ; OP I, 1027.
2. CRPr, AK V, 128 n ; OP II, 764. *Cf.* CRP, A 854/B 882.
3. MM, DV, AK VI, 432 ; OP III, 719.
4. MM, DV, AK VI, 432-433 ; OP III, 719.
5. TSP, AK VIII, 393 ; OP III, 401.
6. FMM, AK IV, 442-443 ; OP II, 310 *sq*. *Cf.* CRPr, AK V, 39-41 ; OP II, 656-657.

> On ne peut pas chercher la différence entre la vertu et le vice dans le *degré* suivant lequel on observe certaines maximes, mais il faut la chercher uniquement dans la *qualité* spécifique de ces maximes (dans leur rapport à la loi); en d'autres termes, ce fameux principe (d'*Aristote*) que la vertu consiste dans un *milieu* entre deux vices est faux [1].

En réalité, le concept aristotélicien de *mésotès* n'est pas lié au degré avec lequel le sujet suit une règle d'action; la pensée authentique du philosophe grec est que la « médiété » ne se ramène pas plus à une moyenne arithmétique qu'à une forme de modération – le « juste milieu » – , elle définit ce qui convient *par rapport à nous* (*pros hemas*), et la détermination de ce « juste milieu » requiert de la part de l'agent moral du jugement. Ainsi, Aristote peut écrire :

> l'homme versé dans une discipline quelconque évite l'excès et le défaut; c'est le moyen qu'il recherche et qu'il choisit, mais ce moyen n'est pas celui de la chose, c'est celui qui est relatif à nous [2].

Et de manière encore plus vigoureuse :

> C'est pourquoi dans l'ordre de la substance et de la définition exprimant la quiddité, la vertu est une médiété, tandis que dans l'ordre de l'excellence et du parfait, c'est un sommet [3].

Faut-il le rappeler ? La médiété est en réalité un « sommet ». Sous ce rapport, le sens profond de l'*arété* (ἀρετὴ) aristotélicienne est l'excellence ou la pleine *energeia*, comme accomplissement et perfection de l'être, et en particulier de son activité (ἐνέργεια) : « L'excellence [ἀρετὴ] d'un être est aussi un achèvement » [4].

De telles erreurs d'interprétation de grands philosophes ne sont pas rares. Nous pouvons, par ailleurs, présumer que la connaissance qu'avait Kant du Stagirite était restreinte et ne s'appuyait pas sur des sources de première main – étant donné qu'il n'y avait pas à l'époque beaucoup d'éditions disponibles d'Aristote [5]. Elle s'appuyait principalement sur la philosophie allemande académique – la fameuse « philosophie scolaire » –, sur toute la tradition aristotélcienne des Universités protestantes, sur les écoles leibnizo-wolffiennes (A. Baumgarten, C. A. Crusius, etc.), et sur les bons manuels académiques (notamment l'*Historia critica philosophiæ* de J. J. Brucker) [6]. Cela dit, on ne saurait sous-estimer

1. MM, DV, AK VI 404; OP III, 687.

2. *Éthique à Nicomaque*, 1106b 5-7, trad. fr. J. Tricot, Paris, Vrin, 1990, p. 104.

3. *Ibid.*, trad. cit., p. 106-107.

4. *Métaphysique*, 1021b 20, trad. fr. J. Tricot, Paris, Vrin, 1991, , p. 204. *Cf.* H.-J. Krämer, *Arete bei Platon und Aristoteles*, Heidelberg, Winter, 1959.

5. Une traduction de l'*Éthique à Nicomaque* avait été éditée par Christian Garve (en deux volumes, en 1798 et 1801), par conséquent *après* l'achèvement de la philosophie morale de Kant.

6. J. J. Brucker, *Historia critica philosophiae a mundi incunabulis ad nostram usque aetatem deducta* [1741-1744], Leipzig, Breitkopf, 1766-1767 (2ᵉ éd.), 5 t. *Cf.* CRP, A 316/B 372; OP I, 1028. Sur la tradition aristotélicienne dominante dans les universités protestantes allemandes et, dans une certaine mesure, dans la philosophique académique allemande (la fameuse « philosophie d'École » (*Schulphilosophie*) de la Réforme jusqu'à la fin du XVIIIᵉ siècle), voir P. Petersen, *Geschichte der*

l'influence que la philosophie aristotélicienne a pu exercer sur la pensée de Kant. D'abord, la terminologie aristotélicienne avec tous ses concepts centraux imprègne de manière significative la philosophie de Kant, et ce, dans tous les domaines. Il suffit, pour s'en convaincre, de mentionner certains exemples de notions et de termes importants du système critique: forme et manière, catégories, actualité, analytique/synthétique, théorie/pratique, esthétique, téléologie, technique, topique, etc.[1]. Tous ces vocables ont été, directement ou indirectement, repris d'Aristote ou puisés dans l'aristotélisme de l'époque. Mais ce n'est pas seulement la terminologie, c'est toute l'architectonique de la doctrine kantienne qui est profondément influencée par la pensée aristotélicienne[2]. Que l'on réfléchisse à la manière dont est articulé en disciplines le domaine du savoir philosophique et extra-philosophique chez Kant, et l'on verra tout ce qu'elle doit à la division aristotélicienne du champ théorique. Que l'on s'arrête aussi un instant au mode syllogistique de raisonnement[3] au cœur de la dialectique transcendantale, pour décrire le passage du conditionné à l'inconditionné. Bien qu'il ne s'agisse là que d'exemples d'emprunts qui ne signifient pas nécessairement accord sur le plan des idées proprement philosophiques, je ne les cite que pour faire ressortir de manière éclatante la présence des inventions théoriques d'Aristote dans la pensée critique. Mais venons-en plus précisément à notre sujet.

Le contraste général entre éthique téléologique et éthique déontologique

Selon une classification des doctrines éthiques bien connue dans son principe comme dans sa signification, et désormais adoptée par la plupart des chercheurs dans le champ de la philosophie morale contemporaine, il est généralement admis que l'éthique d'Aristote est téléologique, à la différence de celle de Kant, qui est déontologique et formaliste. Tandis que l'éthique d'Aristote est une théorie morale du bien, des fins et du bonheur, l'éthique de Kant est une théorie de la rectitude morale et de la bonne volonté. C'est là une vue correcte dans son principe. Précisons d'entrée de jeu que l'éthique d'Aristote est téléologique non

aristotelischen Philosophie im protestantischen Deutschland [1921], Stuttgart, Frommann-Holzboog, 1964; M. Wundt, *Die deutsche Schulmetaphysik des 17. Jahrhunderts* [1939], Tübingen, Mohr (Siebeck), 1992; *id.*, *Die deutsche Schulphilosophie im Zeitalter der Aufklärung*, Tübingen, Mohr, Siebeck, 1945; J. F. Ritter, *Naturrecht bei Aristoteles*, Stuttgart, Kohlhammer, 1961; L. W. Beck, *Early German Philosophy: Kant and His Predecessors*, Cambridge (Mass.), Harvard University Press, 1969; S. Wollgast, *Philosophie in Deutschland zwischen Reformation und Aufklärung 1550-1650*, Berlin, Akademie, 1993 (2e éd.).

1. *Cf.* R. Eucken, *Geschichte der philosophischen Terminologie im Umriss*, Leipzig, Veit & Comp., 1879, rééd. Hildesheim, Olms, 1964.

2. Voir en particulier CRP, A 832-851/B 860-879; OP I, 1384: « l'Architectonique de la raison pure; *cf.* FMM, AK IV, 387; OP II, 243.

3. CRP, A 303-309/B 359-366; OP I, 1019.

pas seulement dans le sens méta-éthique familier du terme – la valeur morale est déterminée par les fins et le résultat des actions–, mais aussi en ce sens qu'Aristote fait dériver la fin suprême et le bien suprême des êtres humains de leur fonction spécifique, à savoir ultimement de la nature humaine.

En raison de son caractère déontologique, l'éthique de Kant semble de prime abord négliger et même omettre les questions qui sont au cœur de la conception aristotélicienne de l'éthique et des systèmes moraux antiques en général, celles du bien, des fins et des vertus morales. En effet, le principe déterminant de l'action morale n'est pas une fin, mais la représentation de la loi morale. De là, on en vient souvent à considérer que le primat des notions d'obligation et de devoir, dont l'expression la plus pure dans le système de la moralité critique est l'impératif catégorique, aurait conduit Kant à abandonner la perspective de la vertu et à écarter la question des intérêts humains, des besoins sensibles et du bonheur. Ce reproche est souvent formulé par des penseurs qui contestent les conceptions modernes de la rationalité morale, pour leur préférer une conception plus centrée sur la vertu, les capacités de l'individu, les circonstances et la particularité des situations.

Mon propos ici n'est évidemment pas d'examiner toutes ces interprétations qui opposent systématiquement Kant à Aristote, mais de montrer que nombre d'entre elles reposent sur un durcissement inutile des positions de Kant ou même un manque d'attention à certaines parties de ses analyses. Quand on oppose par exemple massivement Kant à « l'éthique aristotélicienne de la vertu » ou à une conception éthique qui estime que la culture de la vertu est le seul vrai moyen d'accéder à la vie bonne, comme on le fait aujourd'hui, on a tendance à oublier que la partie fondatrice des réflexions morales de Kant qui se déploie dans les *Fondements de la métaphysique des mœurs* et la *Critique de la raison pratique*, se prolonge dans une métaphysique des mœurs, et que celle-ci est fondamentalement une « doctrine de la vertu ». Bien loin en effet que la *Doctrine de la vertu* soit un simple appendice de la deuxième *Critique*, elle est l'aboutissement de l'effort pour construire une éthique digne de ce nom, comprenons une éthique qui indique aux hommes les fins qu'ils doivent atteindre. Du reste, Kant le dit expressément : « que l'éthique soit une *doctrine de la vertu* [*doctrina officiorum virtutis*] »[1], cela découle du fait que l'éthique est justement « une doctrine des fins ». Kant reconnaît en effet, à côté des fins contingentes que l'homme poursuit dans sa vie comme être sensible, des fins objectivement nécessaires. Or dans la mesure même où les devoirs de vertu se confondent avec les fins qui sont des devoirs, il faut bien avouer que la doctrine des devoirs n'est pas vraiment séparable d'une téléologie pratique. En ce sens, on voit mal comment l'on pourrait opposer Aristote à Kant, en arguant que le premier a construit une éthique de la vertu et des fins, alors que le premier aurait ignoré la question des vertus humaines et des fins humaines au profit d'une théorie des devoirs.

1. MM, DV, AK VI, 381 ; OP III, 659.

L'éthique de Kant est aussi communément considérée comme d'inspiration déontologique, dans la mesure où la valeur morale d'une action doit être jugée d'après une règle qui doit être reconnue comme une norme de moralité[1]. Évidemment, cette lecture est fondamentalement correcte. Faut-il en conclure, comme le font les représentants du néo-aristotélisme, qu'il existe une ligne de fracture entre Kant, représentant d'un rationalisme moral, qui explique qu'on ne peut atteindre la moralité qu'à partir de principes universels, et Aristote, représentant d'une conception éthique qui accorde une place centrale à la nature et aux fins ? Nous ne le pensons pas. Car, contrairement à l'opinion reçue, l'éthique de Kant est *aussi* fondamentalement téléologique en ce sens qu'elle définit « le système des fins de la raison pure pratique »[2]. D'une manière plus globale, elle est téléologique, dans la mesure où a) les actions morales devraient poursuivre et essayer de réaliser des fins objectives[3], b) dans leurs activités et à travers leurs actions, les êtres humains ont par nature quelque fin, et, par conséquent, devraient essayer de réaliser leurs buts et leurs fins. Partant de ces indications, nous pouvons déjà affirmer que l'éthique de Kant est déontologique par rapport à la question du critère moral, mais qu'elle est téléologique par rapport à la question de l'« objet ou [du] but final de la raison pratique », c'est-à-dire le bien le plus haut[4].

NATURE, TÉLÉOLOGIE ET RAISON DANS L'ÉTHIQUE

Chacun sait le rôle que la nature joue dans la philosophie morale d'Aristote. On voit moins souvent la continuité que peut avoir la téléologie pratique de Kant avec celle d'Aristote. Cela tient au fait que le point de départ de Kant en éthique est en rupture avec la cosmologie finaliste des Anciens. Chez Aristote, la fin est inscrite *dans* la nature, alors que, pour Kant, il ne s'agit que de penser la possibilité d'une nature conforme aux exigences de la raison, ou encore, comme il le dit dans l'écrit de 1784, « de composer une *histoire* d'après une Idée du cours que le monde devrait suivre s'il était adapté à certains buts raisonnables »[5]. Il est clair que ce qui modifie grandement la perspective de Kant sur la nature, c'est la révolution copernicienne, qui nous invite à rechercher l'unité et le sens du monde en nous-mêmes, et non directement dans la nature elle-même. Par ailleurs, les

1. Sur la distinction entre théories téléologiques et déontologiques, *cf.* H. Sidwick, *The Methods of Ethics*, London, Macmillan, 1907 (7ᵉ éd.), rééd. Indianapolis-Cambridge, Hackett, 1981 ; W. K. Frankena, *Ethics*, Englewood cliffs (N.J.), Prenctice Hall Inc., 1963 ; J. Rawls, *A Theory of Justice*, Oxford, OUP, 1971, p. 22-23.

2. MM, DV, AK VI 381 ; OP III, 659.

3. Voir FMM, AK IV, 427-428 ; OP II, 293. *Cf.* CRPr, AK V, 110-111 ; OP II, 742 *sq.* ainsi que MM, DV, AK VI, 380-381 et 384-388 ; OP III, 657 *sq.* et 662 *sq.*

4. *Cf.* P. Ricœur, « The teleological and deotonlogical structures of action : Aristote and/or Kant », *Archivio di Filosofia*, 55, 1987, p. 204-217 ; O. Höffe, « Aristoteles und Kant. Wider eine plane Alternative », in *id.* (Hrsg.), Aristoteles, *Nikomachische Ethik*, Berlin, Akademie, 1995, p. 277-304.

5. *Idée*, AK VIII, 29 ; OP II, 203.

distinctions entre nature et morale, nature et raison, lois de la nature et lois de la liberté qui structurent la pensée éthique de Kant[1], semblent diamétralement opposées à une pensée éthique qui a toujours associé la vie bonne à l'accomplissement de la nature spécifique de l'homme. En termes modernes, on peut dire que Kant fait une nette distinction entre être et devoir-être ; il accepte le principe selon lequel une dérivation des normes morales de la réalité (ou de propositions ontologiques) n'est pas valide. Si l'on ne peut guère soupçonner Kant d'avoir commis un « paralogisme naturaliste »[2], néanmoins ce serait une erreur de croire que Kant ne reconnaît pas la fonction centrale de la nature pour l'éthique – point qui est généralement négligé par les interprètes de Kant.

Dans l'*Idée d'une histoire universelle d'un point de vue cosmopolitique*, Kant montre que la liberté morale doit se réaliser dans la nature, et que la nature concourt à la réalisation des fins de la raison. Il y explique que l'espèce humaine suit une marche qui constitue un progrès vers le mieux, dans la mesure où elle développe ses dispositions naturelles. Mais ce progrès est précisément ce qui permet à l'homme de s'élever de la nature à la liberté. Tout se passe donc comme si la nature travaillait, à travers le progrès de la culture[3], qui lui-même rend possible l'émergence du droit, à préparer la moralité. La doctrine kantienne de l'histoire peut être lue à cet égard comme la tentative de montrer comment il est possible de considérer le processus historique comme l'exécution d'un plan caché de la nature pour réaliser ce que la raison pratique exige de nous : la mise en place d'une « *société civile administrant universellement le droit* »[4].

> Quand je dis que la Nature veut qu'une chose arrive, cela ne signifie pas qu'elle nous en fait un devoir : il n'y a que la raison pratique qui puisse prescrire à des êtres libres des lois sans les contraindre ; mais cela veut dire que la Nature le fait par elle-même, que nous le voulions ou non (*Fata volentem ducunt, nolentem trahunt*)[5].

Rappelons très brièvement que, dans la perspective décrite par l'opuscule de 1784, les fins de la nature sont : tout d'abord le plein développement de toutes les dispositions naturelles de l'homme[6], la perfection de l'être humain à travers la

1. Voir CPR, A 840/B 868 ; OP I, 1390. *Cf.* FMM, « Préface », AK IV, 387-388 ; OP II, 243 *sq.* ; CFJ, AK V, 174-176 ; OP II, 927 *sq.* ; MM, AK VI, 214-218 ; OP III, 458 *sq.*

2. L'interprétation opposée est soutenue par K.-H. Ilting, « Der naturalistische Fehlschluss bei Kant », *in* M. Riedel (Hrsg.), *Rehabilitierung der praktischen Philosophie*, Freiburg i. Br., Rombach, 1972, t. I, p. 113-130.

3. Voir CFJ, § 83-84.

4. *Idée*, AK VIII, 22 ; OP II, 193. *Cf.* notamment A. Oksenberg-Rorty et J. Schmidt (eds), *Kant's Idea of a Universal History*, Cambridge, CUP, 2009 ; E. Cassirer, *Die Philosophie der Aufklärung* [1932], Hamburg, Meiner, 1998.

5. PPP, AK VII, 365 ; OP III, 359. Sur la distinction explicite entre « fin dernière de la nature » et « fins de la raison », *cf.* CFJ, AK V, 429-432 ; OP II, 1231 *sq.* Pour une explication plus claire de la différence entre les fonctions de la nature et le dessein de la raison pour les hommes, voir APP, AK VII, 322 et 327-330 ; OP III, 1133-1134 et 1138 *sq.* *Cf.* A. W. Wood, *Kant's Ethical Thought*, Cambridge, CUP, 1999.

6. *Idée*, AK VIII, 18 ; OP II, 189.

culture, et plus particulièrement le développement de la raison et de la liberté, la « *progression* vers la perfection »[1], c'est-à-dire, en dernière analyse, le dépassement de la nature. Enfin la réalisation d'une « constitution politique parfaite » à l'intérieur comme à l'extérieur.

Ces fins se distinguent des fins nécessaires de la raison, à la réalisation desquelles elle participe cependant, à savoir : l'humanité, la personne, la dignité humaine et le mérite comme une fin en soi possédant une valeur absolue[2], « les fins qui sont aussi des devoirs » pour l'homme : a) sa propre perfection, b) le bonheur des autres[3].

Il est important de noter ici, avant d'aller plus loin, que par « téléologique » Kant n'entend pas un principe objectif, constitutif et dogmatique de connaissance, mais simplement une maxime heuristique, subjective, régulatrice, nécessaire pour comprendre la nature organique. Pour dire les choses autrement, la raison nous invite à faire « comme si » la nature était organisée téléologiquement. Il ne s'agit que d'un « point de vue », car autrement, il faudrait admettre que la nature est un être intelligent, ce que Kant nie explicitement en évoquant « la nature dépourvue de raison »[4].

Il n'est pas nécessaire de s'arrêter ici sur ces points bien connus. Insistons en revanche sur le point important pour notre propos : le fait que la nature participe à l'avènement de la raison. Les êtres humains sont en effet des êtres rationnels finis, mais la raison et la capacité d'être libre sont des composantes de notre nature humaine. Ainsi, si la moralité est fondée sur la raison et la liberté, elle est aussi fondée sur la nature spécifique rationnelle de l'homme, laquelle ne se développe que grâce à un plan de la nature.

Si l'on admet que, comme pour Aristote, la nature ne fait rien en vain, semble dire Kant, alors on doit admettre qu'elle a donné à l'homme la raison afin qu'il en fasse usage et qu'il la développe. Il convient de préciser toutefois que ce n'est pas à l'homme comme individu que la nature a confié la tâche de développer toutes ses dispositions naturelles, mais bien à l'espèce humaine.

Tout compte fait, dans la référence de Kant au procès téléologique de réalisation morale de l'homme se révèlent le maintien et la persistance de la vieille thématique d'une nature finalisée et orientée. La conclusion à laquelle Kant aboutit est la suivante :

> Pour classer l'homme dans le système de la nature vivante et ainsi le caractériser, il ne nous reste donc que ces repères : il possède un caractère dont il se dote dans son pouvoir de se perfectionner selon ses fins, qu'il a lui-même choisies; par-là,

1. CDH, AK VIII, 115; OP II 511.
2. *Cf.* FMM, AK IV, 428-436; OP II, 293-303.
3. MM, DV, AK VI, 384-388 ; OP III, 662 *sq.*
4. CFJ, AK V, 431 ; OP II, 1234. Voir aussi *Idée*, AK VIII, 30; OP II, 104.

> animal doué de *capacité de raison* (*animal rationabile*), il peut faire de lui-même un animal raisonnable (*animal rationale*)[1].

L'on voit ici, à travers cette notion de destination, l'idée d'un passage d'une rationalité morale encore virtuelle à une réalité morale pleinement développée. Une fois de plus, les points communs et les similarités avec Aristote sont manifestes : les relations dynamiques entre *potentia* (δύναμις) et *actus* (ἐνέργεια, ἐντελέχεια)[2], si capitales dans la philosophie éthique d'Aristote, sont implicitement présentes ici, à travers la notion de destination de l'homme et de culture de ses potentialités. Pour reprendre la terminologie de Kant lui-même, on pourrait dire que le développement dynamique conduit l'homme, par ses propres forces et efforts, de l'« animal rationabile » à un « animal rationale » au sens fort du terme. Kant conclut :

> Le résultat de l'anthropologie pragmatique quant à la destination de l'homme et à la caractéristique de son épanouissement est le suivant. L'homme est destiné par sa raison à être en une forme de société avec d'autres hommes et à se *cultiver*, à se *civiliser* et se *moraliser* dans cette société par l'art et par les sciences ; si grand que soit son penchant animal à se livrer *passivement* aux incitations du confort et du bien-vivre qu'il appelle félicité, sa raison le destine à l'inverse à se rendre digne de l'humanité de manière *agissante*, en combattant les entraves dont le charge la grossièreté de sa nature[3].

APPROFONDISSEMENT : LES DIFFÉRENTES CONCEPTIONS DE LA NATURE ET DE SES FONCTIONS DANS L'ÉTHIQUE DE KANT

Au-delà de ces observations sur la téléologie morale, il y a encore un autre motif de rapprochement entre l'éthique kantienne et la philosophie pratique d'Aristote que je voudrais mentionner, sans pouvoir m'y attarder, c'est l'idée que la nature constitue un ordre qui présente une analogie avec la moralité. Sans doute ce lien avec Aristote n'est-il pas immédiatement lisible, parce que la nature chez Kant peut être envisagée sous des angles différents et que le mot signifie plusieurs choses. Quand on parle de « nature » chez Kant, il faut distinguer :

1) la nature comme système de lois naturelles où règnent la nécessité mécanique et la causalité. Cette nature s'oppose à la liberté et à la moralité ;

2) il y a ensuite la nature (qui comprend la nature organique et la nature humaine) comme système « téléologique » au sens kantien du terme, c'est-à-dire du point de vue de principes « régulateurs » et « heuristiques », du jugement

1. APP, AK VII, 321 ; OP III, 1133.

2. Rappelons le mot d'Aristote : « Le possible tend vers l'entéléchie » (*Physique*, 257b7 ; notre traduction).

3. APP, AK VII, 324-325 ; OP III, 1135 *sq*. Cf. *Idée*, AK VIII, 26 ; OP II, 199.

« réfléchissant ». Et cette nature est le fondement *réel* (ou naturel) de la raison, de la liberté, de la culture et de la moralité [1] ;

3) enfin, il y a la nature « au sens formel » [2]. Or cette nature fournit le principe de l'une des principales formules de la loi morale et de la moralité :

> Puisque l'universalité de la loi d'après laquelle des effets se produisent constitue ce qu'on appelle proprement *nature* dans le sens le plus général (quant à la forme), c'est-à-dire l'existence des objets en tant qu'elle est déterminée selon des lois universelles, l'impératif universel du devoir pourrait encore être énoncé en ces termes : *Agis comme si la maxime de ton action devait être érigée par ta volonté en* LOI UNIVERSELLE DE LA NATURE [3].

J'estime qu'avec cette pensée, Kant se rapproche considérablement cette fois de l'éthique stoïcienne, et en particulier du principe de la conformité de l'éthique et de la nature (*vivere convenienter naturæ*) [4].

Bien sûr, en proposant ce rapprochement, il ne s'agit pas de confondre la nature kantienne avec la *phusis* (φύσις) grecque et encore moins avec le *cosmos* (κόσμος) finalisé des Anciens. Mais dans la mesure où c'est la forme de la conformité à la loi qui définit la nature au sens formel, et où ce schéma de la légalité sert aussi à définir la moralité de l'action, on peut estimer qu'il y a ici de la part de Kant une réactivation de l'idée grecque d'une nature comme modèle de moralité, et cela est confirmé par le fait que Kant évoque, dans la *Critique de la raison pratique*, « la loi naturelle » comme « *type* de la loi morale » [5]. On rappellera, pour mémoire, que le problème de Kant était de savoir dans quelle mesure les maximes d'un acte sont universalisables, donc morales; or cette question équivaut à s'interroger sur leur capacité à former une nature au sens de la forme de la nature.

C'est aussi une idée chère à Kant que l'homme, en développant ses talents par le biais de la culture, doit essayer d'atteindre un ordre de conduite qui ait la perfection des productions naturelles. Dans un passage particulièrement important des *Conjectures sur le commencement de l'histoire humaine*, où Kant rapporte les contradictions apparentes entre notre destination morale et notre nature faite d'impulsions, il évoque un niveau idéal de développement de la culture de l'homme où « l'art, ayant atteint la perfection », redevient nature :

1. Voir H. J. Paton, *The Categorical Imperative. A Study in Kant's Moral Philosophy* [1947], Philadelphia, University of Pennsylvania Press 1971. Comme Paton l'écrit : « There is, however, in Kant a further strain which may be described as Aristotelian or teleological » (p. 109 ; cf. *ibid*, chap. II, § 8 ; chap. X, § 5 ; chap. XV, § 4-6 ; chap. XVIII, § 7, 8 ; chap. XXV, § 9). *Cf.* V. Gerhardt, *Immanuel Kant. Vernunft und Leben*, Stuttgart, Reclam, 2002.

2. Sur la nature comme « Natura formaliter spectata », *cf.* CRP, B 165 ; OP I, 876.

3. FMM, AK IV, 421 ; OP II, 285.

4. MM, DV, AK VI, 419; OP III, 703. Voir *Stoicorum Veterum Fragmenta*, ed. H. v. Arnim, I, 179, III, 12; Cicéron, *De finibus*, 2, 34; *De officiis*, 3, 13. *Cf.* M. Forschner, *Die stoische Ethik*, Darmstadt, Wissenschaftliche Buchgesellschaft, 1995 (2e éd.); A. A. Long, *Hellenistic Philosophy. Stoics, Epicureans, Sceptics*, London, Duckworth, 1974.

5. CRPr, AK V, 69 ; OP II, 692.

« ce qui est la fin dernière de la destination morale de l'espèce humaine »[1]. Dans ce contexte, le terme « nature » signifie principalement le royaume de l'ordre universel, de la légalité, de l'unité, de l'uniformité, de la finalité, de l'harmonie, et même de la « sagesse »[2]. Allant parfois plus loin, Kant identifie la nature au « destin » ou même à la Providence (divine). À travers l'évocation de cette nature agissante et artiste, Kant revient à un thème grec d'une nature qui est conçue à la fois comme un modèle exemplaire et une source de moralité. L'admiration, le respect et même la révérence qu'il a pour ses qualités d'harmonie, d'ordre et de légalité, montre qu'il a renoué, avec l'intuition qui poussait les Grecs à voir dans la nature un modèle à suivre dans l'ordre moral[3].

VERTU ET BONHEUR

Par opposition à la conception eudémoniste d'Aristote, Kant a explicitement rejeté dans les *Fondements* l'idée que le bonheur puisse constituer la fin de l'éthique. Mais il serait hâtif d'en déduire que Kant a exclu la considération du bonheur de ses analyses morales, puisque s'il a bien récusé l'idée que le bonheur soit un principe de moralité, c'est-à-dire le critère permettant de juger de la valeur morale des actions, il a néanmoins soutenu que le bonheur est une composante du souverain bien.

Certes, Kant ne cesse de le marteler : le bonheur ne peut pas être le centre de gravité de l'existence pour un être raisonnable : sa destination finale est d'essence morale. Si, par ailleurs, l'homme plaçait tous ses espoirs dans le seul bonheur, en pensant que c'est là sa destination sur terre, il ne manquerait pas d'être amèrement déçu.

> Il est aisé de décider de la valeur que la vie a pour nous, si cette valeur est estimée seulement d'après ce *dont on jouit* (la fin naturelle de la somme de tous les penchants, le bonheur). Elle tombe au-dessous de zéro ; car qui voudrait bien recommencer une vie sous les mêmes conditions, ou même selon un plan nouveau qu'il aurait lui-même projeté (conforme cependant au cours de la nature), mais qui ne serait établi que pour la jouissance[4].

Ce point admis, on ne doit pas inférer de là que Kant est aux antipodes d'Aristote sur la question du statut du bonheur. Car on peut interpréter autrement le passage sur l'inanité des jouissances octroyées à l'homme en cette vie : comme l'idée que l'homme doit aspirer à quelque chose de plus noble que le bonheur purement hédoniste, et sur, ce point, on peut dire que Kant comme Aristote

1. CDH, AK VIII, 117-118 ; OP II, 513.
2. *Cf.* CFJ, AK V, 383 ; OP II, 1177.
3. Je songe ici en particulier à la célèbre conclusion de la *Critique de la raison pratique* (AK V, 161-162 ; OP III, 801 *sq.*), qu'il serait intéressant de comparer et de rapprocher du passage de la *Métaphysique*, 982b 12-30.
4. CFJ, AK V, 434 n. ; OP II, 1237.

conçoivent tous les deux la fin suprême de l'action et le souverain bien humain comme quelque chose de plus que le « bonheur » au sens vulgaire de la recherche égoïste du plaisir, en particulier des plaisirs sensuels. Leur compréhension de cette notion de souverain bien est en réalité assez similaire : Aristote le conçoit en effet comme le développement harmonieux et total de notre « énergie » ou félicité, dont l'une des parties constitutives est la vertu; Kant, de son côté, le conçoit comme un composé ou une synthèse de moralité et de bonheur, où la moralité est une condition nécessaire, mais malheureusement non suffisante, du bonheur sur terre.

Chez Aristote, le bonheur est lié à la vie théorétique; chez Kant, le bonheur promis dans la notion de souverain bien reste une énigme. Mais étant donné qu'il s'agit du bonheur d'un être au-delà de sa condition phénoménale sensible, ce bonheur ne peut se résumer aux joies terrestres liées à notre sensibilité. Au bout du compte, il est remarquable que Kant comme Aristote conçoivent le bonheur comme quelque chose de supérieur aux plaisirs tirés de la sensibilité de l'homme : comme quelque chose de quasi divin, pour le premier; comme quelque chose de foncièrement non physique, pour le second. Car selon la doctrine du souverain bien, l'homme est en droit d'espérer une vie indépendante de l'animalité et du monde sensible.

Il ne fait aucun doute que les points de désaccord demeurent entre les théories éthiques d'Aristote et de Kant, et que la démarche systématique critique visant à placer la subjectivité porteuse de la loi morale au centre de l'éthique est en rupture avec les prémisses aristotéliciennes que les kantiens qualifieraient volontiers d'hétéronomiques. Cela étant dit, les similarités et les points communs que j'ai relevés sont non moins évidents, et sans doute tout aussi importants. Et c'est sur eux que j'ai voulu attirer l'attention, pour rectifier le jugement selon lequel il y aurait une totale opposition entre les deux systèmes éthiques. On ne peut nier que, dans les parallèles établis tout au long de cette communication, entre les deux philosophies morales, les affinités conceptuelles ne valent qu'à un haut degré de généralité et que, dès lors que l'on descend dans le détail des analyses, les différences de contenu, d'approche ou de perspective, réapparaissent inévitablement. Mais cela n'a rien d'étonnant. Parmi les convergences, il faut mentionner les relations multiples et positives élaborées entre la moralité et la nature, et en particulier la pertinence de certains concepts centraux de la nature pour l'éthique, comme les concepts de téléologie naturelle, de développement et de perfection; enfin la reconnaissance de la fonction centrale de la nature et de l'ordre naturel pour l'humanité, la réalisation des fins éthiques et la culture. On peut aussi estimer que l'universalité des normes éthiques, des vertus et des valeurs, mais en même temps l'importance de l'individualité et des décisions éthiques individuelles, l'auto-détermination et l'autonomie, la reconnaissance d'une multitude de vertus et d'une large variété de valeurs font partie des thèmes qui autorisent un rapprochement entre Aristote et Kant.

Par conséquent, l'on peut affirmer qu'il y a de grandes convergences entre les deux systèmes éthiques, et ces accords rendent possible et même désirable une synthèse entre les deux[1] que nous ne pouvons, bien entendu, dans le cadre restreint de cette communication, ni présenter, ni esquisser.

Costas ANDROULIDAKIS
Université de Crète

1. *Cf.* N. Hartmann, *Ethik* [1926], Berlin, De Gruyter, 1962 (4e éd.) : « L'éthique matérielle des valeurs » tente une telle synthèse entre l'aristotélisme, le kantisme et la phénoménologie.

L'IDÉAL ÉTHIQUE D'APATHIE KANT ET LES STOÏCIENS

Le sage inaccessible aux troubles émotionnels, supportant d'une âme égale les coups du destin, fait partie de l'une des thématiques les plus caractéristiques du Portique. Or il est difficile de nier que Kant a plusieurs fois pensé aux stoïciens en élaborant sa « doctrine de la vertu ». En reconnaissant un « devoir d'*apathie* »[1] comme présupposition de la vertu, Kant n'a pas seulement repris l'un des concepts les plus célèbres, mais aussi des plus controversés de l'éthique stoïcienne, il a également revendiqué une posture stoïcienne sur la question des émotions : mise en garde contre les affects et les passions, description de la soumission à ces dernières comme une « *maladie de l'âme* »[2], conception martiale de la vertu comme lutte du sujet contre ses penchants sensibles[3], prédilection assumée pour le « calme réfléchi » et même pour la « froideur d'esprit »[4]. On ne s'étonnera donc pas que quelques commentateurs aient pu présenter la philosophie pratique de Kant comme un *stoïcisme moral moderne*[5].

Depuis plusieurs décennies, toutefois, dans un contexte de réévaluation du rôle des émotions, l'éthique de Kant fait l'objet d'une relecture qui rompt avec l'image désormais scolaire et convenue de rigorisme qui circule dans bien des

1. MM, DV, AK VI, 408 ; OP III, 693.
2. APP, AK VII, 251 ; OP III, 1067.
3. *Cf.* CRPr, AK V, 84 ; OP II, 711 ;et surtout MM, DV, AK VI, 405 ; OP III, 689.
4. MM, DV, AK VI, 409 ; OP III, 694.
5. *Cf.* U. Santozki, *Die Bedeutung antiker Theorien für die Genese und Systematik von Kants Philosophie*, Berlin-New York, De Gruyter, 2006, évoque le stoïcisme de Kant (« Kants Stoizismus ») à propos de la conception kantienne de la loi morale (voir p. 154). Plus vigoureusement encore, D. Doyle et J. M. Torralba : « In saying that we have a duty to forster apathy because emotions should never control our lives to the exclusion of free determination to act, Kant is taking a Stoic path », (D. Doyle et J. M. Torralba, « Kant and stoic ethics », *in* J. Sellard (ed.), *The Routledge Handbook of the Stoic Tradition*, New York-London, Routledge Press, 2015, p. 270-284, plus part. p. 277. J. M. Torralba déclare : « Stoicism is one of the principal sources of Kant's ethics » (J. M. Torralba, « Stoic katórthôma, perfect duty and Kant's notion of acting aus Pflicht. The relevance of the oikeiosis doctrine for the notions of moral good and inner attitude (Gesinnung) in Kantian ethics », *in* A. Vigo (ed.), *Oikeiösis and the Natural Basis of Morality. From Ancient Stoicism to Modern Philosophy*, Hildesheim, Olms, 2011, p. 295-346, ici p. 295.

ouvrages. Alors que l'interprétation longtemps dominante insistait sur l'hostilité systématique du kantisme à tout ce qui relève de la sphère affective, regardée comme une menace pour l'autonomie du sujet moral, de plus en plus d'exégètes soulignent l'importance des sentiments dans l'accomplissement de nos devoirs moraux. La reconnaissance du rôle des conditions « esthétiques » de la moralité, dans la *Doctrine de la vertu*, par exemple, accrédite l'idée que l'on ne saurait enfermer le criticisme pratique dans l'opposition rigide entre ce qui est pathologiquement déterminé, d'un côté, et les maximes d'action objectivement nécessaires, de l'autre. Comment comprendre alors la promotion de l'« apathie morale » au rang de devoir?

La question engage tout d'abord la relation, complexe, de la présence du stoïcisme dans la pensée éthique de Kant, mais elle revient aussi à interroger, au-delà du problème des sources et des influences historiques, le rapport de l'agir moral à l'affectivité en général[1]. Dans les considérations qui suivent, nous nous attacherons principalement à ce second aspect du problème, en cherchant à montrer comment, tout en revendiquant une convergence de pensée avec l'idéal stoïcien d'impassibilité, Kant a tenté de forger un concept d'apathie qui réconcilie le principe d'autonomie et la dimension pathologique de la finitude humaine. Pour ce faire, nous mettrons en évidence, dans un premier temps, l'ambiguïté, voire l'ambivalence, de sa position sur l'*apatheia* stoïcienne: reprise et appropriation du concept stoïcien, d'un côté; distanciation critique par rapport à cette même notion, de l'autre. Ensuite, prenant pour fil conducteur la réception de la philosophie pratique de Kant ces trois dernières décennies, nous proposerons quelques brèves remarques sur la nouvelle tendance interprétative[2] qui conteste l'idée d'un Kant stoïcien sur le sujet des émotions.

LA PROMOTION KANTIENNE D'UN DEVOIR D'APATHIE EN REGARD DE L'IDÉAL STOÏCIEN D'IMPASSIBILITÉ

Qu'il faille dénoncer le danger des troubles émotionnels était une conviction partagée par toutes les écoles philosophiques grecques. Chacune d'entre elles soulignait, avec des variations diverses, la nécessité de contenir les explosions affectives. L'originalité de la position stoïcienne a consisté, on le sait, à soutenir que les passions (*pathi*) sont moralement mauvaises, *quelles qu'elles soient*, et que nous devons, par conséquent, les bannir, en les empêchant de se développer.

1. Sur l'influence du stoïcisme par rapport à la question de la vie affective, voir M. J. Seidler, « Kant and the Stoics on the Emotional Life », *Philosophy Research Archives*, 7, 1981, p. 1093-1150.

2. Voir, entre autres, N. Sherman, « The Place of Emotions in Kantian Morality », *in* O. Flanagan et A. Rorty *Identity, Character and Morality, Essays in Moral Psychology*, Cambridge (Mass.), MIT Press, 1990, p. 149-170; M. W. Baron, *Kantian Ethics Almost Without Apology*, Ithaca (N.Y.), Cornell University Press, 1995; N. Sherman, *Making a Necessity of Virtue: Aristotle and Kant on Virtue*, Cambridge, CUP, 1997.

C'est cette posture que le vocable « apathie », emprunté aux cyniques, avait pour dessein d'exprimer. L'idéal du sage exempt de passions constitue certainement une surenchère des stoïciens par rapport à une tradition de pensée platonico-aristotélicienne qui défendait plutôt un idéal de maîtrise de nos affects. Il est inutile de dire qu'il y a dans cet idéal d'impassibilité une forme de radicalité qui avait heurté les philosophes dès l'Antiquité, et ce, pour plusieurs raisons. D'abord, parce que les Grecs réservaient l'impassibilité au divin, et faisaient de l'agitation émotionnelle le lot des mortels. Ensuite, parce que cet idéal supposait un monisme psychologique intellectualiste[1], qui revenait à nier l'existence d'une partie irrationnelle irréductible dans notre âme, chose que, dans le sillage de Platon, la plupart des penseurs grecs, d'Aristote jusqu'à Galien, admettaient. Et, enfin, parce que l'idée d'un affranchissement total des *pathê* allait à l'encontre d'une sagesse de la modération largement admise. Pour placer les choses en perspective, rappelons qu'Aristote estimait que la colère pouvait être moralement acceptable sous certaines conditions, et qu'il n'y avait donc pas lieu de chercher à éliminer ou à réprimer les émotions, mais seulement à les tempérer[2]. Contre cette demi-sagesse de la tempérance, le stoïcien soutient qu'il faut et suffit d'être rationnel pour être vertueux. On se souvient à cet égard par quelle formule brillante Sénèque récusait l'idée aristotélicienne d'un emportement mesuré et acceptable : « une passion modérée n'est autre chose qu'un mal modéré »[3].

Il ne fait donc aucun doute qu'en soutenant que les désordres émotionnels mettent en péril la possibilité d'un agir moral[4], et que, par conséquent, il convient de neutraliser au plus tôt toutes les formes affectives susceptibles de prendre le contrôle de l'âme, Kant a réinvesti toute une tradition philosophique d'origine stoïcienne décrivant l'impassibilité comme le sommet de la sagesse. Cette continuité est d'ailleurs expressément assumée par le philosophe de Königsberg dans un passage de l'*Anthropologie* où il exprime son accord de principe sur l'idéal stoïcien d'apathie :

> Le principe de l'*apathie* selon lequel le sage ne doit jamais être en proie à l'affect, même pas à celle de la compassion pour les maux de son meilleur ami, est une règle

1. Ce monisme psychologique, qui considère que l'âme est de part en part rationnelle, est principalement celui de Chrysippe, et peut-être aussi du fondateur du stoïcisme, Zénon. *Cf.* Plutarque, *De la vertu morale*, 446 F-447A, *Stoicorum Veterum Fragmenta*, III, 459, éd. H. von Arnim, A. A. Long, D. N. Sedley ; trad. fr. J. Brunschwig et P. Pellegrin, *Les philosophes hellénistiques*, II : *Les Stoïciens*, Paris, Flammarion, 2001, p. 522.

2. Sur l'idée que l'emportement peut être vertueux, et donc permis et même requis par la situation, voir Aristote, *Éthique à Nicomaque*, II, V. 2; et en particulier 1106b 20. Voir également, la *Rhétorique*, II. 1377 a20-25.

3. Sénèque, *De ira*, livre I, X, 4 ; trad. fr. A. Bourgery, *De la colère. Dialogues*, t. 1, I, 10, 4, Paris, Les Belles lettres, 2012, p. 13.

4. Voir MM, DV, AK VI, 407-408 ; OP III, 692-693, mais aussi APP, § 73-75.

fondamentale, empreinte de justesse et de sublimité, de l'école stoïcienne. L'affect nous rend (plus ou moins) aveugles [1].

Loin d'être isolée, cette idée du caractère sublime du sage capable de contenir ses émotions est répétée en divers endroits du corpus kantien[2], elle fait écho à tous les textes connus dans lesquels Kant salue le pouvoir de résistance de l'homme aux penchants immédiats, sous la représentation de la loi morale, et sa capacité à prévenir tout débordement passionnel.

Pour comprendre pleinement le statut et le contenu du « devoir d'*apathie* » du point de vue systématique, la voie la plus indiquée cependant n'est pas d'examiner les descriptions psychologiques de l'*Anthropologie*, mais de se rapporter aux § XV, XVI et XVII de l'« Introduction » à la « Doctrine de la vertu », où Kant explicite les conditions d'une vie morale. Il y explique que la vertu est fondée sur la « liberté interne », dans la mesure où la capacité de choix constitue la « condition de tout *devoir de vertu* »[3]. Mais cette liberté est constamment menacée par les manifestations perturbatrices de certaines forces affectives capables de suspendre la réflexion et même d'aliéner la raison. D'où la nécessité, pour la maintenir intacte, de suivre deux commandements : « être *maître* de soi (*animus sui compos*) », d'une part, et « avoir de *l'empire* sur soi (*imperium in semetipsum*) »[4], d'autre part. Tels sont donc les deux réquisits de la vertu. Si les deux commandements se rejoignent pour dessiner un idéal typiquement rationaliste de liberté comme gouvernement de soi, il convient de faire remarquer que le devoir d'apathie ne nomme en toute rigueur qu'un « commandement négatif » : « la défense de se laisser dominer par ses sentiments et penchants »[5], il se distingue du « commandement positif » de placer toutes ses facultés et ses penchants sous le contrôle de la raison.

En accord avec son acception reçue[6], l'apathie est décrite aussi comme absence d'affect (*Affektlosigkeit*). Cette exigence de non-affects que Kant place au principe de la doctrine de la vertu, si elle n'est pas encore la liberté positive de l'autonomie, est la condition de l'exercice d'un choix rationnel et le gage d'une première forme de liberté envisagée comme indépendance par rapport à tout

1. APP, AK VII, 254; OP III, 1069-1070. Nous avons modifié la traduction de Pierre Jalabert, en traduisant le mot « Affekt » par « affect » plutôt que par « émotion ». Le mot a en effet un sens technique dans la terminologie kantienne. Il est donc important pour bien saisir la pensée kantienne de l'affectivité de maintenir une certaine rigueur lexicale. D'une manière générale, nous modifierons la traduction de la Pléiade là où nécessaire. Nous ne retiendrons donc pas non plus la traduction proposée par Joëlle Masson et Olivier Masson qui rendent « Affekt » par « affection ». En vogue au XVIIIe siècle, le mot est aujourd'hui désuet et risque de susciter des malentendus. Le mot « émotion » ne pouvait convenir, puisqu'il traduit le mot « Rührung ». Nous nous sommes donc rabattus sur le mot « affect », qui a au moins le mérite de suggérer un changement d'état émotionnel proche du trouble.

2. *Cf.* MM, DV, AK VI, 457; OP III, 751-752. Voir aussi CFJ, AK V, 272; OP II, 1045.

3. MM, DD, AK VI, 407; OP III, 691.

4. MM, DD, AK VI, 407; OP III, 692.

5. MM, DD, AK VI, 408; OP III, 693.

6. *Ibid.*

motif d'action sensible. Par où l'on comprend que l'apathie, chez Kant, loin d'être le couronnement de la vie morale, comme dans le stoïcisme, en est plutôt, comme le disent bien Daniel Doyle et José M. Torralba, son point de départ[1].

Par rapport au « principe suprême de la moralité » énoncé dans les *Fondements de la métaphysique des mœurs*, le lecteur conviendra que la notion d'apathie apporte quelque chose de nouveau et presque d'inattendu : la mise en évidence de conditions proprement subjectives (et pas seulement *a priori*) de la vertu : l'absence de *pathos*, la « tranquillité d'esprit »[2] et le « *flegme* heureux »[3]. Dans ces états, le sujet peut agir en se réglant sur des principes, alors que les débordements émotionnels rendent l'adoption d'une telle ligne d'action difficile, voire impossible. C'est pourquoi dans les *Leçons d'éthique*, Kant avoue qu'entre la chaleur des sentiments et l'affection, d'une part, et la « froideur d'esprit », d'autre part, sa préférence va à cette dernière, lorsque celle-ci est accompagnée de « principes » et de « bonnes intentions »[4]. La qualité affective de notre état psychique a donc toute son importance pour notre vie morale. Mais, ne nous y trompons pas : dans la *Métaphysique des mœurs*, l'apathie ne désigne pas qu'un simple concept psychologique – un état affectif sans affect –, une heureuse disposition naturelle dont certains seraient doués et d'autres privés[5], car si tel était le cas, la notion d'apathie n'aurait plus sa place dans une « doctrine de la vertu », et toute la doctrine des devoirs s'effondrerait. Aussi importe-t-il de restituer la signification pratico-éthique de cette notion, en rappelant qu'elle énonce le *devoir* de lutter avec résolution contre la possible subversion de la raison pratique par l'affectivité. Bien que les formulations de Kant ne soient pas toujours concordantes, il est assez clair que ce sont les affects *et* les passions[6] qui sont ici visés et tenus pour responsables des fréquents troubles qui induisent des actions indésirables – soit parce que leur maxime contredit les fins pratiquement nécessaires, – soit parce qu'elles entravent la réalisation des fins que l'homme poursuit dans sa vie.

1. D. Doyle et J. M. Torralba, « Kant and stoic ethics », art. cit., p. 277.

2. MM, DD, AK VI, 409 ; OP III, 694.

3. APP, AK VII 289-290 ; OP III, 1102. Cette notion est déjà présente dans la pensée précritique, *cf.* OBS, AK II, 220 ; OP I, 466.

4. *Eine Vorlesung Kants über Ethik. Im Auftrage der Kantgesellschaft herausgegeben von Paul Menzer* [1924], Berlin-Charlottenburg, Pan Verlag Rolf Heise, 1925, (2e éd.), p. 198-199 ; trad. fr. L. Langlois, *Leçons d'éthique*, Paris, Librairie générale française, 1997, p. 338.

5. Parallèlement à son concept éthique d'apathie, Kant a développé un concept psychologique d'apathie, qu'il assimile au « flegme », lui-même défini comme « *absence d'émotion* », *cf.* APP, AK VII, 252 ; OP III, 1068. Dans cette perspective, l'apathie est bien un « *don naturel* » qui, sans rendre l'individu moral, peut en favoriser la sagesse, *cf.* APP, AK VII, 254 ; OP III, 1070. On notera ici au passage la tension entre un discours qui fait de ce « don naturel » un atout dans la quête de la moralité et une conception volontariste de l'apathie qui fait de la victoire sur les émotions un principe éthique qui dépend de la seule liberté du sujet et de la vertu (et non de dispositions naturelles).

6. MM, DV, AK VI, 407 ; OP III, 692.

L'« APATHIE MORALE » COMME TENTATIVE DE CONCILIATION DE LA LOI MORALE ET DE LA DIMENSION AFFECTIVE DE L'HOMME

Bien des remarques de sa philosophie pratique ou de son anthropologie ont pu laisser penser que Kant exigeait du sujet moral une insupportable compression de ses sentiments. Des passages comme le suivant, où Kant condamne la compassion éprouvée à l'égard de l'ami dans l'adversité, au motif qu'elle relève d'une forme de sympathie pathologique, qui n'est en soi ni pratique ni éthique, vont dans ce sens : « ce sage, voyant que son ami ne pouvait être sauvé, se disait à lui-même: que m'importe? c'est-à-dire qu'il rejetait la participation pathologique » [1].

Par cette prise de position, Kant est devenu la cible favorite de tous ceux pour qui les jugements moraux reposent sur des réactions émotionnelles, mais aussi de tous ceux pour qui l'idéal d'impassibilité relève d'une conception de la sagesse morale foncièrement erronée. Les deux principaux griefs faits à la promotion kantienne de l'idéal d'apathie consistent à dire que la sagesse qu'il propose 1) sous-estime le rôle et l'importance des émotions dans la vie morale, 2) qu'elle revient à entériner, face à la détresse d'autrui, une forme d'indifférence blâmable[2]. Une longue tradition interprétative a fait à cet égard peser un soupçon sur la beauté morale d'un idéal prônant l'extirpation des passions et le contrôle sévère de nos affects.

Si l'on a pu accuser le stoïcisme d'être une philosophie « inhumaine »[3], on a reproché au kantisme de défendre une conception éthique dépouillée de toute chaleur humaine. Dans sa critique cinglante de la raison des Lumières, accusée de se transformer au cours de son affirmation en raison formaliste, Adorno croit pouvoir déceler une connivence secrète entre l'impératif catégorique de Kant et les philosophies de Sade et de Nietzsche. Citant le passage de la *Métaphysique des mœurs* où Kant introduit sa notion d'apathie, Adorno fait remarquer que le sang-froid, le calme et le détachement que Kant recommande à tout agent moral, sont les qualités mêmes que loue le personnage de Juliette, et celles-là mêmes que devrait montrer, selon cette dernière, tout criminel face à ses victimes[4]. En somme, Sade serait la vérité de la philosophie morale de Kant. Si ces

1. MM, DV, AK VI, 457 ; OP III, 751-752. Sur cette même idée, avec une référence explicite au stoïcisme, voir aussi *Eine Vorlesung Kants über Ethik*, *op. cit.*, p. 253 ; trad. cit., p. 199-200.

2. *Cf.* B. Williams, « Morality and the Emotions », in *Problems of The Self: Philosophical Papers, 1956-1972*, Cambridge, CUP, 1973, p. 207-229.

3. Je rappellerai, pour mémoire, ce que Descartes disait des stoïciens : « je ne suis point de ces philosophes cruels » (lettre à Élisabeth, 18 mai 1645, *in* R. Descartes, *Œuvres et Lettres*, « Bibliothèque de la Pléiade », Bruges, Gallimard, 1953, p. 1183. Sur l'« accusation d'inhumanité » de la philosophie stoïcienne, lire T. H. Irwin, « Stoic Inhumanity », *in* J. Sihvola et T. Engberg-Pederson (eds), *The Emotions in Hellenistic Philosophy*, Dordrecht, Kluwer Academic Publishers, 1998, p. 219-242.

4. M. Horkheimer et T. W. Adorno, *La dialectique de la raison*, Paris, Gallimard, 1974, p. 105-106.

rapprochements polémiques avec Sade sont plus que discutables, puisque, dans la conception critique de l'éthique, l'empire sur soi n'a pas de valeur morale intrinsèque[1] et peut même être dangereux s'il n'est pas accompagné d'une « bonne volonté », il n'en demeure pas moins que le rejet de l'affect ou encore l'apparente promotion du philanthrope insensible dans les *Fondements de la métaphysique des mœurs* soulèvent de légitimes questions sur l'« humanité » de l'homme kantien[2]. Faut-il interpréter l'adoption du principe d'apathie comme la volonté de mettre au pas l'entièreté de notre sensibilité? Un examen attentif des textes montre que l'intention profonde de Kant ne fut pas en tout cas de sacrifier la sensibilité sur l'autel de la moralité. Kant admet certes qu'il y a un impératif d'empêcher le règne des affects et des passions – et là-dessus, il n'a pas été moins ferme que les stoïciens, en avertissant que « si la raison ne prend pas en main les rênes du gouvernement, ils [les sentiments et les penchants] se mettent à jouer les maîtres de l'homme »[3]. Mais la définition de l'apathie donnée dans le § XVI fait ressortir que Kant essaie plutôt de dépasser l'opposition raison/émotion et le faux dilemme qui nous contraint de choisir l'une contre l'autre. Le vrai choix auquel l'agent moral est confronté est plutôt entre un état qui permet la réflexion et, par conséquent, l'action d'après des fins et des principes rationnels, d'une part, et un état où cette réflexion est rendue malaisée et, dans certains cas, impossible, d'autre part. Or le gouvernement de la raison n'implique pas qu'il faille donner congé à ses émotions, il signifie seulement que l'on doit toujours veiller à exercer un contrôle rationnel sur elles. Sous cet aspect, il n'est pas contestable que Kant a adopté une position qui permet d'accorder deux choses qu'on a généralement reproché à la philosophie stoïcienne d'avoir opposées : la réalisation de notre vocation morale et une vie affective normale d'être raisonnable fini.

Reste à évaluer la portée de cette concession faite à la vie des sentiments. Chasse-t-elle complètement l'ombre d'anti-émotionnalisme qui plane sur l'éthique de Kant? Fait intéressant, au § XVII de l'Introduction de la *Métaphysique des mœurs*, alors même qu'il vient d'utiliser le terme d'apathie, Kant admet que le mot « est pris en mauvaise part »[4], et met en garde contre la tentation de concevoir sa notion d'apathie comme un état négatif : l'absence de sentiments, et par conséquent l'« indifférence subjective par rapport aux objets de l'arbitre »[5]. Poser une telle équivalence serait confondre l'apathie (*Affecktlosigkeit*) et l'insensibilité (*Fühllossigkeit*)[6]. Mais, en utilisant le terme d'apathie, si chargé

1. *Cf.* FMM, AK IV, 394 ; OP II, 251.

2. *Cf.* FMM, AK IV, 398 ; OP II, 257. Sur la question de l'humanité et de la sympathie, nous nous permettons de renvoyer à notre communication : « L'*homo sympathicus* dans la pensée anthropologique et éthique de Kant », *in* P. Jesus (dir.), *Kant et l'humain : Géographie, psychologie, anthropologie*, Paris, Vrin, 2019, p. 109-119. Sur le reproche d'insensibilité de la morale kantienne, voir A. Schopenhauer, *Les deux problèmes fondamentaux de l'éthique*, Paris, Gallimard, 2009, p. 236.

3. MM, AK VI, 408 ; OP III, 693.

4. *Ibid.*

5. MM, AK VI, 408 ; OP III, 695.

6. MM, AK VI, 408 ; OP III, 693.

d'histoire, la conception kantienne de la vertu ne s'exposait-elle pas aux pires malentendus, à une époque où le sentimentalisme défendait la thèse des racines sensibles de nos actions morales, et où l'on définissait communément l'humanité par la faculté de sympathie ? Il importait alors pour Kant de défendre son concept d'apathie, en montrant qu'à côté du sens négatif du mot, qui circulait dans toute la littérature relative au sujet, pouvait coexister un sens positif : l'absence d'affect, ou, comme il le dit : « apatheia, phlegma in significatu bono »[1]. D'où le choix de parler d'« *apathie morale* » pour démarquer son concept des autres acceptions reçues du mot : stupidité, brutalité, indifférence, engourdissement[2], etc. Sa préoccupation ici semble bien être avant tout de relever la notion d'apathie du discrédit dans lequel elle était tombée au XVIIIe siècle, en montrant qu'elle est une « force » et non une « faiblesse »[3]. La force de l'apathie tient au fait que la contenance des affects et la domination des passions permettent un agir moral et un surcroît de lucidité dans la poursuite de nos fins. Pourquoi, en revanche, considérer l'insensibilité comme une « faiblesse » ? Kant ne s'en explique pas, mais il n'est pas difficile de deviner les raisons de cette assertion. D'abord, le degré zéro de la vie émotionnelle interdit à l'homme de pouvoir accéder au bonheur. Par ailleurs, au point de vue moral, une telle impuissance à s'émouvoir rendrait malaisé l'accomplissement de nos devoirs d'amour envers nos prochains, elle serait en particulier en contradiction directe avec le devoir de sympathie qui nous enjoint de participer au destin d'autrui[4].

KANT, CRITIQUE DE L'IDÉAL STOÏCIEN D'*APATHIA* ET/OU CRITIQUE DE LUI-MÊME ?

Si, comme on l'a vu, Kant a parfois érigé la figure du sage impassible en modèle de justesse morale, son admiration pour la doctrine stoïcienne de l'apathie ne fut pas sans réserve. Les objections qu'il a cru devoir formuler à son encontre dans la *Religion dans les limites de la simple raison*, indiquent qu'il a voulu prendre ses distances vis-à-vis des positions sur l'affectivité, qu'il jugeait à la fois excessives et erronées. Dans le livre II de la *Religion*, il rend d'abord hommage aux stoïciens d'avoir défendu une conception quasi guerrière de la vertu, demandant de la part de l'agent moral « courage » et « bravoure », et « supposant de ce fait un ennemi »[5]. Mais, à la question de savoir quel est cet ennemi, Kant fait part de son profond désaccord avec l'école grecque.

1. CFJ, AK V, 272 ; OP II, 1045.

2. Rappelons ici que ce sont les cyniques qui prônaient l'endurance et l'insensibilité, pas les stoïciens, qui, eux, préconisaient le détachement. Kant faisait clairement la différence entre ces deux visions éthiques. *Cf.* M. J. Seidler, « Kant and the Stoics on the Emotional Life », art. cit., p. 1138.

3. MM, DV, AK VI, 408 ; OP III, 693.

4. *Cf.* MM, DV, § 34, AK VI, 456-457 ; OP III, 751-752.

5. RSR, AK VI, 57 ; OP III, 71.

> Cependant ces hommes vaillants [les moralistes de l'Antiquité, les stoïciens] méconnurent leur ennemi. Celui-ci ne doit pas être recherché dans les inclinations naturelles, simplement indisciplinées, mais qui se présentent ouvertement et sans mystère à la conscience de chacun[1].

En optant pour la solution facile consistant à faire de la sensibilité le principe du mal moral, le stoïcisme aurait ici commis une double erreur : il aurait, d'une part, méconnu la nature des inclinations, en elles-mêmes « non condamnables »[2] ; il n'aurait pas vu, d'autre part, que la véritable source du mal moral réside dans l'insondable mystère de la liberté ; dans un acte souverain et inscrutable, situé, pour ainsi dire, en-deçà des processus naturels du monde phénoménal : dans le monde nouménal. Certes, la doctrine du « mal radical » admet que le mal consiste à subordonner la loi morale aux revendications des impulsions, mais elle soutient que ce renversement n'a pas d'autre principe que notre liberté transcendantale. Ce qui revient à dire en dernière analyse que c'est toujours notre libre vouloir qui est imputable.

Philosophiquement en parfaite cohérence avec le système pratique, cette critique n'en reste pas moins problématique : elle s'appuie, en effet, sur une lecture des stoïciens largement controuvée, qui, du point de vue de l'histoire des idées, est, en toute rigueur, irrecevable. Car les stoïciens n'ont jamais professé que les inclinations sont le siège du mal et qu'elles devraient, en conséquence, être extirpées. Bien au contraire, ils n'ont eu de cesse d'expliquer que la source des désordres émotionnels et de nos erreurs morales n'est pas dans nos inclinations, toutes rationnelles et conformes à la nature, comme le rappelle la doctrine de l'appropriation (*oikeiôsis*), mais dans nos représentations et nos opinions réfléchies. Kant semble ici confondre passion (*pathos/perturbatio*) et inclination (*hormè/impetus*), notions qui ne sont pas équivalentes dans la doctrine stoïcienne, et qui correspondent même à des registres différents – la théorie stoïcienne de l'affectivité établit une distinction entre la catégorie générique de l'impulsion ou inclination et la catégorie spécifique de la passion, qui nomme l'impulsion en tant qu'elle est contraire à la raison. Or, s'il est vrai que la passion est une inclination qui se caractérise par l'emballement et l'excès, ces deux phénomènes ne sont ni fatals ni inscrits dans la nature de l'inclination, ils naissent de ce que l'homme a donné son assentiment à une représentation fausse de la réalité.

Second point : développant son objection, Kant dénonce la politique d'extirpation de nos penchants préconisée par les « moralistes de l'Antiquité ». Après avoir rappelé que « *considérées en elles-mêmes* les inclinations naturelles sont *bonnes* », il explique qu'il n'y a pas de sens à les incriminer, et que « vouloir les extirper ne serait pas seulement vain, mais encore nuisible et blâmable »[3]. Qui ne voit que l'on retrouve, dans ce second reproche, la même erreur d'interprétation

1. RSR, AK VI, 57 ; OP III, 72.
2. RSR, AK VI, 58 ; OP III, 73.
3. *Ibid.*

que celle signalée plus haut. Car, s'il est vrai, encore une fois, que les stoïciens ont cru pouvoir triompher des *passions*, ils n'ont en revanche jamais prôné le déracinement des inclinations, pour la simple et bonne raison que la nature nous a confiés à elles.

Pour expliquer ce contresens, d'aucuns pourraient invoquer la connaissance indirecte et imparfaite que Kant avait des auteurs stoïciens – il n'avait lu que Cicéron et Sénèque[1]. Mais, que l'on parle d'erreur de compréhension du système du Portique ou de la liberté d'interprétation que Kant s'accordait dans la lecture des doctrines[2], au fond, peu importe ici. Ce que montre surtout cette critique, c'est que Kant s'était rangé à l'opinion dominante à son époque, selon laquelle l'impassibilité stoïcienne impliquait de renoncer aux droits de la sensibilité. Croire cela, cependant, c'est faire bon marché de la théorie des « bonnes affections » (*eupatheiai*). Or, d'après cette doctrine, le sage est libre d'accueillir et même de cultiver les « bonnes affections »[3] – les trois que reconnaissent les stoïciens : la joie, la circonspection et la volonté –, parce que ce sont des mouvements de l'âme conformes à la droite raison.

Avouons-le : les reproches que Kant adresse aux stoïciens ne sont pas toujours très justes, ils s'appuient sur une lecture tronquée et inexacte de leur doctrine. Il semble même que, dans son exposé critique assez sommaire, Kant a comme procédé à un changement de rôles et de positions – il va sans dire, à son avantage. Quand il prend, par exemple, la défense des inclinations, il adopte en réalité la position qui est celle des stoïciens, dont le naturalisme a toujours reconnu l'utilité morale des impulsions, en soulignant la continuité du mouvement qui conduit des inclinations à la sagesse. Même chose, lorsqu'il fait de la liberté la racine de notre aliénation : chez les stoïciens, le sujet n'est pas subjugué par la passion, il s'y abandonne par un libre décret[4]. Enfin, lorsque Kant désavoue le programme d'éradication des inclinations, il critique un stoïcisme imaginaire, et oublie ses propres attaques contre la sensibilité. Mais alors, si Kant critique les stoïciens sur des points de doctrine qu'ils n'ont jamais défendus, qui vise-t-il à travers eux ? Il est bien tentant de penser que c'est lui-même. Car nombreux sont les passages dans ses grandes œuvres morales où s'exprime une méfiance parfois mêlée d'hostilité à l'égard des inclinations :

1. On ne trouve qu'une traduction du *De officiis* de Cicéron faite par Garve dans la bibliothèque personnelle de Kant. Voir A. Warda, *Immanuel Kants Bücher*, Berlin, Martin Breslauer, 1922, p. 46.

2. Peu soucieux d'exactitude historique, Kant interprète les doctrines conformément au principe herméneutique énoncé dans la première *Critique*, selon lequel il convient de s'efforcer de comprendre un auteur « mieux qu'il ne s'est compris lui-même » (CRP, A 314/B 303 ; OP I, 977).

3. Diogène Laërce, *Vie et opinions des philosophes*, « Bibliothèque de la Pléiade », Paris, Gallimard, 1962, VII 116, p. 53.

4. C'est ainsi que Sénèque peut dire : « Donc la passion consiste non pas à être ému par l'idée que fait naître un objet, mais à s'y abandonner et à suivre ce mouvement fortuit » (*De la colère*, II, 2, 1, trad. cit., p. 30). Bref, à la différence des simples émotions physiques, les passions sont des élans, et il n'y a pas d'élan sans l'assentiment de l'esprit.

mais les inclinations mêmes, lit-on dans les *Fondements*, comme sources du besoin, ont si peu une valeur absolue qui leur donne le droit d'être désirées pour elles-mêmes, que, bien plutôt, en être pleinement affranchi doit être le souhait universel de tout être raisonnable [1].

DÉBAT SUR LA SIGNIFICATION PHILOSOPHIQUE DU CONCEPT D'APATHIE CHEZ KANT

Ce rappel des désaccords nous permet de mieux aborder notre dernier point : la question de savoir si la position de Kant sur les émotions peut être encore qualifiée de stoïcienne; si elle marque un simple écart dans la continuité à l'idéal stoïcien d'apathie ou une rupture par rapport à lui. On pourrait être tenté de voir dans la critique topique de la doctrine d'extirpation des penchants, le désaveu de l'impassibilité stoïcienne au profit d'une éthique qui s'avère, dans les faits, beaucoup plus proche des positions des écoles grecques traditionnelles, fondées sur les idées de maîtrise et de modération. C'est là d'ailleurs la lecture proposée par plusieurs interprètes[2] qui estiment que, par-delà la reprise d'un lexique d'origine stoïcienne, les thèses défendues par Kant s'éloignent de l'école du Portique, dans l'exacte mesure où elles préservent les droits de la sensibilité. Pour étayer cette interprétation, ces exégètes font valoir principalement deux points : le premier consiste à faire remarquer que le devoir d'apathie, tel qu'il est décrit dans la *Doctrine de la vertu*, commande à l'homme de « *dompter* ses affects et *dominer* ses passions »[3], et qu'un tel langage du contrôle de soi ne correspond pas à l'injonction stoïcienne de s'affranchir de nos *pathê*. Le second point concerne la place des émotions dans la conception kantienne de l'éthique. Or, sur cette question, le système critique aurait, sinon infléchi sa position initiale[4], volontiers décrite comme « austère », du moins choisi d'apporter un éclairage plus nuancé sur l'affectivité. Après avoir, en effet, largement insisté, contre le sentimentalisme de Hutcheson, sur la non-valeur morale de tous les motifs d'action issus de la sensibilité, Kant fera, dans ses œuvres plus tardives, une place aux sentiments dans l'éthique. Et de fait, outre l'admission des

1. FMM, AK IV, 428; OP II, 293. Voir aussi CRPr, AK V, 118; OP II, 752. On lit aussi : « les crimes ont leur principe uniquement dans la force des penchants qui *affaiblissent* la raison » (MM, AK VI, 384; OP III, 663). C'est exactement la thèse que Kant critique chez les stoïciens.

2. Comme N. Sherman, *Making a Necessity of Virtue*, *op. cit.*, M. W. Baron, *Kantian Ethics Almost Without Apology*, *op. cit.*, p. 202, ou P. Formosa, « A Life without Affects and Passions : Kant on the Duty of Apathy », *Parrhesia : A Journal of Critical Philosophy*, 13, 2011, p. 96-111, qui affirme que parler d'un Kant stoïcien serait trompeur, car ses positions seraient plus proches des vues aristotéliciennes que de la position orthodoxe stoïcienne, en part. p. 103.

3. MM, DV, AK VI, 407; OP III, 692 (trad. mod.).

4. Il n'est pas possible d'invoquer l'hypothèse d'une évolution interne de la pensée de Kant pour expliquer les remarques plus positives sur l'affectivité, car la notion d'apathie est justement introduite dans les dernières œuvres publiées du philosophe, la *Métaphysique des mœurs* et l'*Anthropologie du point de vue pragmatique*. Sur cette question, lire M. W. Baron, *Kantian Ethics Almost Without Apology*, *op. cit.*, p. 204.

« prénotions esthétiques qualifiant la réceptivité de l'esprit aux concepts du devoir en général »[1], dans la longue Introduction de la *Doctrine de la vertu*, on trouve tout un ensemble de textes qui témoignent d'une forme de reconnaissance du rôle moral des sentiments. Il faut ici faire une mention particulière au paragraphe § 34 du même ouvrage, qui admet un devoir de sympathie et même un devoir indirect de cultiver cette émotion, dans la mesure où elle peut nous aider à accomplir nos obligations envers autrui[2]. C'est sur la base de ces considérations que Nancy Sherman s'estime en droit d'affirmer que la réactivation par Kant de la thématique de l'apathie ne prouve pas son adhésion aux positions stoïciennes sur l'émotion. Le philosophe allemand n'aurait fait qu'utiliser les concepts stoïciens de manière rhétorique, pour marquer son désaccord avec les morales sensitives de l'époque[3], en lui opposant un contre-modèle éthique qui dénie tout rôle fondationnel à la sensibilité. Que doit-on penser de cette nouvelle interprétation de l'apathie kantienne ? Nous y avons en fait déjà largement répondu. Son mérite est de proposer une alternative crédible à la lecture « rigoriste » qui établissait une filiation forte entre le stoïcisme et le kantisme, en soulignant en particulier combien le criticisme, en dépit de son profond intellectualisme, était soucieux de faire une place à l'affectif aussi bien dans la vie humaine que dans la vie morale. Son défaut majeur toutefois est de s'appuyer sur la compréhension erronée que Kant avait lui-même de l'école grecque et d'accepter, au fond, la thèse populaire selon laquelle l'idéal d'apathie stoïcien demandait à l'homme de se dépouiller de sa nature affective. Cette lecture a vieilli. Faut-il le rappeler ? L'apathie, si souvent décriée, ne consiste pas à s'endurcir dans la souffrance : c'était là l'idéal des mégariques, non des stoïciens, qui ont expliqué que si le sage n'est pas en proie à la passion dévastatrice, ce n'est pas parce qu'il est une pierre, mais parce qu'il ne laisse pas les émotions avoir prise sur lui. Il est au demeurant, de leur aveu même, impossible de ne pas éprouver d'émotions au sens de réponses physiologiques aux événements du monde, comme le rappelle la théorie des affections premières (*propathiai*). Il ressort alors de ces observations que la position des stoïciens sur la posture à tenir face à la dimension affective du sujet ne se distingue plus si nettement de celle de Kant. Au surplus, si Kant a cru pertinent de donner une seconde vie à ce concept d'apathie dans le cadre nouveau de son rationalisme critique, c'est bien parce qu'il partageait une conviction simple, mais fondamentale avec le stoïcisme, et ce, en dépit de tout ce qui pouvait l'opposer à l'eudémonisme ou au naturalisme cosmologique de l'école grecque; cette conviction, c'est que le régime de l'existence morale suppose d'empêcher ou d'étouffer tout état psychologique susceptible de porter atteinte au principe de souveraineté de la raison sur la part sensible de notre être naturel.

Dimitri LANG
Athènes

1. MM, AK VI, 399; OP III, 681.
2. MM, AK VI, 407; OP III, 692.
3. N. Sherman, *Making a Necessity of Virtue*, *op. cit.*, p. 116.

L'INFLUENCE DU STOÏCISME DANS LES *FONDEMENTS DE LA MÉTAPHYSIQUE DES MŒURS* UNE APPROPRIATION RHÉTORIQUE ?

La morale de Kant est à ce point associée à une philosophie de l'obligation et de la vertu que c'est tout naturellement qu'on a été tenté d'y voir un lointain écho de la morale stoïcienne, elle qui a fait, tout comme Kant, de la vertu son bien suprême (*bonum supremum*)[1]. Pourtant, sur un grand nombre de points, en réalité sur des points essentiels, l'opposition entre la philosophie pratique de Kant et le stoïcisme est pour ainsi dire totale. Rien n'est par exemple plus étranger à Kant que l'idée d'une morale fondée sur la *phusis*, c'est-à-dire sur un ordre cosmique de causes entrelacées avec lequel l'homme vertueux serait appelé à se confondre, selon l'impératif premier lui enjoignant de vivre « selon la nature », *convenienter naturae, homolegoumenos te phusei.* Sa conception de la liberté, qui se révèle dans le principe de l'autonomie de la volonté, est par ailleurs aux antipodes de la liberté de retrait et du désencombrement de soi des stoïciens, qui ressortit plutôt à une intelligence de la nécessité et confine à ce que Pierre Hadot a bellement appelé la « citadelle intérieure »[2]. Reclus mais aussi satisfait en celle-ci, le sage est celui qui a appris à distinguer son bonheur et son bien de ce qui ne dépend pas de lui, c'est-à-dire, pour les stoïciens, d'à peu près tout de ce qui impliquerait la vaine prétention à vouloir changer le cours des choses. Enfin, et c'est la critique la plus connue qu'il adresse aux philosophes du Portique, Kant rejette la relation d'identité (analytique) que ceux-ci établissent entre vertu et bonheur, pour relever plutôt la tension permanente, pour les êtres finis que nous sommes, entre l'exigence inconditionnelle de la vertu et l'aspiration à la satisfaction de notre état[3].

Et pourtant, malgré ces désaccords de fond, Kant ne manque pas à l'occasion de payer son tribut aux stoïciens, alors qu'il n'hésite pas à rejeter d'emblée le sensualisme d'Épicure, qui absorbe la morale dans l'eudémonisme. Le sage du

1. Sur la distinction entre le *bonum supremum* qu'est la vertu et le *bonum consummatum* (accompli) qu'est le souverain Bien, voir CRPr, AK, V, 110 ; OP II, 742.

2. P. Hadot, *La citadelle intérieure. Introduction aux Pensées de Marc Aurèle*, Paris, Fayard, 1992.

3. Voir CRPr, AK, V, 111-119 ; OP II, 743-754.

stoïcisme, écrit-il par exemple dans la *Critique de la raison pure*, « correspond pleinement à l'idée de la sagesse », bien qu'il soit un idéal, c'est-à-dire « un homme qui existe simplement dans la pensée »[1]. Dans la *Critique de la raison pratique*, il indique que « les stoïciens [...] avaient parfaitement choisi leur principe pratique suprême, c'est-à-dire la vertu », bien qu'ils l'aient malencontreusement confondu avec le souverain bien[2].

Qu'en est-il alors de l'influence du stoïcisme sur la pensée morale de Kant? Pour l'évaluer exactement, il convient d'abord de rappeler que celui-ci n'eut une connaissance que très superficielle de cette École. Kant n'eut évidemment aucun contact direct avec le stoïcisme ancien de Zénon, Cléanthe et Chrysippe (IVe-IIIe siècles av. J.-C.), puisque, comme on le sait, aucun texte de ces fondateurs ne nous est parvenu, mais il n'est pas même sûr qu'il ait approfondi les textes du stoïcisme impérial des Ier et IIe siècles apr. J.-C., sauf peut-être ceux de Sénèque, l'un de ses auteurs latins favoris[3]. Hormis ce qu'il a pu glaner dans l'*Historia critica* de Brucker, en laquelle il a puisé le gros de ses connaissances en histoire de la philosophie, il est donc certain que sa connaissance de cette École se résumait à peu de choses.

Cependant, peu avant la rédaction des *Fondements de la métaphysique des mœurs*, nous savons que Kant s'est occupé de stoïcisme. Il s'est en effet beaucoup intéressé à la traduction et au commentaire par Christian Garve du *De Officiis* de Cicéron[4], qui fut jusqu'au XIXe siècle l'écrit grâce auquel les grands linéaments de la morale stoïcienne nous ont été transmis. Dans une *Lettre* de Hamann à Herder du 8 février 1784, on apprend par exemple que Kant se proposait de répliquer au commentaire de Garve sur le *De Officiis*. Klaus Reich, dans une étude qui a fait date[5], a proposé de reconstruire l'influence du stoïcisme sur la philosophie morale de Kant, en montrant que sa lecture de la traduction du *De Officiis* par Garve a inspiré une partie de la composition des deux premières sections des *Fondements de la métaphysique des mœurs*, où Kant s'emploie principalement à présenter le principe véritable de la morale. S'il est donc un moment où le stoïcisme a pesé sur la rédaction des écrits de Kant, ce ne peut être que celui-là, puisqu'à part ce traité de Cicéron, Kant semble ignorer à peu près tout du stoïcisme moral.

Dans le *De Officiis*, Cicéron s'adresse à son fils Marcus pour lui enseigner les principes d'une conduite convenable, surtout en vue de l'exercice des fonctions publiques. Le traité a donc à la fois une finalité éthique et politique, puisqu'il vise autant le bon gouvernement de soi que le gouvernement juste des hommes.

1. CRP, A 569/B 597; OP I, 1194.
2. Voir CRPr, AK, V, 126-127; OP II, 762-763.
3. Voir à ce sujet M. Kuehn, *Kant. A Biography*, Cambridge, CUP, 2001, p. 49.
4. Chr. Garve, *Ciceros Abhandlung über die menschlichen Pflichten in drei Büchern. Anmerkungen zu Ciceros Buch von den Pflichten*, Breslau, 1783.
5. K. Reich, *Kant und die Ethik der Griechen*, Tübingen, J.C.B. Mohr, 1935; trad. angl. W. H. Walsh, « Kant and Greek Ethics », *Mind*, juillet 1939, p. 338-354 et p. 447-463.

Cicéron dit clairement que sa principale source est Panétius de Rhodes (environ 180-environ 110 av. J.-C.), auteur d'un traité aujourd'hui perdu, le *Peri kathekontos*, qu'on pourrait traduire par : « *Sur les actes convenables* ». Il est intéressant de noter que la recherche du convenable, du *kathekon*, relève pour ainsi dire d'une morale de substitution, puisque prenant note que la figure du sage semble dépasser nos limites humaines, le stoïcisme est amené à poser une vertu moyenne de prudence (*phronesis*), seconde par rapport à la vertu absolue de la sagesse (*sophia*). Les *kathekonta* désignent donc moins des devoirs absolus que des actions prudentes recherchant les préférables (*proegmena*), et il est loin d'être sûr que le rendu de ce terme par *officia* chez Cicéron, déjà discutable, puisse être traduit en français par *devoirs*. Cette remarque n'est pas anodine, car l'on peut très légitimement prétendre que ni le *Peri kathekontos* de Panétius, ni le *De Officiis* de Cicéron ne sont à strictement parler des traités des *devoirs*[1].

Le premier livre du *De Officiis* porte principalement sur la figure de l'*honestum*, qu'on a traduit jadis par « l'honnête », mais qu'il convient plutôt de rendre par « beauté morale ». Il va en fait s'agir pour Cicéron de déterminer les grands traits de cette beauté morale qui, si elle est le premier critère de la conduite, reste un idéal inatteignable, mais qui peut être approximé par les vertus moyennes de celui qui agit correctement et convenablement.

Mais revenons à Kant, et plus précisément au tout début de la première section des *Fondements de la métaphysique des mœurs*. Avant de passer en revue un certain nombre de biens que l'on a coutume de considérer comme des biens moraux par eux-mêmes, Kant fait cette déclaration, sans aucun doute la plus fameuse de son ouvrage : « De tout ce qu'il est possible de concevoir dans le monde, et même en général hors du monde, il n'est rien qui puisse sans restriction être tenu pour bon, si ce n'est seulement une bonne volonté »[2]. Face à ce bien intrinsèque de la bonne volonté, les autres biens ne sont que relatifs et conditionnés à la rectitude du vouloir. Or parmi les biens qui perdent ainsi leur qualité morale intrinsèque, il y a ceux, à une exception près, comme nous le verrons, que Panétius et Cicéron reconnaissaient comme les marques de l'*honestum*, et qui correspondent globalement aux quatre vertus cardinales d'Aristote[3]. D'abord, le *courage* et la *tempérance*, qui ne sont pas des biens en soi, puisqu'à l'évidence, nous rappelle Kant, ils peuvent contribuer à des fins mauvaises et servir de moyens à des plans malveillants. Cicéron ajoute aussi à sa liste des vertus la

1. Voir à ce sujet J. Brun, *Le stoïcisme*, Paris, P.U.F., 1958, p. 113-116.

2. FMM, AK IV, 393 ; OP II, 250.

3. Voici comment Cicéron présente les vertus : « Toute honnêteté dérive de l'une de ces quatre sources : elle consiste ou bien dans le discernement du vrai et dans la sagacité [« qui contient la recherche et la découverte du vrai »] ou dans le maintien de la société humaine, l'attribution à chacun de ce qui est à lui et la foi dans les contrats, ou bien dans la grandeur et la vigueur d'une âme élevée et invincible, ou enfin dans l'ordre et la mesure à tenir dans les actes et dans les paroles ; c'est en quoi consiste la tempérance ou modération » (*De Officiis*, I, V, 15 ; trad. fr. É. Bréhier, *Les Stoïciens I et II*, textes édités par Pierre-Maxime Schuhl, Paris, Gallimard, 1962, t. 1, p. 500. En somme, ces vertus sont dans l'ordre : la *recherche de la vérité* ou la *prudence*, le *sens de la justice*, le *courage* et la *tempérance*.

sagesse comme recherche de vérité, qu'il associe par ailleurs à la prudence. Ce cas est plus délicat, car Kant n'y fait pas explicitement référence dans le texte de la première section des *Fondements de la métaphysique des mœurs* qui nous intéresse ici, mentionnant tout au plus au passage l'intelligence, les talents de l'esprit et la faculté de juger, qui n'ont pas en eux-mêmes de valeur morale[1]. Cette vertu de sagesse n'occupe du reste que quelques lignes dans le traité de Cicéron et n'y joue pas un grand rôle, mais il n'est guère douteux que Cicéron y voit l'équivalent de cette vertu moyenne de la *phronesis*, distinguée de la vertu parfaite de la *sophia*.

Des principaux traits de l'*honestum* décrits au Livre I, il ne reste donc que *le sens de la justice et la bienveillance*, que Kant se garde bien de mettre au compte des biens simplement relatifs. Et pour cause, car la justice et la bienveillance sont des biens indissociables de la bonne volonté, et qui seront compris plus loin dans l'ouvrage de Kant à partir de la distinction entre *devoirs stricts* et *devoirs larges envers autrui*. C'est dire que « le maintien du lien social » dont parle Cicéron, bien qu'il en donne une interprétation essentiellement pragmatique, recèle pour Kant une authentique dimension morale, qui apparaîtra plus clairement dans la deuxième section des *Fondements de la métaphysique des mœurs* lorsqu'il s'agira de préciser les formules de l'impératif catégorique.

C'est sur ce point que l'opuscule de Klaus Reich déjà cité nous permet d'y voir plus clair. Selon cet interprète, l'influence du stoïcisme dans les *Fondements de la métaphysique des mœurs* viendrait du fait que Kant, dans les trois formules spéciales de l'impératif catégorique, soit celle de la *loi de la nature*, celle de la *fin en soi* et celle du *règne des fins*, aurait sciemment puisé dans la symbolique stoïcienne telle qu'il la trouve dans l'écrit de Cicéron[2]. La raison en est que la déclaration inaugurale de Kant (seule la bonne volonté est un bien intrinsèque) et la formule générale de l'impératif catégorique (« Agis uniquement d'après la maxime qui fait que tu puisses vouloir en même temps qu'elle devienne une loi universelle »)[3], sont tellement déroutantes, sont apparemment si abstraites, qu'elles risquent de n'avoir qu'un faible écho dans la conscience commune, de la vie morale de laquelle elles sont pourtant censées exprimer le cœur. Bien que la formule de la loi universelle soit le *seul* impératif catégorique, parce qu'il définit la moralité d'après le seul *eidos*, la seule forme que doivent revêtir les maximes de nos actions, elle a l'inconvénient d'être « peu parlante », puisqu'elle élude *trois dimensions structurelles* à partir desquelles les êtres raisonnables finis ont toujours cherché à comprendre la valeur de leur agir, soit la *matière*, la *fin* et la *totalité cohérente* de leurs actions.

Kant va donc chercher à réintroduire ces référents traditionnels de la *praxis* sans pour autant sacrifier à sa conception révolutionnaire (et finalement très peu stoïcienne) de la morale fondée sur le principe de l'autonomie d'une volonté se

1. FMM, AK IV, 393 ; OP II, 250.
2. K. Reich « Kant and Greek Ethics », art. cit., p. 454 *sq*.
3. FMM, AK IV, 421 ; OP II, 285.

donnant à elle-même la loi universelle de son agir, à laquelle elle choisit par ailleurs librement d'obéir. D'où trois formules *complémentaires* de l'impératif catégorique, la *formule de la loi de la nature*, la *formule de la fin en soi* et la *formule du règne des fins*, qui, il convient de le rappeler, n'apparaissent que dans les *Fondements de la métaphysique des mœurs* (puisque la *Critique de la raison pratique* s'en tiendra à la seule formule générale). Pour chacune d'elles, Kant a pu trouver dans le *De Officiis* de Cicéron, notamment à travers la traduction qu'en a donnée Garve, les traits lui permettant d'illustrer la portée concrète de l'impératif catégorique. Tout en reprenant cette thèse, j'y ajouterai celle-ci : s'il est vrai que les formules spéciales ont pu lui être suggérées par le *De Officiis*, il n'en demeure pas moins que *chacun des emprunts faits par Kant à cette symbolique stoïcienne donnera lieu à un complet renversement de sens, définissant en réalité une position exactement contraire à celle du stoïcisme, lequel ne revêt finalement dans les* Fondements de la métaphysique des mœurs *qu'une portée rhétorique ou pédagogique* (on expliquera pourquoi).

En recourant aux concepts de *nature*, de *fin* et de *système des actions* dans la formulation du principe moral, Kant encourt bien évidemment le risque d'atténuer la thèse formaliste – seule vaut moralement la bonne volonté, dont les maximes doivent pouvoir revêtir la *forme d'une loi universelle* – qui inaugure sa présentation de l'impératif catégorique. *Stricto sensu*, il n'avait pas à le faire (et, encore une fois, il ne le refera pas dans la *Critique de la raison pratique*), mais c'est en quelque sorte le poids de l'histoire de la philosophie qui va l'obliger à exprimer de manière plus conventionnelle la formule du principe moral. Or en cette matière, on ne saurait surestimer l'importance du traité de Cicéron, premier ouvrage latin profane à avoir été imprimé (en 1465) et à travers lequel la morale stoïcienne a pénétré la pensée des Montaigne et Descartes, jusqu'à Leibniz, Wolff, Baumgarten et Garve.

Voyons d'abord ce qu'il en est de la formule de la loi de la nature. C'est dans le Livre III du *De Officiis* que Cicéron reprend à son compte l'adage stoïcien d'une vie devant être vécue *convenienter naturae*, afin de résoudre la fausse opposition entre le devoir et l'utile. Comme l'enseigne Panétius en effet, « l'honnête [ou la beauté morale] est le seul bien » [1]; aussi, il ne saurait y avoir de conflit entre cette beauté morale et ce qui est *véritablement* utile à chacun[2]. Pour se conformer à cette exigence de l'*honestum* comme utilité véritable, autrement dit pour être

1. Cicéron, *De Officiis*, III, III, 11 ; trad. cit., p. 590.

2. Voir *ibid.*, 12 ; trad. cit., p. 590 : « Si Panétius était homme à dire qu'il faut cultiver la vertu parce qu'elle est productrice d'utilité, comme disent ceux qui mesurent les choses à rechercher par le plaisir ou par l'absence de douleur, il lui serait permis de dire que l'utile est parfois en conflit avec l'honnête ; mais, en homme qui juge que l'honnête est le seul bien et que ce qui s'oppose à ce bien avec quelque apparence d'utilité ne rend pas la vie meilleure en s'ajoutant à elle ni pire en se retirant, il paraît bien qu'il n'avait pas à introduire cette sorte de délibération où l'on compare ce qui semble utile avec l'honnête ».

vertueux, il faudra entendre la voix de la nature, le souverain bien (*summum bonum*) consistant précisément à agir conformément à son ordre de causes[1].

L'ordre universel et inaltérable du monde, régi par la providence divine qui en fait se confond avec ce *cosmos*, est donc la norme ou le type de la vie juste. La nature se présente dès lors comme la *matière* de la morale, ou comme son référent ou signifiant universel et nécessaire. Ce qui trouvera bien sûr écho chez Kant dans la formule de la loi universelle de la nature : « Agis comme si la maxime de ton action devait être érigée par ta volonté en loi universelle de la nature »[2]. Mais l'on s'aperçoit aussitôt que c'est en un tout autre sens que Kant entend cette référence à la nature, qui ne concerne aucunement un ordre substantiel du monde, mais renvoie exclusivement à la *nature transcendantale*, c'est-à-dire à la constitution de la nature physico-mathématique par le sujet transcendantal. En effet

> Si exagéré [...], si absurde qu'il paraisse de dire que l'entendement est lui-même la source des lois de la nature, et par conséquent de l'unité formelle de la nature, une telle affirmation n'en est pas moins parfaitement exacte et conforme à l'objet, c'est-à-dire à l'expérience[3].

C'est cette nature transcendantale, en tant qu'elle exprime le pouvoir de liaison synthétique du divers par l'entendement, qui est l'exemple véritable (l'*exemplum* : le type, le modèle) d'une législation universelle dans le monde phénoménal. Et c'est en cela seul que la *Critique de la raison pratique* y verra le *type* de la loi morale, dans la mesure où elle traduit le principe d'une législation *spontanée* de l'esprit, ce que la morale est elle-même dans le principe de l'autonomie, de l'*auto-nomos*, de la volonté. Loin donc de renvoyer à une structure d'imitation, empruntant toute sa mesure à l'ordre immanent du *cosmos*, la morale relèvera d'une loi pratique de la liberté, dont la spontanéité législatrice de l'entendement offre, sur le plan de la connaissance théorique de la nature, l'illustration formelle. Il n'était donc pas dans le propos de Kant de faire de la nature la matière de la vie morale, ni d'y voir un ordre dictant à la volonté ses devoirs. Mais en même temps, l'idée que la morale est inscrite dans un ordre de la nature ou du monde, dans une *lex naturalis*, est si puissante – elle est encore au cœur de la *philosophia practica* de Wolff par exemple – que Kant ne pouvait pas éviter de réinterpréter, mais en en bouleversant la signification, cette instance dans la deuxième section des *Fondements de la métaphysique des mœurs*, et ceci d'autant plus que la méthode analytique que suit celle-ci consiste à partir du fait de la conscience morale commune pour élucider la véritable consistance de ses devoirs.

1. S'il est vrai, comme le rappelle Émile Bréhier dans sa présentation du *De Officiis* (*op. cit.*, p. 493), que Panétius et Cicéron, à sa suite, donnent une interprétation moins cosmique de l'adage stoïcien « Vivre conformément à la nature », pour y voir plutôt la nécessité de « vivre conformément *aux dispositions* dont nous a doués la nature », il reste que cet ordre de dispositions ne saurait être détaché de sa mesure de vérité inscrite dans le *logos* substantiel de la nature elle-même.

2. FMM, AK IV, 421 ; OP II, 285.

3. CRP, A 127 ; OP I, 1426.

On assiste à une même stratégie d'appropriation et de transformation des thèses stoïciennes en ce qui a trait à la formule de l'humanité comme fin en soi. Cette fois-ci, Kant s'inspire manifestement des passages de Cicéron sur la valeur irréfragable du lien social. De fait, Cicéron rappelle au Livre III de son traité que vivre conformément à la nature implique de vivre dans la communauté des hommes (« La société du genre humain [...] est par-dessus tout conforme à la nature »), en sorte « qu'il n'est pas permis de nuire à autrui pour satisfaire son intérêt propre »[1]. Il y a donc pour Cicéron ce qu'on pourrait appeler une dimension sociale du destin, puisque toutes choses et tous les événements étant liés entre eux, il doit en aller de même de la vie en société, à laquelle il ne faut pas porter préjudice. Commettre une injustice envers autrui par recherche de mon seul avantage revient ainsi à « enleve[r] complètement à l'homme ce qui le fait homme »[2], à faire affront à son humanité. Au surplus, cette obligation à la justice et à la préservation de la société politique s'étend au-delà des liens de citoyenneté de la cité particulière et revêt un sens *cosmopolitique*, car c'est de notre humanité commune qu'il s'agit ici, tous étant liés à tous, le genre humain formant l'horizon ultime de toute société[3].

C'est l'utilité commune, la *communis utilitas*[4], qui pour Cicéron fonde le lien social. On doit par conséquent « avoir en tout un seul but : identifier son intérêt particulier à l'intérêt général », ce qui veut dire prendre soin d'autrui « pour cette seule raison qu'il est un homme »[5] et qu'il est par là un exemplaire de notre humanité commune. Cicéron n'envisage qu'une exception à ce devoir de ne pas léser le droit d'autrui, qu'il formule en ces termes : « mais si vous êtes homme à procurer de grands avantages à la république et à la société en préservant votre vie et si vous n'avez dépouillé autrui que pour la préserver, vous n'encourez [alors] nul

1. Cicéron, *De Officiis*, III, V, 21 ; *cf. ibid.*, 23 ; trad. cit., p. 593.

2. Voir *ibid.*, III, VI, 26 ; trad. cit., p. 594 : « Quand on attente au droit d'autrui pour en tirer pour soi quelque avantage, c'est ou bien avec la pensée qu'il n'y a pas là un acte contre nature, ou bien parce que l'on croit qu'il vaut mieux éviter la mort, la pauvreté, la douleur, la perte de ses enfants, de ses proches, de ses amis que le tort fait à un autre : *s'il pense qu'il n'agit pas contre la nature en violant les droits d'autrui, à quoi bon discuter avec des gens qui enlèvent complètement à l'homme ce qui le fait homme* » (nous soulignons).

3. Voir *ibid.*, III, III, 28 ; trad. cit., p. 595 : « Mais dire qu'il faut bien tenir compte de ses concitoyens, mais non des étrangers, c'est détruire la société du genre humain et, avec elle, supprimer la bienfaisance, la libéralité, la bonté, la justice ; et pareille négation doit être jugée comme une impiété envers les dieux immortels ; car c'est eux qui ont institué entre les hommes cette société que l'on renverse ; car le lien le plus étroit de cette association, c'est la pensée qu'il est plus contraire à la nature, étant homme, de dérober le bien d'un homme pour son avantage personnel que de s'exposer à tous les contretemps qui peuvent atteindre notre corps, nos biens extérieurs et même notre âme, sans injustice de notre part : car cette seule vertu est la maîtresse et la reine de toutes les vertus ».

4. Voir *ibid.*, III, VI, 28.

5. *Ibid.*, 26-27 ; trad. cit., p. 594. Cf. *ibid.* : « On doit donc avoir en tout un seul but : identifier son intérêt particulier à l'intérêt général ; ramener tout à soi, c'est dissoudre complètement la communauté des hommes. *Si la nature prescrit de prendre soin d'un homme pour cette seule raison qu'il est homme, il faut bien que, selon la nature aussi, il y ait un intérêt commun à tous* » (nous soulignons).

reproche »[1]. Hormis ce cas du « grand contributeur » au bien de la république, la nature me prescrit de ne jamais prendre autrui pour un simple moyen livré arbitrairement à mon avantage, mais d'y voir un semblable de ma propre humanité.

On comprend donc que Cicéron surajoute une notion de *fin* à l'injonction du *vivere convenienter naturae*, à savoir la promotion du lien social par les moyens de la justice et de la bienveillance. Toutes mes actions doivent y tendre, parce qu'elles contribuent par là à l'instauration d'un bien commun qu'exige la valeur de l'*honestum* – de la beauté morale – qui est le bien par excellence.

Après qu'il eut clairement marqué que la moralité des actions ne se déterminait pas d'après la fin ou l'objet poursuivi par la volonté, mais par la seule qualité de son mobile, Kant réintroduira lui aussi la notion de fin dans la présentation de l'impératif. Mais, tout comme pour la formule de la loi de la nature, ce sera dans un sens foncièrement non-naturaliste et non-cosmologique, donc contraire au motif animant la pensée de Cicéron. En effet, si notre humanité commune et le lien social constituent une fin que chacun doit respecter et préserver, c'est que pour Cicéron elle est inscrite dans le *logos* de la nature ou de la divinité nous destinant à vivre les uns avec les autres pour l'atteinte de notre plus grand bonheur. On a donc affaire ici à une fin *matérielle*, alors que la fin dont nous parle la troisième formule de l'impératif catégorique[2] sera une fin *formelle*, qui est en même temps une *fin en soi*. Une fin formelle, puisque l'être raisonnable et libre s'identifie pour ainsi dire selon Kant à la législation pratique elle-même, en tant que la volonté est elle-même législatrice (et non seulement exposée à des fins de nature); une fin en soi ensuite, puisque nous élevant au-delà de notre individualité subjective, notre qualité de *personne*, et donc d'être libre, nous procure une valeur absolue et intrinsèque, au-delà de tout prix. En ce sens, l'humanité constitue pour Kant une *fin idéale*, c'est-à-dire irréductible à une fin que l'on pourrait poursuivre de manière simplement subjective, car elle symbolise plutôt le principe objectif formel de la législation pratique auquel il ne faut pas porter atteinte[3]. Ainsi l'humanisme cosmopolitique de Panétius et de Cicéron reste-t-il à

1. Cicéron, *De Officiis*, III, VI, 30 ; trad. cit., p. 595. Voir aussi *ibid.*, 32 ; trad. cit., p. 596 : « Quant au cas de Phalaris [n.b. : tyran cruel d'Agrigente, vers 570-555 av. J.-C.], la décision est bien facile : il n'y a aucun lien social entre nous et les tyrans, il y a plutôt un écart extrême, et il n'est pas contre nature de dépouiller, si l'on peut, un homme qu'il est conforme à l'honneur d'exterminer; toute cette race funeste et impie doit être exterminée de la communauté humaine ».

2. Il n'est pas inutile de rappeler les termes précis de cette formule : « Agis de telle sorte que tu traites l'humanité aussi bien dans ta personne que dans la personne de tout autre toujours en même temps comme une fin, et jamais simplement comme un moyen » (FMM, AK IV, 429; OP II, 295).

3. Voir FMM, AK IV, 430-431; OP II, 297 : « Ce principe, d'après lequel l'humanité et toute nature raisonnable en général sont considérées *comme fin en soi* [...] n'est pas emprunté à l'expérience, et cela d'abord à cause de son universalité : il s'étend en effet à tous les êtres raisonnables en général; ce en quoi aucune expérience ne suffit à rien déterminer; ensuite parce qu'en ce principe l'humanité est représentée, non comme une fin purement humaine (subjective), c'est-à-dire comme un objet dont on se fait en réalité une fin de son propre gré, mais comme une fin objective, qui doit, quelles que soient les fins que nous nous proposions, constituer en qualité de loi la condition suprême

l'évidence pour Kant une demi-mesure (que l'on pourrait même trouver inférieure, de ce point de vue, à celle de la conception chrétienne de la personne), car cet humanisme se définit au fond non pas par la valeur en soi de l'humanité, mais par la fin du bonheur le plus grand dont la *communis utilitas* du lien social est la condition voulue par le destin.

Lorsque Cicéron précise qu'il faut en toute chose *identifier son intérêt particulier à l'intérêt général* (III, VI, 26), il touche encore à une autre dimension de la vie morale raisonnable, soit celle de la *totalité cohérente* que doivent former l'ensemble de nos actions, qui ne peuvent pas être bonnes ou mauvaises seulement pour toi ou pour moi, mais qui doivent l'être pour tous, comme si elles relevaient d'une législation commune. En effet,

> Si la nature prescrit de prendre soin d'un homme pour cette seule raison qu'il est homme, il faut bien que, selon la nature aussi, il y ait un intérêt commun à tous ; s'il en est ainsi, *nous sommes tous tenus par une seule et même loi naturelle*[1].

De cette confluence de l'intérêt général et d'une loi commune, Kant va tirer la notion de *règne*, qu'il comprend comme « la liaison systématique de divers êtres raisonnables par des lois communes »[2]. Or ce règne ne peut être qu'un *règne des fins*, et ce sous un double rapport. D'abord en tant qu'il symbolise l'union complète de tous les êtres raisonnables ayant valeur de fins en soi ; ensuite, en tant que ces êtres raisonnables, renfermant en eux-mêmes le principe de la législation morale, peuvent se considérer eux-mêmes comme instituant une loi universelle, en sorte que « toutes les maximes qui dérivent de notre législation propre doivent concourir à un règne possible des fins comme à un règne de la nature »[3].

Ce passage est *la seule fois* où Kant associera le règne des fins à un règne de la *nature*. Il faut probablement attribuer ce rapprochement à sa lecture du texte de Cicéron. Or ce rapprochement est d'autant plus paradoxal et risqué, que les lois de la liberté et de la nature appartiennent à des registres hétérogènes et inconciliables par les seuls efforts de notre volonté finie. Certes, la loi morale nous renvoie à notre appartenance commune à un *mundus intelligibilis*, mais ce monde moral ne saurait être un *monde de la nature*, parce que son principe déterminant est tout autre que celui du monde sensible. C'est d'ailleurs cette hétérogénéité des principes qui, dans la « Dialectique de la raison pure pratique », inspirera à Kant sa critique la plus dure envers le stoïcisme et sa conception de l'unité de la vertu et du bonheur, comme si les règles de celle-là pouvaient avoir un effet sur la nature et déterminer par elles seules la satisfaction de notre état sensible. En toute rigueur donc, le règne des fins ne peut pas être par lui-même (sauf par l'adjuvant de Dieu et la perspective d'une vie après la mort – donc suivant l'idée d'une nouvelle

restrictive de toutes les fins subjectives [...]. Car le fondement de toute législation pratique réside *objectivement dans la règle* et dans la forme de l'universalité, qui la rend capable [...] d'être une loi ».

1. Cicéron, *De Officiis*, III, VI, 27 ; trad. cit., p. 594.

2. FMM, AK IV, 433 ; OP II, 300.

3. FMM, AK IV, 436 ; OP II, 303-304.

nature –, mais dont il n'est pas question dans le texte des *Fondements*) un règne *de la nature*.

Si Kant associe les deux dans cet hapax, c'est sans doute parce qu'il se rappelle que chez Cicéron et Panétius, la loi de la nature, la valeur de notre humanité commune et l'ordre de la communauté humaine politique et cosmopolitique se déclinent sur un seul et unique plan, celui du *cosmos*, c'est-à-dire d'un ordre intrinsèque des choses dont la nature est en définitive le seul nom. Or le règne des fins, précise Kant par ailleurs, « n'est à la vérité (*freilich*) qu'un idéal »[1], qui nous projette dans un autre monde possible, comme si en lui liberté et nature formaient un seul et unique règne, au-delà de toute opposition. Aussi, dans l'injonction de nous considérer nous-mêmes dans nos maximes comme membres législateurs d'un règne des fins, comme si celui-ci déterminait un règne de la nature, la nature est considérée comme la simple instanciation d'un règne moral qui comme tel demeure infigurable et irreprésentable *in concreto*. Dès lors, si Kant emprunte manifestement ici au stoïcisme moral, c'est que celui-ci a un avantage indéniable sur sa propre pensée morale et la thèse formaliste qui en constitue le centre : la force des images.

Les trois manières spécifiques de se représenter le principe de la moralité – la loi de la nature, l'humanité comme fin en soi et le règne des fins – sont en ce sens autant d'images puissantes que Kant a puisées dans la symbolique stoïcienne pour rendre plus évocateur le seul et unique impératif catégorique : « Agis uniquement d'après la maxime qui fait que tu peux vouloir en même temps qu'elle devienne une loi universelle ». La conscience morale commune pressent ce qu'est l'agir moral et n'a nul besoin de démonstrations philosophiques pour l'éclairer sur ce point. Mais la formule morale brute que lui présente le philosophe est à première vue déconcertante (de par son formalisme, de par son apparente tautologie : seule est bonne sans restriction la bonne volonté). Si bien que le « Passage de la philosophie morale populaire à la métaphysique des mœurs » qui constitue le titre de la deuxième section des *Fondements de la métaphysique des mœurs* exigera du philosophe « de rapprocher (selon une certaine analogie) une idée de la raison de l'intuition et par là du sentiment »[2]. Et c'est bien sous ce triple rapport de la matière, de la fin et de la détermination complète des maximes de l'action que Kant a trouvé dans le stoïcisme ce monde d'images lui permettant de « ménager à la loi morale l'*accès* [*Eingang*] des âmes [...] et de la rapprocher par là, autant que possible, de l'intuition »[3].

Mais ces appropriations stoïciennes ne font pas pour autant de Kant un stoïcien. Elles ont plutôt, et c'est sur ce point que j'aimerais conclure, une simple fonction rhétorique (ce qu'il faut entendre ici en un sens positif), visant à faire cheminer le lecteur vers une authentique conception de la morale qui en définitive a peu à voir avec les thèses du stoïcisme. Car comme on l'a vu, les trois formules

1. FMM, AK IV, 433 ; OP II, 300.
2. FMM, AK IV, 436 ; OP II, 303.
3. FMM, AK IV, 437 ; OP II, 304.

particulières de l'impératif catégorique restent parfaitement fidèles à la thèse formaliste et sont interprétées par Kant dans un sens tout à fait distinct des thèses « substantialistes » du stoïcisme. Dans le genre rhétorique, on pourrait les rapprocher de l'*inventio*, de l'invention, soit de l'art de trouver les bons arguments et les procédés les plus efficaces pour convaincre l'auditeur. Certes, aucun document n'atteste que Kant a sciemment adopté et prémédité cette stratégie rhétorique dans la composition de la deuxième section des *Fondements*, sauf l'important indice de sa lecture attentive de la traduction du *De Officiis* par Garve peu avant de prendre sa plume. Mais cette hypothèse est d'autant plus plausible que Kant, se proposant d'élucider le concept du devoir, ne pouvait pas ignorer l'influence du stoïcisme, non seulement dans la tradition philosophique, mais encore sur les représentations morales de la conscience commune et sur les doctrines morales de maints philosophes de son temps. Aussi, en pensant avec les stoïciens, mais en quelque sorte aussi contre les stoïciens, Kant a trouvé le moyen d'exprimer, en termes et en images anciens, sa propre conception.

Luc LANGLOIS
Université Laval (Québec)

D'UNE RÉPUBLIQUE À L'AUTRE
KANT SUR PLATON ET L'IDÉE DE POLITIE

Finis ergo respublicae revera libertas est.
Spinoza, *Traité théologico-politique*, chap. XX

Un colloque sur Kant et les Grecs, surtout s'il se déroule à Athènes et qu'il est organisé par la Société représentant les études kantiennes de langue française, devrait aborder la philosophie de Kant sous un angle politique (la politique ayant été inventée dans le pays et la cité mêmes de notre colloque), et cela dans une perspective comparatiste, voire antico-moderne inspirée, sinon informée par Montesquieu, le plus important philosophe politique entre Hobbes et Kant – n'en déplaise à Locke et Rousseau. Le choix de Platon comme point de référence pour cette rencontre gréco-franco-allemande entre l'Antiquité et la Modernité politique (ou plutôt du politique) m'a paru naturel, il est suggéré par Kant lui-même qui, dans un moment, bref mais significatif, de la *Critique de la raison pure*, s'est servi de Platon pour introduire l'idée critique de l'État en tant que république d'inspiration platonicienne (*platonische Republik*). Je propose d'encadrer la courte citation de Platon faite par Kant au tout début de la « Dialectique transcendantale » d'une double manière, à savoir dans le contexte épistémologique de la première *Critique*, d'une part, et dans le contexte historico-systématique de la pensée politique ancienne et moderne, d'autre part. Je porterai mon attention en particulier sur la carrière conceptuelle de la notion de république (*politeia*, *res publica*, « république ») de Platon à Kant.

L'IDÉE DE L'IDÉE

À la différence de ses successeurs, surtout de Hegel, pour lequel la philosophie culmine dans son histoire achevée, l'histoire de la philosophie n'occupe pas un rôle de premier ordre chez Kant. Pour lui, les philosophes antérieurs servent surtout à fournir des concepts à élucider et des arguments à évaluer par rapport aux normes critiques établies par lui-même. En ce qui concerne la philosophie classique grecque, le traitement instrumental des auteurs historiques se manifeste surtout dans les champs de l'éthique et de la métaphysique. Dans le premier champ, Kant s'intéresse à la doctrine du Souverain Bien comme principe suprême d'une éthique téléologique. Dans le second champ, il reprend, dans un esprit spécifiquement critique, la première philosophie antique en tant que théorie de l'être générique (être en tant que tel) et spécifique (être psychique, cosmique ou divin). Du double point de vue éthique et métaphysique, c'est Aristote – modernisé par Leibniz (avec la notion d'entéléchie) et ses successeurs néo-scolastiques, surtout Wolff et Baumgarten –, qui est, pour Kant, le représentant principal de la tradition philosophique grecque.

Mais ce ne sont pas seulement Aristote, et ses successeurs et transformateurs parmi les modernes, qui figurent dans le discours critique de Kant sur les conditions de possibilité du savoir et du vouloir. Dans une large mesure, la pensée de Kant est aussi inspirée par la philosophie de Platon. Certes, Kant adresse une critique sévère au mysticisme (intuition intellectuelle) et à l'ésotérisme (membre d'une secte) qu'il considère comme inhérents à la pensée platonicienne. Il offre aussi une réévaluation révolutionnaire de la dégradation des apparences, maintenue par Platon – et par le platonisme et le néo-platonisme – en métaphysique. Selon lui, les apparences proprement entendues, à savoir comme champ compréhensif de l'expérience (« expérience possible »), ne sont pas des entités vagues pour un connaître incertain, mais le domaine principal, sinon exclusif, de tout savoir et de toute science possible. Ce sont les phénomènes, et non les noumènes, qui constituent les objets d'une connaissance objective certaine et scientifique.

Cependant, chez Kant, la critique négative de l'épistémologie et de la métaphysique platoniciennes s'inscrit dans une démarche herméneutique radicale qui retient de Platon l'ouverture d'une dimension distincte, mais négligée jusqu'alors par les tendances empiristes et naturalistes de la philosophie moderne. C'est la conception platonicienne de l'Idée (*eidos*, *idea*) comme mode et comme objet d'une connaissance supérieure que Kant reprend de la philosophie platonicienne et qui est source d'inspiration et d'orientation pour sa propre extension de la philosophie théorique aussi bien que pratique au-delà des limites de l'expérience. Tandis que la théorie de l'expérience présentée dans la première partie de la *Critique de la raison pure* est établie sur les catégories historiquement introduites par Aristote comme formes logico-ontologiques des choses ordinaires, voire empiriques, la deuxième partie de l'ouvrage offre une théorie du suprasensible fondée sur les Idées originairement introduites par Platon comme entités extraordinaires, voire métempiriques, mais désormais conçues soit comme des objets, soit comme des aspects d'objets pour un pur penser (noumènes).

Loin d'ajouter simplement un deuxième ensemble de concepts et d'objets aux catégories néo-aristotéliciennes et à leurs objets essentiellement empiriques (apparences), les Idées kantiennes d'inspiration platonicienne visent à limiter l'étendue des principes catégoriaux en introduisant, en ouvrant et en occupant un espace conceptuel originairement indépendant de l'usage empirique de l'entendement. Sans ces Idées, le réalisme empirique de l'entendement s'étendrait au-delà de la sphère de l'expérience et coloniserait le monde entier. Au lieu de contredire la limitation de la connaissance aux phénomènes, établie dans la première partie de la *Critique de la raison pure*, l'horizon nouménal, introduit dans la deuxième partie de la *Critique* – essentiellement dans la « Dialectique transcendantale » – tend à limiter et donc à définir le phénoménalisme des objets catégoriaux par un nouménalisme des objets idéaux.

En ce qui concerne les types distincts d'Idées reconnus par Kant, la première *Critique* s'occupe surtout des Idées *spéculatives*, qui se rapportent aux objets absolus de la métaphysique traditionnelle rationnellement reconstruits comme entités terminales d'enchaînements syllogistiques concernant l'inconditionné, au-delà des êtres conditionnés. En particulier les trois Idées spéculatives principales sous-tendent la métaphysique spéciale de Dieu, de l'âme et du monde, en tant que théologie, psychologie et cosmologie rationnelles. Il est vrai que, pour Kant, le raisonnement déterminant posant les objets d'Idées est formellement défectueux. En réalité, ces objets ne sont des objets que « dans l'Idée » ou des objets idéaux. L'emploi légitime des Idées spéculatives ne consiste pas dans la constitution rationaliste d'objets surnaturels, au-delà de toute expérience possible, mais dans la régulation formelle de la complétion infinie et dans la totalisation idéale de l'expérience et de ses objets immanents.

IDÉES PRATIQUES ET THÉORIQUES

En introduisant la conception critique du « concept de la raison » (*Vernunftbegriff*) sous le nom d'« Idée » (*Idee*), Kant fait remonter l'origine historique et systématique du terme à Platon, qui utilise deux mots grecs provenant du champ sémantique de la vision (*eidos*, *idea*) pour désigner des êtres parfaits et leur compréhension extraordinaire par une vision suprasensible ou une intuition intellectuelle. Certes, Kant critique la notion d'une connaissance immédiate par un intellect intuitif dans l'intuition intellectuelle, et lui oppose le caractère discursif de tout concept, y compris des concepts de la raison, ainsi que le caractère sensible de toute intuition, y compris des intuitions pures. Mais il retient de l'Idée platonicienne l'orientation principale : la position d'Idées au-delà de toute expérience possible, et l'impossibilité de confirmer ou d'infirmer par l'évidence empirique toute connaissance fondée sur des Idées.

Tout en reconnaissant l'emploi théorique et même spéculatif des Idées en mathématiques, présent chez Platon, Kant note, toujours dans la « Dialectique transcendantale », que la sphère préférée pour l'usage des Idées chez Platon était « le pratique « (*das Praktische*). En utilisant ce titre générique pour le domaine de l'agir humain, Kant renvoie aux thématiques typiques des dialogues de Platon qui traitent souvent de tel ou tel concept moral ou éthique fondamental comme la vertu en général (*arete*) ou une vertu en particulier, par exemple la piété (*eusebeia*) ou la justice (*dikaiosyne*). Dans ces deux modalités d'emploi des Idées chez Platon (théorique et pratique), ainsi que Kant les présente, l'Idée vaut comme expression d'une perfection (respectivement le triangle, la justice) à poursuivre, mais difficile, sinon impossible à obtenir.

Quelques années plus tard, dans ses écrits fondamentaux en philosophie morale critique (*Fondements de la métaphysique des mœurs* de 1785 et *Critique de la raison pratique* de 1788), Kant suit de plus près l'héritage platonicien en introduisant tout un « règne » (*Reich*) gouverné par des Idées et peuplé d'acteurs rationnels qui doivent se considérer comme des « fins en soi » (*Zwecke an sich*). Déjà dans la première édition de la *Critique de la raison pure* (1781), toujours dans le contexte des premières pages de la « Dialectique transcendantale », Kant examine de plus près une Idée pratique platonicienne. Mais cette Idée ne concerne pas l'une des vertus particulières examinées de manière caractéristique dans les dialogues platoniciens. Il s'agit de l'Idée compréhensive et générale de la « république « (*Republik*). Kant se réfère à l'examen de la cité parfaite (*polis*) dans le chef-d'œuvre de Platon, son dialogue monumental sur la justice (*dikaiosyne*). Dans la tradition philologique du *corpus platonicum*, ce dialogue est connu sous le titre, non authentique, de *Politeia*. En grec classique, ce terme renvoie à la formation et structure d'une cité (*polis*), à sa Constitution (*Verfassung*), pour employer une traduction latine devenue un terme technique dans la philosophie politique moderne.

La traduction allemande usuelle du titre du dialogue de Platon est « Der Staat » (avec l'article défini); elle utilise le mot moderne d'origine italienne (*lo stato*) dérivé du latin (*status*) pour désigner le corps politique post-médiéval caractérisé par l'institution du pouvoir suprême (« souveraineté »). Mais à l'époque de Kant, et même avant, la traduction standard de « *Politeia* » était « *Republik* », en accord avec les traductions acceptées dans les autres langues majeures européennes (*république*, *republic*, *republica*).

En tant qu'Idée, le concept kantien de république, introduit dans la « Dialectique transcendantale », participe du caractère non-empirique des Idées purement théoriques (« spéculatives ») qui figurent au centre de cette partie de la première *Critique*. Considéré de plus près, le caractère non-empirique des Idées chez Kant concerne surtout *l'origine* de cette sorte de concepts qui doivent être regardés comme ne dérivant d'aucune expérience possible et donc comme devant être établis *a priori* ou indépendamment de toute expérience. En ce qui concerne *l'emploi* des Idées spéculatives (de l'âme, du monde et de Dieu), la première *Critique* maintient en revanche la fonction essentielle et même nécessaire des Idées pour l'expérience, plus précisément pour l'orientation de l'expérience particulière vers un système de totalités représentées figurativement dans les concepts idéaux d'objets suprasensibles. À cet égard, Kant peut même inclure les Idées spéculatives parmi les conditions de possibilité de l'expérience et des objets de l'expérience, pourvu qu'on considère les conditions *idéales* de l'expérience possible non comme constituant les objets empiriques (à la manière des catégories d'inspiration aristotélicienne), mais comme dirigeant la collection et l'accumulation des connaissances empiriques vers leur étendue maximale.

Dans la *Critique de la raison pure*, la combinaison d'une origine non-empirique avec un emploi régulateur empirique des Idées n'est même pas limitée aux idées théoriques. Le « Canon de la raison pure » dans la Doctrine de la méthode, qui s'occupe du « but final » (*Endzweck*) de la raison pure, reconnaît l'Idée de l'ordre moral du monde (*moralische Welt*), avec les Idées associées de l'immortalité de l'âme et de l'existence de Dieu, comme « conditions de la possibilité de l'expérience », voire de l'occurrence dans l'expérience, donc dans le monde sensible, de certains faits (actions) qui sont en accord avec les lois (morales) de ce monde moral. Dans ses écrits de philosophie morale critique ultérieurs (*Fondements de la métaphysique des mœurs* et *Critique de la raison pratique*), Kant précisera cet empirisme effectif de la moralité par la conception du monde intellectuel (*Verstandeswelt*) influençant idéalement le monde sensible (*Sinnen welt*) et rendant la raison pratique pure effective de par ses propres efforts (*Faktum der reinen Vernunft*).

L'IDÉE POLITIQUE

L'Idée de la république d'inspiration platonicienne (*platonische Republik*), introduite tout au début de la « Dialectique transcendantale », appartient aux considérations kantiennes quant à l'influence ou l'effet des Idées, y compris des Idées pratiques, dans le monde empirique. Kant s'oppose explicitement à la position de ceux qui regardent l'Idée platonicienne de la république comme une fiction ou une fantaisie intellectuelle ou imaginaire sans aucun effet, direct ou indirect, dans le monde réel. Il attribue cette estimation topique explicitement à l'historien contemporain de la philosophie, Brucker – manœuvre qui ne manque pas d'une certaine ironie, étant donné que la familiarité de Kant avec l'histoire de la philosophie, y compris de la philosophie de Platon, tient largement à sa lecture de livres bio-doxographiques, dont ceux de Brucker. Il n'a que rarement eu accès aux sources textuelles des auteurs qu'il évoque, y compris des dialogues de Platon.

Bien sûr, Brucker n'est ni le seul ni le premier des lecteurs qui traitent la *République* de Platon comme une féerie ou une sottise philosophique. Il appartient plutôt à toute une tradition exégétique qui oppose à l'idéalisme de Platon un empirisme robuste, et à son idéalisme politique un réalisme politique souvent marqué par un cynisme porteur d'une dose de sarcasme contre les idéalistes. Mais c'est précisément avec Kant et son appréciation de l'idéalisme platonicien en général et de l'idéalisme politique platonicien en particulier, qu'une réévaluation profonde du statut et du rôle des Idées en politique – y compris en philosophe politique – commence.

Quelques années après Kant, Hegel, dans ses premières études sur la politique et l'éthique des Anciens aussi bien que plus tard dans son cours magistral sur la philosophie du droit, publié comme *Principes de la philosophie du droit* en 1820 (avec la date 1821 indiquée sur la page titre), considérera la *République* de Platon comme exprimant l'essence de la « vie éthique » ou de l' « l'éthicité » (*Sittlichkeit*) grecque – quoiqu'au moment même où cette forme de vie se trouve attaquée par le relativisme, l'individualisme et l'égoïsme, propagés par les sophistes et pratiqués par leurs partisans dits démocratiques. Plus tard encore, sous le règne philosophique du néo-kantisme allemand, Paul Natorp va consacrer tout un livre érudit à une lecture kantienne des dialogues individuels de Platon, en kantianisant Platon aussi bien qu'en platonisant Kant, dans une interprétation marbourgienne de l'idéalisme de l'un et de l'autre, compris comme une épistémologie fonctionnaliste.

Avec sa lecture quasi-réaliste de la république idéale de Platon, Kant poursuit un but stratégique. Il cherche à revendiquer l'Idée platonicienne en général et l'Idée platonicienne de la république en particulier pour une philosophie pratique, y compris politique, qui serait spécifiquement critique et moderne – « critique » au sens d'une prise de distance par rapport aux superstitions et préjugés traditionnels, et « moderne » au sens d'une réponse à donner par rapport aux conditions éthiques, juridiques et politiques qui dominent l'Europe post-réformatrice. Dans ces circonstances, la lecture kantienne de la république platonicienne pourrait sembler révisionniste et simplificatrice à un double titre – en ce qui concerne l'Idée en tant que telle et en ce qui concerne la république en tant qu'Idée.

Mais c'est là une apparence trompeuse. Car, à un premier égard, au sujet du caractère idéal aussi bien que réel de l'Idée, l'interprétation critico-moderne de Platon effectuée par Kant traite l'Idée platonicienne de la république d'une manière fonctionnaliste. Loin de représenter une république eidétique située dans l'au-delà des entités nouménales, l'Idée républicaine représente la norme et le critérium pour toute fondation et structuration d'une république concrète. En particulier, l'Idée platonicienne de la république doit guider toute législation (*Gesetzgebung*) d'une telle république, des lois établissant sa première fondation jusqu'aux lois spécifiant son fonctionnement ultérieur.

Aussi à un second égard, concernant l'objet particulier de l'Idée platonicienne de la république, Kant opère-t-il avec une notion de république spécifiquement moderne divergeant des interprétations que ce concept avait reçues plus récemment. On connaît l'origine du terme « république » dans la théorie et la pratique de Rome entre l'expulsion des Rois et l'installation des Empereurs. Selon la fameuse analyse de Polybe [1], historien grec d'une histoire romaine écrite à la manière grecque, la Rome républicaine est une « constitution mixte » (*politeia mikta*), composée également d'éléments monarchique (les consuls),

1. Polybe, *Historia*, I. 6.

aristocratique (le Sénat) et démocratique (les tribuns). Cependant Polybe, écrivant sur Rome en langue grecque, ne parle pas de « république », mais, comme Aristote qu'il suit ici, de « politie » (*politeia*). Il n'y a que quelques auteurs latins, surtout Cicéron [1] et Tacite, qui parlent de « res publica », et cela sans référer spécifiquement au type de constitution du corps politique romain. Le discours romain sur la république utilise plutôt le mot « république » pour désigner l'« affaire commune » (*res publica*) gérée par la citoyenneté romaine (*civitas*). Sous cet angle, l'utilisation de la désignation « république » (*res publica*) chez les auteurs romains n'est pas limitée à la Rome de l'époque républicaine. La dénomination se trouve même étendue à d'autres entités politiques et à d'autres régimes, comme Sparte et Carthage d'une part et la Rome impériale d'autre part, tous explicitement appelés « républiques ».

Le sens de « république » qui s'est maintenu, du discours romain dans la pratique et la théorie politiques des époques ultérieures, est donc le sens générique de *civitas* comme « bien commun », *commonwealth* (forme ancienne, *commonweal*) ou *Gemeinwesen*. Ce sens se trouve aussi chez Jean Bodin, qui intitule son traité sur le corps politique moderne fondé sur le pouvoir souverain de législation « *Six Livres de la République* ». Bodin inclut explicitement les régimes monarchiques et aristocratiques parmi les formes de la République conçue en général.

Cependant, la signification étendue du concept de république à l'époque moderne n'est pas sans bornes. Étant donné la référence essentielle à la citoyenneté, présente dans la notion romaine et post-romaine de la république, tout régime arbitraire (« despotique ») qui ne poursuit que des intérêts particuliers au préjudice des intérêts communs de la citoyenneté, est considéré comme indigne de l'appellation "res publica" et de ses équivalents en langues démotiques. De plus, le despotisme ainsi regardé comme essentiellement anti-républicain peut être exercé par un seul (dans la « tyrannie ») selon le schème grec des types de constitutions, par un petit groupe (dans l'oligarchie) ou par un large groupe ou même une majorité (dans l'ochlocratie).

Pour comprendre comment le terme « république » (*republic*, *Republik*, *republica*) dans son sens civique assez général a pu acquérir la signification plus spécifique d'un régime d'une pluralité de gouvernants, par contraste avec le gouvernement d'un seul, il faut se tourner vers les avocats néo-romains des cités-polities indépendantes, surtout à l'époque de la Renaissance dans l'Italie du Nord. En distinguant entre « principautés » et « républiques », Machiavel avait réintroduit dans le discours politique moderne l'ancien lien romain entre la république et l'anti-monarchisme. Il fut suivi par les monarchomaches modernes, en particulier par les défenseurs théoriques et pratiques d'une république anglaise à l'époque des guerres civiles. La tripartition résultant de ce développement différentiel se trouve nettement articulée chez Montesquieu, qui sépare le gouvernement répu-

1. Cicéron, *De re publica*, l. II.

blicain aussi bien du gouvernement monarchique que du gouvernement despotique, et qui distingue, par ailleurs, une version aristocratique et une forme démocratique du gouvernement républicain. Ainsi est préparé le lien révolutionnaire entre république et démocratie – entre héritage romain et inspiration grecque, pour ainsi dire – qui s'est forgé, de deux manières différentes, à Philadelphie et à Paris, vers la fin révolutionnaire du XVIIIe siècle.

LA DÉFINITION DE LA « RÉPUBLIQUE »

Même si Kant, selon toute probabilité, n'a pas pu suivre de près la carrière terminologique et conceptuelle du mot « république », des Romains jusqu'à James Madison et Sieyès, en passant par Machiavel, Montesquieu (et Rousseau qu'il faudrait ici ajouter), il partage clairement la pratique contemporaine consistant à identifier « république » (*Republik*) et « communauté politique » (*Gemeinwesen*), à l'exclusion de tout régime despotique. Le sens civique de « république » chez Kant est pleinement mis en évidence dans sa publication tardive sur le droit de l'État (*Staatsrecht*) dans la *Métaphysique des mœurs* (1797). Mais il est attesté déjà beaucoup plus tôt dans son cours sur le droit naturel de 1784, cours préservé dans une transcription faite par un étudiant (*Naturrecht Feyerabend*). Dans ces deux textes, Kant distingue, comme le faisait déjà Bodin, entre la « forme de l'État » (*Staatsform*) et le « mode de gouvernement » (*Regierungsart*)[1].

D'abord, Kant reconnaît trois formes d'État, conformément à la typologie constitutionnelle classique grecque : la monarchie (rebaptisée par lui « autocratie »), l'aristocratie et la démocratie, ce qui laisse de côté les formes mixtes. Puis Kant distingue deux modes de gouvernement : le mode de gouvernement despotique et le « mode de gouvernement républicain » (*republikanische Regierungsart*). L'opposition kantienne entre les deux modes de gouvernement reflète la préoccupation principale de la pensée républicaine traditionnelle, en lutte contre tout gouvernement exercé arbitrairement et sans égard pour le bien commun. Défini de manière positive, le républicanisme consiste traditionnellement dans la promotion du bien commun – de la part des gouvernants aussi bien que de la part des gouvernés.

L'anti-despotisme prononcé et le civisme affirmatif de la tradition politique républicaine animent aussi l'interprétation de l'« Idée platonique de la république » que Kant donne dans la *Critique de la raison pure*. Le lien qu'il établit entre la forme politique de la république et la philosophie de Platon pourrait sembler superficiel. Cependant, le rapprochement entre le républicanisme et le platonisme n'est pas sans raison. Formellement le lien intervient à partir de la traduction traditionnelle du grand dialogue éthico-politique de Platon, *Politeia*,

1. MM, DD, AK VI, 340 ; OP III, 613.

qui fait appel au terme latin (*De re publica*). Philosophiquement, la conjonction de la république et de la philosophie platonicienne est motivée par la fonction idéale de la conception platonicienne de la communauté politique – et son caractère d'Idée qui, selon Kant, vaut, ou à tout le moins devrait valoir, comme source et norme de tout développement politique.

Cependant, on ne peut pas nier un certain anachronisme dans la notion même d'une république platonicienne. Le sens romain et post-romain (néo-romain) de « république » s'accorde mal avec le dirigisme doctrinaire de la cité idéale de Platon, avec sa hiérarchie sociale, son communisme personnel et matériel et sa réglementation totale, pour ne pas dire totalitaire, de la vie de chacun et de chacune – des gouvernés aussi bien que des gouvernants. Même si Kant n'a pas pu étudier le dialogue platonicien de près, il devait en connaître les traits principaux – et néfastes. Toutefois, ce ne sont pas les caractéristiques de la république platonicienne qui intéressent vraiment Kant, mais bien la fonctionnalité de l'Idée platonicienne de la république en tant que source et norme de toute politique (moralement) possible.

La lecture déflationniste du platonisme politique de Kant, qui remplace une adhésion *substantielle* de Kant à Platon en matière de philosophie politique par une adhésion *fonctionnelle* dans le domaine de la méthodologie de la pensée politique, est plus encore de mise en ce qui concerne le contenu concret que Kant donne à l'Idée platonicienne de république. Citant la maxime herméneutique selon laquelle il est possible de comprendre un auteur mieux qu'il ne s'est compris lui-même, Kant donne la définition suivante de la république en tant qu'Idée platonicienne :

> Une constitution ayant pour but la *plus grande liberté humaine* d'après des lois qui permettraient à la *liberté de chacun de pouvoir subsister* de concert *avec celle des autres* [1].

D'ailleurs l'occurrence, ou plutôt la présence marquée du mot « liberté » dans un contexte étroitement lié à Platon doit étonner. Le thème de la liberté (*eleutheria*) ne figure pas dans la philosophie de Platon, ni *a fortiori* dans sa philosophie politique telle qu'elle s'exprime dans la *République*. Quand Platon discute de l'être-libre dans d'autres dialogues – l'exemple majeur étant le *Lysis* –, il associe la liberté à la licence et donc à la possibilité de faire ce qu'on veut, ou, si l'on veut, n'importe quoi et il rejette immédiatement cette conception arbitraire et irrationnelle du vouloir. Pour lui, tout vouloir, y compris le désir (*epithymetikon*), doit être assujetti au régime de la raison (*logistikon*).

1. CRP, A 316/B 373 ; OP I, 1028 : « Eine Verfassung von der *größten menschlichen Freiheit* nach Gesetzen, welche machen, daß *jedes Freiheit mit der anderen ihrer zusammen bestehen kann* ».

Certes, la liberté joue un rôle plus large dans la pensée politique grecque en dehors du rationalisme perfectionniste défendu par Platon, par exemple dans le vouloir éthique libre reconnu chez Aristote. La même chose vaut pour le sens spécifiquement politique de la liberté, qui consiste pour les Grecs – surtout pour les Athéniens de l'âge classique – dans l'absence de domination par un maître, qu'il soit extérieur, comme le « roi des rois » de Perse (*basileus basileon*), ou intérieur, comme un tyran ou une clique oligarchique. Le modèle qui anime ce sens de la liberté – ne pas être dominé – renvoie *a contrario* à la situation de l'esclave qui est essentiellement sous la domination d'un maître.

Mais ni le sens négativement arbitraire, ni le sens affirmativement anti-esclave de la liberté qui se trouve chez Platon et ses contemporains ne sont évoqués par Kant quand il définit la république, dans la première *Critique*, par la liberté *civilisée* – une liberté rendue civile par sa régulation comme condition de coexistence des libertés dont bénéficie chaque personne en tant que membre d'une communauté citoyenne. Considérée de plus près, la liberté républicaine chez Kant, dans la première *Critique* aussi bien que dans des écrits postérieurs, n'est pas la liberté *politique* estimée par les Grecs (proto-) démocratiques du Ve siècle av. J.-C., mais la liberté *civile* de pouvoir mener une vie dans la sécurité garantie par les « lois générales » (*allgemeine Gesetze*) protégeant l'exercice de la liberté de chaque citoyen.

Historiquement parlant, la liberté qui est ainsi constitutionnellement liée à la république comme citoyenneté est une liberté moderne, ou plutôt elle est la liberté des Modernes, reconnue dans la pensée (proto-) libérale de Locke à travers Montesquieu jusqu'à Benjamin Constant, pour ne pas mentionner Wilhelm von Humboldt et Alexis de Tocqueville. C'est une conception de la liberté localisée dans l'individu, dans chaque individu en tant que tel, lequel a besoin de voir cette liberté maintenue contre, ou bien avec, celle des autres (« sécurité », « sentiment de sécurité »). La différence majeure entre la définition kantienne de la république et la position de ces penseurs (proto-) libéraux réside dans le souci central qu'ont ces derniers du danger représenté pour la liberté civile par la république même, sous sa forme de gouvernement, potentiellement oppressive ou tyrannique.

Kant en revanche semble moins préoccupé par le danger d'une domination verticale que par celui d'une domination horizontale, d'un citoyen par les autres. La république conçue par lui dans la première *Critique* sous une inspiration méthodologique platonicienne (« Idée ») est donc étroitement liée aux considérations sur la primauté du droit – spécifiquement du droit public – en politique. L'État, en tant que communauté citoyenne gouvernée d'une manière républicaine, la « république platonicienne » de Kant est un État de droit (*Rechtsstaat*) – un type d'État sans aucun précédent dans l'Antiquité grecque ou romaine. On doit entièrement sa découverte – ou plutôt son invention – à l'époque moderne et plus particulièrement aux Lumières.

Cette transformation de l'État libre (*Freistaat*) d'autrefois en l'État de droit de nos jours constitue à la fois le progrès et les limites de la pensée politique de Kant et des autres modernes. En lisant Eschyle, Thucydide et Aristote, en regardant ce qui reste de l'Acropole, de l'Aréopage et de la Pnyx d'Athènes, on peut sentir la différence concrète entre la liberté *civile* des Modernes, plus ou moins bien assurée par les États bureaucratiques modernes, et la liberté *politique* des Anciens, toujours fragile et dangereuse, mais qui semble faire défaut à nos vies d'aujourd'hui si civilisées, saturées, sécurisées et soignées.

Günter ZÖLLER
Université de Munich

ASPECTS ANTHROPOLOGIQUES

EUTRAPÉLIE, HUMOUR ET *LAUNE*
LE RÔLE ET LA PRODUCTION PRATIQUES DU RIRE SELON KANT ET ARISTOTE

La tentative de penser un rire civilisé rapproche Kant d'Aristote. Cette approche typique du rire par la civilisation tend à défendre le rire comme une force ou un phénomène domesticable, au point que sa pratique puisse être mise au service de la civilité. Aristote et Kant valorisent ainsi tous deux la plaisanterie ou la moquerie légère, considérées comme l'occasion de prendre goût à la vie sociale. Pourtant, on reproche parfois au rire de civilité d'être au service d'une civilité trop polie, qui redoute les rires immodérés. Le rire de civilité serait trop civilisé.

Le rire de civilité pourrait néanmoins se révéler une forme opportune pour les sociétés contemporaines et le corpus kantien être prodigue d'éléments de valorisation anthropologique et sociale du rire, quand il est non railleur. Le rire pourrait aussi participer à un *ethical turn* des études kantiennes, révélant à nouveau l'intérêt si constant de Kant à penser les formes concrètes de la vie. Dans cette perspective, nous étudierons d'abord l'eutrapélie, qui est la disposition associée par Aristote à ce rire pratique. Ensuite, nous tenterons d'exposer l'actualité de l'eutrapélie dans le monde contemporain, ainsi que celle des positions kantiennes à cet égard. Enfin, nous mettrons en avant une version kantienne de l'eutrapélie que nous pourrions nommer l'*humour*.

L'*EUTRAPELIA* ET LA FIGURE DES *EUTRAPELOI* DANS LES TEXTES ÉTHIQUES D'ARISTOTE

L'eutrapélie apparaît à la fin des livres IV de l'*Éthique à Nicomaque*[1] et III de l'*Éthique à Eudème*[2], ainsi qu'à la fin du livre I de la *Grande morale*[3]. Nous l'étudions d'abord selon son objet ou sa matière (l'amusement, la plaisanterie), puis en son rapport aux deux extrémités que sont la rusticité et la bouffonnerie, pour voir enfin en quoi elle constitue un juste milieu.

L'amusement et la plaisanterie

La *paidia* est un amusement ou un jeu d'enfant qui, à l'âge adulte, devient bagatelle ou badinage[4]. Selon Aristote, cet amusement propre à la conversation permet de se détendre. Toutefois, il doit rester mesuré et de bon ton (*emmelês*), dans la parole (*legein*) et dans l'écoute (*acounein*). Ainsi, la *paidia* tient à la fois de l'amusement (comme détente) et du bon ton qui lui est propre (la plaisanterie). L'objet de la *paidia* est le *geloios*, littéralement : ce qui fait rire. Richard Bodéüs le traduit par le « *ridicule* »[5], soulignant ainsi la matière sociale du rire, au risque d'exagérer l'idée de sanction sociale. Si l'on veut insister sur la relation du *geloios* au rire (l'effet qu'il est censé provoquer), Roselyne Dupont-Roc et Jean Lallot proposent de le traduire dans la *Poétique* par le très esthétique « comique »[6], tandis que Catherine Dalimier propose quant à elle de le traduire par « drôle »[7]. Enfin, si l'on souhaite souligner non pas tant le caractère drôle du *geloios* que son caractère effectif comme événement de la conversation, on peut le traduire par « *plaisanterie* ». L'eutrapélie concerne ainsi la *paidia* (amusement et plaisanterie) et le *geloios* (objet drôle ou plaisanterie).

1. Aristote, *Éthique à Nicomaque,* IV, 14, 1127b-1128b. Richard Bodéüs nomme cette section « L'enjouement », dans R. Bodéüs (éd.), *Aristote, Œuvres : éthiques, politique, rhétorique, poétique, métaphysique* [désormais *Œuvres*], Paris, Gallimard, 2014, p. 97-99, alors que Jules Tricot la nomme « Le bon goût dans l'activité de jeu » dans *Aristote, Éthique à Nicomaque* [désormais *ÉN*], trad. fr. J. Tricot, Paris, Vrin, 2007, p. 222-225. Pour le grec, l'édition de I. Bywater, *Ethica Nicomachea*, London, OUP, 1894, est disponible en ligne sur les sites *Perseus* et *Remacle*.

2. Aristote, *Éthique à Eudème,* III, 7, 1234a. Voir *Œuvres, op. cit.*, p. 324-325 et *Éthique à Eudème*, trad. fr. C. Dalimier, Paris, Flammarion, 2013, p. 182-185.

3. Aristote, *Grande morale,* I, XXX, 1193a, Catherine Dalimier nomme le chapitre « L'enjouement », dans *Aristote* : *Les grands livres d'éthique* (*La grande morale*), trad. fr. C. Dalimier, Paris, Arléa, 1992, p. 108.

4. A. Bailly, *Dictionnaire grec-français*, Paris, Hachette, 1960, p. 1439a. La quasi-totalité des traductions proposées ici sont issues de la littérature secondaire, des diverses traductions et du Bailly. Par commodité on ne mentionnera plus le dictionnaire dont la consultation fut systématique pour cet article.

5. Aristote, *Œuvres, op. cit.*, p. 97.

6. *Id., La Poétique*, trad. fr. R. Dupont-Roc et J. Lallot, Paris, Seuil, 1980, p. 423.

7. *Id., Éthique à Eudème, op. cit.*, p. 183.

L'allemand retrouve dans le *Scherz* l'ambivalence de la *paidia*, et dans le *Witz* à peu près celle du *geloios* – même si le *Witz* désigne plutôt la plaisanterie comme trait d'esprit et la faculté de l'esprit capable de produire ces traits-là. Daniel Jenisch choisit ces deux termes dans sa traduction de l'*Éthique à Nicomaque* en 1791[1]. Or, du *Scherz* au *Witz*, il y a continuité, comme il y a continuité entre l'état d'esprit plaisant et la plaisanterie : celle-ci touche celui qui sait s'en amuser.

L'esprit plaisant, la plaisanterie et leurs deux extrêmités

La figure des *agrikoi* est la première qu'Aristote oppose à l'esprit plaisant; Jenish traduit par *ungebildet*, non-cultivé(s). L'*Éthique à Eudème* évoque le *dustrapelos*, celui qui n'est pas souple, le mal tourné, le mal-luné ou le *pas-parlable* (en français du Québec). Quant à l'*Éthique à Nicomaque*, elle évoque les *sklepoi*, les *rigides*, rendu en allemand par les *rohe*, les brutes. Cette figure traduit un défaut d'amusement poussé à l'excès par celui qui n'aime pas rire : l'agélaste[2] ne supporte pas d'entendre des plaisanteries et ne prend aucun plaisir à la conversation. *Il ne sait pas écouter*. Lorsqu'il parle, précise l'*Éthique à Eudème*, il parle avec froideur, *psykros*[3].

La deuxième figure qu'Aristote oppose à l'espit plaisant est celle des *boulōmachioi*, les bouffons. Historiquement, il s'agissait de mendiants se plaçant dans les temples près des offrandes, ou de bouffons s'invitant aux banquets, éventuellement pour se nourrir, et cherchant à faire rire les invités par leurs plaisanteries et danses variées[4]. Aristote considère la bouffonnerie comme un excès, auquel il donne au moins trois dimensions.

Premièrement, les bouffons sont avides de plaisanteries : ils les supportent toutes, sans limite, sans mesure, sans convenance. L'*Éthique à Eudème* les compare à des goinfres ou à des gloutons. La bouffonnerie est un excès *dans l'écoute*, qui n'est pas assez sélective. Les bouffons sont donc trop souples et sans égard pour les possibles victimes de la plaisanterie.

Deuxièmement, les bouffons aspirent en toutes choses à la plaisanterie (*glikomenoi pantōs tou geloiou*), et cet excès se manifeste aussi *dans la parole*. Selon l'*Éthique à Eudème*, le bouffon est un *phortikos*, un grossier présomptueux.

1. *Aristoteles* : *Die Ethik des Aristoteles, in zehn Büchern*, trad. all. D. Jenisch, Danzig, Troschel, 1791, p. 140-142. Le mot *Scherz*, qui insiste sur la continuité entre *paidia* et *geloios*, est aussi choisi par Christian Garve dans son *Éthique d'Aristote, traduite et expliquée par Chrisian Garve*. Voir Aristoteles et C. Garve, *Die Ethik des Aristoteles übersetzt und erlaütert von Christian Garve. Erster Band enthaltend die zwey ersten Bücher der Ethik nebst einer zur Einleitung dienenden Abhandlung über die verschiedenen Prinzipe der Sittenlehre, von Aristoteles an bis auf unsere Zeiten*, Breslau, Wilhelm Gottlieb Korn, 1798, p. 638-643.

2. Littéralement : « Celui qui ne rit pas » – le terme ne se trouve pas dans les extraits cités.

3. Dans son article, Louise Rodrigue propose une autre interprétation du rustre, sensible jusqu'à l'autocensure. Voir L. Rodrigue, « La vertu morale d'enjouement dans l'éthique d'Aristote », *Sciences et Esprit*, 69/3, 2017, p. 319-334.

4. Voir G. Minois, *Histoire du rire et de la dérision*, Paris, Fayard, 2000, p. 44-49 : « Les bouffons et les recueils de blagues ». Cet ouvrage propose des lignes claires et nettes relatives à l'histoire du rire.

L'*Éthique à Nicomaque* précise ce trait au moyen d'une analogie : les bouffons recourent à *la grossièreté*, comme le faisait l'ancienne comédie, quand, remarque Aristote, la nouvelle comédie emploie la plaisanterie par *hyponoia* (la pensée du dessous, l'insinuation). Ainsi placé du côté du progrès esthétique, Aristote propose une figure très civilisée du rire. Sans doute possédait-il un certain goût pour le formel, c'est-à-dire pour le plaisir conjoint à l'actualisation des formes les plus abstraites, au-delà des représentations de l'imagination. Cet apophtegme le laisse supposer : « Ayant entendu dire que quelqu'un l'avait injurié, "si je ne suis pas là, dit-il, il peut même me fouetter" »[1]. Aristote peut ainsi être distingué de Kant qui, lui, ne se plaçait pas toujours à l'avant-garde de la civilité. Rappelons à ce titre que Kant appréciait aussi les plaisanteries du comique de type *altväterlich* (bonhomme) : à un mariage, l'un des convives entreprend de démontrer la supériorité du célibat, puis un autre lance « Sauf bien sûr, pour ce si beau couple ! », avant qu'un troisième reprenne « Oui, quel beau couple ! ». Et tout le monde rit[2].

Enfin, *troisièmement*, l'excès le plus radical des bouffons vient de ce qu'ils sont prêts à se moquer de *tout* (*skoptein*), des autres comme d'eux-mêmes. Cela, jusqu'à la moquerie unilatérale : la raillerie (*skomma*).

L'eutrapélie comme disposition du juste milieu : enjouement, tact et règle d'or

Dans les réflexions d'Aristote, l'eutrapélie (*eutrapelia*) apparaît comme un juste milieu eu égard à la plaisanterie. Distincte de la bouffonnerie comme excès, elle consiste à plaisanter sans céder ni à la raillerie ni à la disconvenance. Les *eutrapeloi* (qui font preuve d'eutrapélie) sont « ceux qui s'amusent en gardant le bon ton »[3]. L'eutrapélie est ainsi étroitement liée au *tact*[4], cette médiété *du parler* dont l'exercice permet au locuteur et à ses auditeurs de produire des plaisanteries sans céder à la bouffonnerie[5].

Mais si l'eutrapélie s'exerce à l'occasion des plaisanteries de bon ton, elle concerne d'abord *l'écoute*[6]. Les *eutrapeloi* (littéralement les *malléables*) sont des

1. Diogène Laërce, *Vies et doctrines des philosophes illustres*, trad. fr. M.-O. Goulet-Cazé, 2e éd. rev. et corr., Paris, Librairie Générale française, 1999, p. 573.

2. Norbert Elias ne se prive pas de le rappeler dans ses brouillons pour un essai sur le rire. Voir N. Elias, « Essay on Laughter », *Critical Inquiry*, 43/2, 2017, p. 281-304, plus part. p. 296.

3. Aristote, *Œuvres*, *op. cit.*, p. 97. Jules Tricot propose « ceux qui plaisantent avec bon goût », dans *Éthique à Nicomaque*, trad. J. Tricot, p. 223.

4. En grec « epideziotês », littéralement dextérité ou adresse (être adroit), puis intelligence et souplesse d'esprit, le tact. Voir *Éthique à Nicomaque*, 1128a15-20 ; *Œuvres*, *op. cit.*, p. 98 et *ÉN*, *op. cit.*, p. 223.

5. L. Rodrigue propose une présentation étayée du tact comme une « habileté cognitive » permettant les plaisanteries non bouffonnes; cette caractérisation permet à rebours de saisir ce qui dans l'eutrapélie est proprement morale. Voir L. Rodrigue, « La vertu morale d'enjouement dans l'éthique d'Aristote », art. cit., p. 323-327.

6. L'*Éthique à Eudème* donne deux sens à l'eutrapélie comme médiété. La première médiété se réjouit des plaisanteries, la seconde sait les produire (1234a14-25). Le second sens concerne l'eutra-

gens souples en matière de plaisanteries. Aristote les compare même aux *eutropoi*[1], gens souples physiquement et eux-mêmes causes de leurs mouvements souples. Aussi les *eutrapeloi* savent-ils s'enjouer – d'où l'opportune (et traditionnelle) traduction d'eutrapélie par « enjouement »[2]. Relativement aux plaisanteries, l'enjouement consiste à savoir recevoir et endurer. Mieux, si l'enjouement est une excellence, par hypothèse et comme pour toute excellence chez Aristote, son accomplissement devrait s'accompagner d'un certain plaisir. Or n'éprouvons-nous pas un certain plaisir, lorsqu'un ami profère une juste moquerie, à lui dire « bien vu » ?

Enfin, Aristote considère la plaisanterie à partir de la moquerie : *peut-on rire et se moquer de tout*? Non, répond-il tout en proposant des critères à ce refus. L'*Éthique à Eudème* affirme qu'il faut plaisanter (écoute et parole) comme le ferait le bon juge (*eukrinos*), cela en refusant le critère trop variable des plaisirs et déplaisirs des uns ou des autres[3]. L'*Éthique à Nicomaque* reprend cette idée en la précisant *et en énonçant* une sorte de *règle d'or* de la plaisanterie ou de la moquerie : rire d'une moquerie dont je pourrais endurer d'être l'objet[4]. L'eutrapélie est alors une disposition à rire ou une quasi-vertu à endurer la moquerie (elle n'est pas une vertu, car elle n'engendre pas de choix réfléchi, si ce n'est celui de rester ensemble). Ainsi présentée, on est tenté de la nommer *humour*.

UNE APPROCHE KANTIENNE DE L'ACTUALITÉ DE L'EUTRAPÉLIE

Une actualité politique pour l'eutrapélie ?

John Lombardini identifie une actualité contemporaine de l'eutrapélie dans son article « Civic Laughter : Aristotle and the Politic virtue of Humor » (« Le rire civique : Aristote et la vertu politique de l'humour »)[5]. Il y propose de considérer l'humour comme une vertu politique, sur le modèle de l'eutrapélie. *D'une part*, cela lui permet de s'opposer à la tolérance libérale lorsque, s'abstenant de juger

pélie dans sa relation au tact. Le premier oppose l'eutrapélie à la rigidité du rustre et semble en révéler plus proprement l'essence.

1. A. Bailly propose « versatile ». À ce propos, on consultera L. Rodrigue, « La vertu morale d'enjouement dans l'éthique d'Aristote », art. cit.

2. *Éthique à Nicomaque*, 1128a9-10. R. Bodéus traduit ainsi la pseudo-étymologie d'Aristote rapprochant *eutrapeloi :* « on les appelle enjoués, comme pour dire leur facilité à entrer en jeu » (*Œuvres*, *op. cit.*, p. 97).

3. *Ibid.*, 1234a14-25 ; *Œuvres*, *op. cit.*, p. 325. Voir L. Rodrigue, *Analyse comparative des vertus morales particulières dans l'* « *Éthique à Nicomaque*» *et l'* « *Éthique à Eudème*», Montréal, éditeur, 2007, p. 299-306

4. *Éthique à Nicomaque*, 1128a25-35 ; *Œuvres*, *op. cit.*, p. 98. Bien sûr, cette formulation et cette dénomination sont discutables

5. J. Lombardini, « Civic Laughter : Aristotle and the Political Virtue of Humor », *Political Theory*, 41/2, 2013, p. 203-230.

des comportements, celle-ci laisse les plus rudes agelastes imposer leur manque de souplesse au reste de la société. On tiendrait là une dystrapélie (*dustrapelia*) proprement moderne[1]. Cette idée n'est pas sans rappeler certains excès du politiquement correct ou des corrections du communautarisme. *D'autre part*, J. Lombardini se méfie de la raillerie et de l'excès d'ironie (qu'il comprend avec Aristote comme une dissimulation)[2] : celles-ci rient trop facilement de celui qui ne sait pas se défendre, qu'il n'en ait pas le pouvoir ou qu'il ne comprenne pas la plaisanterie. Les rires unilatéraux (non partagés) éloignent les hommes et, comme l'excès d'injustice, ils peuvent faire tomber les sociétés dans un antagonisme nocif[3].
Loin d'unifier la société, ils la fracturent. Au lieu de rassembler les hommes, ils les isolent.

Le cœur de l'article de J. Lombardini propose de mettre la démocratie moderne à l'école de l'eutrapélie. À cette fin, il cite la *Rhétorique*, où Aristote évoque l'amitié – la *philia* étant chez lui investie d'une forte dimension politique, l'amitié vertueuse formant l'un des fondements du lien social au sein de la cité – de ceux qui sont habiles à se moquer et à endurer[4], et rappelle combien les jeunes gens aiment rire et plaisanter[5]. En outre, leur amitié poussant les jeunes gens à se soucier les uns des autres lorsqu'ils plaisantent, les moqueries sont tempérées et l'endurance encouragée. Aristote présente ainsi l'eutrapélie comme une *pepaideumenê hubris* : une hybris travaillée par l'éducation[6].

L'eutrapélie implique ainsi de s'informer des particularités des autres pour s'en moquer à bon escient, en modérant son propos, afin de pouvoir continuer à plaisanter. Pour J. Lombardini, il faudrait non seulement la cultiver entre membres d'un même groupe (autrui est un *allos*), mais encore entre membres de groupes différents (autrui est un *heteros*). Alors l'eutrapélie nous mettrait sur la voie de ce qu'il nomme le *respect agonistique*. Ainsi considérée comme une disposition ou une vertu politique, l'eutrapélie nous invite à penser un rire démocratique[7], du moins un rire civil au sens double où il est polissé, civilisé et où il favorise l'être-ensemble des citoyens et renforce le ciment entre membres de la cité.

1. J. Lombardini développe cet aspect dans *The Politics of Socratic Humor*, Berkeley, University of California Press, 2018, voir plus part. le chap. IV : « Aristotle, *Eutrapelia*, and Socratic *Eirōneia* » (Aristote, l'eutrapélie et l'ironie socratique).

2. *Éthique à Nicomaque*, 1127a-1128a ; *Œuvres*, *op. cit.*, p. 95-97. *Cf.* J. Lombardini, « Civic Laughter », art. cit., p. 209-211.

3. *Ibid.*, p. 208.

4. Aristote, *Rhétorique*, II, 4, 1381a33-35 ; *Œuvres*, *op. cit.*, p. 775. Cette habileté elle celle des *epidézioi* (*ibid.*, n. 15 et 16) et Aristote met en avant le cas de ceux qui se répondent du tac au tac.

5. *Ibid.*, II, 12, 1389b ; *Œuvres*, *op. cit.*, p. 796.

6. *Ibid.*, 1389b12. R. Bodéüs propose « l'enjouement est une insolence polie » (*ibid.*).

7. J. Lombardini, « Civic Laughter », art. cit., p. 222.

Le Scherz *comme voie kantienne vers l'eutrapélie*

Le § 44 de la *Doctrine de la vertu* oppose le *Scherz* (la plaisanterie) à la *Verhöhung* (la raillerie)[1]. Tous deux concernent le fait de rire en se moquant d'une faute imputée à autrui. La raillerie vise à susciter le mépris pour autrui en moquant sa faute comme *réelle*. La raillerie manque au devoir de respect envers les autres hommes et apparaît comme un vice, car elle cède au *penchant* (*Hang*) à rire d'autrui, voire à la manie de se moquer (*Spottsucht*[2]). Le *Scherz* est une familiarité entre amis où la faute est montrée comme *apparente* afin de vanter un caractère et donc, aurait dit Locke, de faire un compliment[3]. Interprété non comme une plaisanterie, mais comme une disposition aux moqueries non railleuses (car le mot *Scherz* est ambivalent, comme le grec *paidia*), le *Scherz* est très proche de l'*hybris* éduquée de la *Rhétorique* d'Aristote[4]. Ces premières lignes du § 44 ouvrent ainsi la voie d'une détermination kantienne et morale de l'eutrapélie (un dépassement de la règle d'or?), mais nous ne l'emprunterons pas ici.

Le § 88 de l'*Anthropologie d'un point de vue pragmatique* place le *Scherz* parmi les trois étapes de la conversation de bon ton (*guter Ton*) : le récit, le raisonnement et la plaisanterie, *Erzählen*, *Räsonniren*, *Scherzen*[5]. La conversation est elle-même inscrite dans le cadre d'un repas qui, pour être mené avec goût, doit obéir à certaines règles qui sont aussi des lois de l'humanité raffinée. La quatrième règle consiste à rappeler la conversation à sa nature de jeu et, par une plaisanterie (*Scherz*) placée avec adresse (*geschickt*)[6], de détourner les convives du sérieux de qui prétend avoir absolument raison. Ces éléments évoquent l'éducation de l'*hybris* au sein de la conversation, ainsi que la détermination aristotélicienne de l'eutrapélie en lien avec le tact, au point qu'il est tentant de l'envisager comme une *inclination acquise*[7] ou comme un *goût* pour la société et la conversation. Cette piste reste néanmoins à explorer.

1. DV, § 44, AK VI, 467-468; OP III, 764-765. Kant reprend cette distinction à la tradition mais aussi à son époque. Voir en particulier le § 390 de A. G. Baumgarten, *Ethica philosophica*, Halle, Carl. Herm. Hemmerde, 1763 (3e éd.), p. 260-261. *Cf.* AK XXVII, 986.

2. Notons que « Spott » est le mot choisi par D. Jenisch pour traduire la « skomma » quand elle signifie explicitement la raillerie (voir *Die Ethik des Aristoteles, in zehn Büchern*, *op. cit.*, p. 141-142).

3. J. Locke, *Quelques pensées sur l'éducation*, trad. fr. G. Compayré, Chicoutimi, J.-M. Tremblay, 2002, section XXIII, § 143.3.

4. D'autant plus que l'*hybris* signifie à la fois la démesure de l'esprit et un outrage particulier. Voir J. Lombardini, « Civic Laughter », art. cit., p. 213-215.

5. APP, § 88, AK VII, 280-282; OP III, 1096-1097.

6. La plaisanterie habile fait écho au lien entre tact et eutrapélie. Ce thème est présent dans l'*Anthropologie* à propos des productions du *Witz* passées au tamis de la faculté de juger (voir APP, § 55, AK VII, 221-223; OP III, 1038-1040).

7. Une « erworbene Neigung » est l'expression employé dans les *Leçons d'anthropologie* de 1785, avant que Kant ne parle de goût, voir AK XXV, 1362.

L'*Anthropologie* nous invite ainsi à multiplier les plaisanteries (après les discussions informées), et la *Doctrine de la vertu* nous invite à modérer notre penchant à la moquerie. Ces deux perspectives pourraient composer les éléments d'une promotion kantienne de l'eutrapélie aristotélicienne analogue à celle proposée par J. Lombardini. Une telle pratique du rire, distincte d'un sérieux presque inhumain, prendrait acte de l'existence de désaccords dans l'espace public et, s'en réjouissant presque, promouvrait le droit d'en plaisanter entre deux moments de sérieux. On tiendrait là une sorte d'eutrapélie politique, voire cosmopolitique.

LA *LAUNE*, OU LA PROPOSITION KANTIENNE D'UN ENJOUEMENT MODERNE ?

La naïveté et la Laune

Le cœur d'une approche kantienne de l'eutrapélie pourrait bien se trouver dans la détermination kantienne de la *Laune*, littéralement *humeur*, présentée en particulier au § 54 de la *Critique de la faculté de juger*. Kant songeait-il alors à l'eutrapélie aristotélicienne comme souplesse et enjouement ? En tout cas, il situe la *Laune* entre la *naïveté* et la *Laune subie*, comme en écho à la situation de l'eutrapélie d'Aristote, entre rudesse et bouffonnerie.

Kant ajoute à la *rusticité* (« la franche simplicité qui ne mêle à la nature aucun artifice pour la seule raison qu'elle ignore l'art du savoir-vivre »)[1] la *naïveté*. En particulier, la naïveté est plaisante et provoque le rire par son ignorance de cet art de *feindre*, devenu chez le rieur une regrettable seconde nature. Comme l'écrit Norbert Elias : « pour Kant, c'est la réapparition soudaine de la nature, sous le masque des conventions et artificialité sociales qui fournit une raison majeure du rire »[2]. La naïveté suscite un rire joyeux et nostalgique.

En lieu et place du bouffon d'Aristote, Kant évoque celui qui est emporté par son humeur, le *launisch* – la Pléiade traduit par le « lunatique »[3]. À cet égard, la bouffonnerie semble un cas particulier du lunatisme, dans la mesure où le *launisch* est celui qui ne contrôle plus son humeur, qu'elle soit bouffonne, mélancolique, etc. Mais il existe aussi un talent qui permet d'opérer des présentations contrastées et drôles, et ainsi de provoquer une gaité proche du rire. C'est la *launichte Manier*, traduite en Pléiade par « manière comique »[4]. En effet, selon le § 54 de la troisième *Critique*, la *Laune* « au bon sens du terme, désigne le talent

1. CFJ, AK V, 335 ; OP II, 1124 (trad. mod.). *Cf.* le même thème dans APP, § 4, AK VII, 132-133 ; OP III, 951.

2. Voir N. Elias, « Essay on Laughter », art. cit., p. 296 : « For Kant, it was the sudden reappearance of nature under the mask of social conventions and artificialities that provides one major reason for laughter ».

3. CFJ, AK V, 335-336 ; OP II, 1124.

4. *Ibid.*

de se transposer à volonté dans une certaine disposition de l'esprit (*Gemüths-disposition*) »[1] et à contrôler cette disposition, pour « juger toutes les choses de manière complètement différente qu'à l'ordinaire (et même renversée), et pourtant selon certains principes rationnels conformes à cette disposition de l'esprit »[2]. Celui qui procède ainsi, volontairement, est *launicht*. Il est capable de sortir de son humeur, de la nier (lau*nicht*), de ne pas se laisser déterminer par elle. La *Laune* de Kant apparaît ainsi comme une bonne humeur malléable assez proche de l'eutrapélie d'Aristote. Ce rapprochement a dû motiver D. Jenisch, qui fut l'étudiant de Kant, au moment de traduire l'*Éthique à Nicomaque* (en 1791, un an après la parution de la troisième *Critique*). D. Jenisch présente ainsi les *eutropoi* comme « ceux qui peuvent se tourner et se changer selon tous les côtés de leur *Laune* »[3].

De Humour *à* Laune

La distinction entre *launisch* et *launicht* pourrait être également une discussion de Kant avec un propos de Lessing dans la *Dramaturgie de Hamburg*[4]. Lessing écrit comprendre le *humour* anglais, qu'il traduit *Humor*, à partir des œuvres de Ben Johnson. La composition de l'humour est ainsi présentée en deux moments, correspondant à deux pièces : la première est *Every Man in His Humour* (tout homme en son humeur), où l'humour désigne une *humeur* affectée, qui se cherche un caractère, au prix du ridicule. La seconde est *Every Man Out of His Humour* (tout homme en-dehors de son humeur), où l'*humour* consiste à se moquer de sa première humeur affectée. Enfin, Lessing avoue son regret d'avoir proposé une première équivalence linguistique entre « Humour » (en anglais) – « humeur » (en français) – « *Laune* » (en allemand).

De son côté, dans la troisième *Critique*, Kant semble admettre cette première équivalence autour du mot *Laune* et l'interpréter comme naturelle[5]. Aussi pourrait-on proposer une traduction de *Laune* (au bon sens du terme) par « humour », de *lau-nicht* par « humoristique » et de *launichte Manier* par « manière (ou tournure) humoristique ». *A contrario*, *laun-isch* deviendrait

1. CFJ, AK V, 336 ; OP II, 1124.

2. *Ibid.* (trad. mod.).

3. *Aristoteles* : *Die Ethik des Aristoteles, in zehn Büchern*, *op. cit.*, p. 141 : « *die sich nach allen Seiten der Laune ändern und drehen können* ».

4. G. E. Lessing, *Hamburgische Dramaturgie*, Hamburg-Bremen, Cramer, 1769, p. 324-327 ; trad. fr. L. Crouslé et E. de Suckau, *Dramaturgie de Hambourg*, Paris, Didier et cie, 1869, p. 423-424, « pièce 93 (22 mars 1768) ».

5. La *Laune* est aussi présentée dans APP, § 62 AK VII, 235-236 ; OP III, 1052 et dans les *Leçons d'anthropologie* depuis le cahier Collins (1772/73), AK XXV, 139 *sq.* et 172 *sq.* À titre indicatif, on consultera C. Frey, *Laune : Poetiken der Selbstsorge von Montaigne bis Tieck*, Paderborn, Wilhelm Fink, 2016 et R. Clewis, *Kant's Humorous Writings : An Illustrated Guide*, s. l., Bloomsbury Academic, 2020.

« d'humeur versatile » ou « d'humeur fantasque »[1]. En tout cas, en présentant la *Laune* en guise d'humour, Kant semble bien achever l'« Analytique du sublime » avec une version moderne de l'eutrapélie d'Aristote.

Toutefois, l'humour n'est pas à la portée de tous si, comme le dit Kant, il s'agit d'un talent, même si ce talent ne relève pas des beaux-arts. En effet, ceux-ci manipulent des idées esthétiques quand le jeu humoristique, par sa proximité avec le rire, débouche plutôt sur un néant[2]. Néanmoins, par analogie avec l'art, ne pourrait-on pas penser une sorte de goût pour l'humour? On pourrait envisager, du côté des spectateurs, une culture minimale pour apprécier l'originalité des talents et des tournures humoristiques. Cette culture permettrait aux spectateurs d'exercer leur souplesse et leur humour. Publiquement cultivé, l'*enjouement* ou l'*humour*, en tant qu'équivalents de l'*eutrapélie* d'Aristote, ne s'attacherait plus seulement à supporter la moquerie, mais encore rendrait visible toute une gamme d'humeurs et d'humours, tournés vers les contrastes divers de ce monde. Ces lignes de Kant nous invitent à penser une telle culture.

L'étude de Kant semble bien nous inviter à cultiver l'équivalent d'une nouvelle eutrapélie : *l'humour* à table et dans la société. Et si l'humour relève de l'agrément, il faudrait oser en jouir, quitte à oublier les agelastes lorsque leur humeur les emporte, oser en encourager la variété et, enfin, oser cultiver notre goût pour l'humour et critiquer les œuvres ou les effets comiques un peu forcés. Une telle culture pourrait participer à la création d'un espace social propre à devenir un espace politique, qui accueillerait, d'une part, la confrontation des points de vue opposés (dont on serait pressé de rire plutôt que d'en pleurer) et, d'autre part, l'espoir de produire un *ethos commun*, dans la lignée de l'eutrapélie d'Aristote élevée au rang de quasi-vertu sociale, civile, voire politique. Réjouissons-nous du goût, du désir d'humour et du succès des humoristes et des comiques contemporains comme d'une bonne nouvelle. Nos sociétés, parfois divisées, souvent trop violentes, savent qu'elles ont besoin de cet humour qui déjà donnait corps à la tolérance professée par Lessing, Swift ou Voltaire.

Luc-Étienne de Boyer
Université Lyon 3

1. La seconde traduction française est de Pierre Jalabert dans APP, § 62, AK VII, 235 ; OP III, 1052. Dans ce texte Kant écarte l'expression *lunatisch* (lunatique), qu'il juge daté.

2. CFJ, § 54, AK V, 332 ; OP II, 1120.

IMAGINAIRE RADICAL, *PHANTASIA* ET IMAGINATION TRANSCENDANTALE LECTURE CROISÉE DE CASTORIADIS, ARISTOTE ET KANT

Dans le cadre d'une réflexion commune sur « Kant et les Grecs », le nom de Castoriadis n'est probablement pas celui qui vient d'emblée à l'esprit. Pour cette raison précisément, il semble intéressant de l'évoquer. En effet, le détour par la philosophie politique de Castoriadis permet la mise au jour d'une des interprétations contemporaines de la philosophie kantienne, détour qui a ainsi pour mérite d'amorcer un dialogue entre deux mondes philosophiques qui – il faut en convenir, le déplorer et donc contribuer à y remédier – ne se rencontrent que rarement.

Cependant, le fait que Castoriadis était grec n'est ni prioritairement ni suffisamment pertinent pour justifier son évocation ici. Le caractère *grec* de cette contribution réside ailleurs : il est constitué par le lien que trace Castoriadis entre Aristote et Kant. Dans la relecture que Castoriadis effectue de l'œuvre kantienne, le rapport même que cette dernière entretient avec l'une des figures emblématiques de la philosophie grecque est fortement mis en avant. Pour Castoriadis, Aristote et Kant seraient les rares penseurs à avoir eu l'intuition d'une imagination *radicale*, *première*, qui ne serait pas simplement mimétique. S'ils en ont eu l'intuition, ils n'ont cependant pas ou pas assez développé cette idée.

Cette relecture s'effectue donc à l'aune d'une philosophie particulière, c'est-à-dire à l'aune d'une volonté de réhabiliter une faculté humaine qui aurait été négligée par la tradition philosophique. Restituer cette relecture *interprétative* constitue l'objectif de cette contribution.

REMARQUES PRÉLIMINAIRES SUR LA PHILOSOPHIE DE CASTORIADIS

« Imagination, imaginaire, réflexion »[1], texte qui servira de fil rouge au propos présent, s'ouvre sur cette indication :

> Imagination radicale, imaginaire social instituant : significations centrales pour la réflexion, à partir desquelles l'ensemble de la philosophie peut et doit être reconstruit[2].

1. C. Castoriadis, *Fait et à faire*, Paris, Seuil, 2008, p. 270-336.
2. *Ibid.*, p. 270.

Se trouve ainsi explicitée l'entreprise qui va occuper Castoriadis : celle de parcourir l'histoire de la philosophie à l'aune du concept d'imagination. Cette tâche est d'autant plus nécessaire que l'histoire de la philosophie serait celle d'une dissimulation, voire d'une ignorance de l'imagination radicale. En effet, peu d'auteurs ont conçu *positivement* cette faculté humaine, la reléguant trop souvent à être :

> seconde (elle ne crée pas l'objet, mais se borne à le produire après-coup : *re-production*) et *secondaire* (elle ne figure pas au titre des facultés supérieures de l'esprit, mais se contente de rendre présentable le matériau sensible fourni par la perception) [1].

L'imagination au sens classique du terme, entendue comme faculté de reproduction ou combinaison des perceptions sensibles, est celle dont il convient de se défaire : elle est celle qui est qualifiée de seconde et secondaire. Castoriadis lui oppose l'imaginaire ou l'imagination radicale qui elle, serait première et conditionnerait la facticité de la réalité même – le fait qu'il y ait une réalité. En ce sens, elle serait première par rapport à la distinction réel/imaginaire, puisque sans elle, il n'y aurait tout bonnement pas de réalité. Ainsi, *l'imaginaire radical est ce qui crée une réalité humaine.*

Révéler le processus d'occultation de l'imagination radicale à l'œuvre dans l'histoire de la philosophie signifie, en outre, cerner les traces où cette occultation se manifeste comme telle[2].

LES ORIGINES DE L'IMAGINATION RADICALE ET DE SON OCCULTATION : ARISTOTE

La phantasia

Un des premiers auteurs qui est emblématique de cette occultation « du scandale de l'imagination »[3] – c'est-à-dire dont l'œuvre témoigne *à la fois* de l'intuition du potentiel créateur de l'imagination *et* de sa dissimulation – est Aristote. Il faut reconnaître à ce dernier le mérite d'avoir découvert l'imagination radicale :

1. N. Poirier, « Cornelius Castoriadis. L'imaginaire radical », *Revue du MAUSS* 21, 1, 2003, p. 383-404, plus part. p. 390. Voir aussi *id.*, *Castoriadis : l'imaginaire radical*, Paris, P.U.F., 2004.

2. Pour une vue générale, synthétique et claire de cette idée clef et son insertion dans l'économie générale de la pensée de Castoriadis, voir M. Cervera-Marzal et É. Fabri (éd.), *Autonomie ou barbarie : la démocratie radicale de Cornelius Castoriadis et ses défis contemporains*, Neuvy-en-Champagne, Le passager clandestin, 2015, p. 11-49.

3. C. Castoriadis, *Domaines de l'homme,* Paris, Seuil, 1999, p. 454.

> L'histoire de l'imagination de la psyché [...] commence réellement avec Aristote, le traité *De l'âme*, sa découverte des imaginations et ses vacillations [1].

Dans le *De anima* aristotélicien, deux sens du concept de *phantasia* sont décelables : si la grande majorité de la réflexion est bien consacrée à l'imagination dite seconde et secondaire, celle-ci cohabite avec une *phantasia* différente. Cette « seconde » *phantasia* (seconde dans l'ordre de la réflexion, mais première et fondamentale pour Castoriadis) est définie comme celle sans laquelle « il ne peut [pas] y avoir de pensée », puisqu'elle « précède toute pensée »[2]. Ainsi, pour Aristote, les phantasmes sont pour l'âme pensante, *comme des sensations* : l'âme ne penserait pas sans eux[3]. Pour autant, cette *phantasia* ne se laisse pas confondre avec la *poiésis* : la création chez Aristote reste étroitement liée à la *mimesis*, c'est-à-dire à une imitation de la nature. En ayant à l'esprit cette réserve conceptuelle, Castoriadis voit dans ce passage du *De anima* le germe de son imagination radicale : si l'âme est incapable de penser sans la *phantasia*, cela signifie bien qu'elle n'est pas simplement mimétique. Il y a une imagination chez Aristote qui s'assimilerait à une auto-institution de la pensée, et c'est en ce sens qu'elle peut être qualifiée de radicale[4].

Alors que le *De anima* énonce effectivement que l'âme ne peut pas penser sans images, cette idée n'est pas développée. L'intuition serait en quelque sorte « avortée » parce qu'Aristote resterait prisonnier des conditions de pensée socio-historiques de son temps. Rien dans son contexte de pensée ne permettrait une affirmation pleine de l'imagination. Plus encore, tout s'y opposerait. Les obstacles conceptuels majeurs à une reconnaissance pleine de l'imagination peuvent être rapportés à une seule et même idée, à savoir l'axiome logique *ex nihilo nihil*, rien ne vient de rien.

En effet, l'imagination est généralement pensée comme relevant du non-être, puisqu'elle produit du non-être. La chose est au demeurant connue : en tant que recherche de la vérité, la philosophie s'oppose à l'opinion, à la *doxa*, qui elle est fluctuante et prisonnière de l'ordre du sensible. La définition platonicienne de la vérité institue et cristallise cette opposition, qui donne naissance à toute une série d'autres : philosophie/opinion; vérité/erreur; philosophe/sophiste; intelligible/sensible; être/non-être. Au sein de ces déclinaisons, la *phantasia* n'est pas pour autant renvoyée *directement* dans le domaine du non-être, puisque le mot *phantasia* est « dérivé directement de *phainomai*, j'apparais, je semble »[5]. Or, dans le domaine de l'apparaître, le simple phénomène (contaminé par les

1. C. Castoriadis, *Fait et à faire*, *op.cit.*, p. 272. Sur la place de l'imagination chez Aristote telle que la perçoit Castoriadis, voir également *id.*, *Domaines de l'homme*, *op.cit.*, p. 409-454.

2. *Id.*, *Fait et à faire*, *op.cit.*, p. 273.

3. Aristote, *De l'âme*, Livre III, chap. 8, trad. fr. E. Barbotin, Paris, Les Belles Lettres, 2009, p. 86-87.

4. Sur cette idée d'auto-institution de la pensée et du social, voir notamment C. Castoriadis, *L'institution imaginaire de la société*, Paris, Seuil, 2006.

5. C. Castoriadis, *Fait et à faire*, *op.cit.*, p. 274.

sens) se distingue de l'être, le *phanetai* de l'*ontos on*. Le lien entre *phantasia* et *phanetai* est ce qui écarte ontologiquement la première du domaine de l'être.

Le logos

À laisser de côté la notion de *phantasia*, un concept gréco-antique qui lui est intimement lié laisse aussi transparaître cette intuition d'une faculté humaine radicale et créatrice : il s'agit du langage, du *logos*. La fonction du *logos* est d'opérer notamment la distinction entre phénomène et être. Or, si le *logos* était envisagé comme étant purement conventionnel, alors la série d'oppositions conceptuelles décrite précédemment serait également conventionnelle. Le logos *créerait* la distinction être/non-être et, dans le même geste, il serait reconnu à l'être humain la capacité de créer sa propre réalité.

Tout ce raisonnement repose sur une hypothèse : celle selon laquelle le langage aurait une nature conventionnelle. À observer la philosophie gréco-antique, seules des bribes de cette idée sont visibles : cette idée est loin d'être pleinement endossée. Ainsi, le *Cratyle* de Platon laisse en suspens la question du caractère naturel ou conventionnel du langage. Les moqueries émises contre ceux qui soutiennent un langage naturel laissent cependant deviner quelle thèse Platon valorise. De même, la définition aristotélicienne du mot comme étant une voix qui devient signifiante selon une convention, pointe également en direction d'une nature conventionnelle du langage. Parmi toutes ces oscillations, il n'y aurait que Démocrite qui aurait assumé et argumenté en faveur du caractère institué du langage.

La réflexion sur le *logos* rejoint celle sur la *phantasia* dans la mesure où les ambiguïtés qui l'affectent se rapportent elles aussi à l'axiome *ex nihilo nihil* : le refus de la créativité du langage est celui de la possibilité pour l'être humain de créer absolument – c'est-à-dire à partir de rien. Si le traitement que connaît le langage est analogue à celui de l'imagination, alors il est logique qu'il renforce l'occultation de cette seconde. En résumé, des intuitions du potentiel créateur de l'être humain sont visibles dans la philosophie notamment aristotélicienne, mais celles-ci sont toujours refrénées au nom d'une conception de la philosophie entendue comme recherche et garante de la vérité. S'il était reconnu aux êtres humains la capacité de créer quelque chose à partir de rien, alors la maîtrise dont se pare la philosophie et le monopole qu'elle exerce sur la connaissance et l'intelligible deviendraient incertains. C'est en voulant éviter cette incertitude que la philosophe n'a pas pu penser l'imagination autrement que comme étant une simple faculté reproductrice, combinatoire et seconde. Cette relégation de l'imagination au second plan continue de sévir.

tout cela reste vrai aujourd'hui, malgré les condamnations de la *métaphysique* et de l'*ontothéologie* et les bavardages commerciaux sur l'imagination et la créativité transformées en slogans publicitaires [1].

Il aurait été attendu de la philosophie contemporaine, puisqu'elle ne pense plus dans les mêmes schèmes que ceux de la philosophie gréco-antique, qu'elle reconnaisse pleinement le potentiel créateur de l'imagination. Plus encore, à observer toutes ces injonctions managériales à « être créatif », notre monde semblerait plus enclin à valoriser celle-ci et à lui greffer une connotation positive. Pour Castoriadis, il n'en est rien : nous continuons de rester prisonniers de l'occultation décrite. C'est en cherchant à comprendre pourquoi cette occultation continue de s'exercer que nous sommes amenés à relire l'histoire de la philosophie, et cette relecture conduit directement à Kant. Il est possible de déceler dans l'œuvre kantienne des oscillations similaires à celles présentes chez Aristote.

IMAGINATION SENSIBLE ET IMAGINATION TRANSCENDANTALE

Lorsque Castoriadis relit Kant, il déploie le même travail que celui qu'il avait mis en œuvre dans sa relecture d'Aristote. Ce qui l'occupe, c'est de montrer comment deux imaginations cohabitent dans l'œuvre de Kant. La première correspond à la version classique : l'imagination est reproductrice, combinatoire et envisagée comme secondaire. La *Critique de la raison pure* la définit comme « pouvoir [*Vermögen*] de représenter un objet dans l'intuition même sans sa présence »[2]. En d'autres termes, l'imagination dont il est question relève du sensible, puisque les intuitions sont par définition elles-mêmes sensibles. Ce n'est pas celle-ci qui intéresse Castoriadis, mais sa seconde version nettement plus forte, à savoir *l'imagination transcendantale*. Contrairement à l'imagination sensible, l'imagination transcendantale n'appartient pas à la sensation : *elle est ce qui contient la sensibilité*.

À se référer au schématisme kantien, l'imagination transcendantale est même fondamentale, puisqu'aucune expérience n'est possible en dehors des schèmes, le rôle de ces derniers étant de lier les catégories de l'entendement aux données sensibles. Or les schèmes sont produits par l'imagination, ce qui revient à dire que *nulle expérience n'est possible sans l'imagination*. Ainsi, le schématisme kantien partage une certaine familiarité avec l'imagination radicale : Castoriadis définit cette dernière comme ce qui crée toute réalité humaine. Dans les deux cas, l'imagination est ce qui permet à l'être humain de se créer quelque chose à intuitionner.

1. C. Castoriadis, *Fait et à faire*, *op.cit.*, p. 276.
2. CRP, B 151 ; OP I, 867.

Pour autant, si l'imagination transcendantale pointe vers un potentiel effectivement créateur, elle demeure insuffisante. Non sans provocation, Castoriadis énonce ainsi que :

> Si l'imagination transcendantale commençait à imaginer quoi que ce soit, le monde de Kant s'effondrerait aussitôt [1].

L'imagination transcendantale n'imagine rien, parce qu'elle est identique et fixe : elle est « éternellement la même ». Or imaginer, c'est se doter d'une dimension historique : ce que l'être humain fait lorsqu'il imagine au sens plein du terme, c'est créer en se laissant traverser par des schèmes socio-historiques, pour créer de nouveaux schèmes. En réalité, l'imagination n'est pas l'affaire d'un individu, mais bien d'une société : c'est en ce sens qu'il faut comprendre l'*imaginaire social* forgé par Castoriadis, et c'est à l'aune de cette idée qu'il faut entendre le reproche qu'il adresse à Kant. L'imagination transcendantale lui paraît figée, parce qu'elle n'a pas de dimension historique : elle est une faculté *a priori*, et elle est la même pour tous les sujets.

Ce détour par le caractère socio-historique de l'imagination permet de mesurer tout l'écart qui sépare celle-ci de l'imagination transcendantale. Castoriadis déplore également le fait que l'imagination kantienne ne soit pas spontanée : parce qu'elle joue le rôle de médiation, c'est le divers des intuitions sensibles qui en constitue la motivation. Même dans la *Critique de la faculté de juger*, l'imagination apparaît comme étant « commandée » par autre chose. En effet, la création de l'œuvre d'art est attribuée au génie, mais elle est loin de se définir comme une création *ex nihilo*, puisque dans son art, le génie ne fait que suivre les règles de la nature : il ne crée pas librement, de manière autonome[2] :

> le génie est un *talent* consistant à produire ce pour quoi aucune règle déterminée ne se peut indiquer – il ne correspond pas à une disposition qui rendrait apte à quoi que ce soit qui puisse être appris d'après une règle quelconque ; par voie de conséquence, l'*originalité* doit être sa première propriété [...]. Il en résulte enfin que la nature, par l'intermédiaire du génie, prescrit ses règles non à la science, mais à l'art [3].

En tant qu'il est affranchi de la tradition, le génie crée son œuvre d'art en ne suivant aucune règle : c'est en cela que réside son originalité, et c'est ce qui le distingue des autres artistes qui, eux, ne font que reproduire des codes préexistants. Sa création est à ce point novatrice que son processus lui échappe : il ne peut pas le formuler ou le saisir clairement. Et pour autant, il n'en est pas la figure première : Kant précise que le génie ne serait qu'un intermédiaire dont se sert la nature pour communiquer ses propres règles. Sur ce point, l'esthétique kantienne se rapproche de toute une tradition de la philosophie de l'art qui fait écho à Platon :

1. C. Castoriadis, *Fait et à faire*, *op. cit.*, p. 286.
2. CFJ, AK V, 307 ; OP II, 1089.
3. C. Castoriadis, *Fait et à faire*, *op. cit.*, p. 294 (nous soulignons).

si une forme d'indétermination se dégage du travail du génie, il est rare que ce dernier soit conçu comme indépendant ou autonome ; le génie produit son art plus ou moins en étant inspiré fortement par les muses, le divin ou encore la nature. Il s'apparente ainsi à une médiation traductrice ou enregistreuse des règles ou des messages qui lui proviennent d'une entité supérieure.

LES ACTIVITÉS SYNTHÉTIQUES DE L'IMAGINATION

L'esthétique kantienne déçoit également Castoriadis, qui y retrouve un manque de spontanéité similaire à celui qu'il décelait dans l'imagination transcendantale. En revenant sur la première édition de la *Critique de la raison pure*, et plus particulièrement en relisant le chapitre « De la déduction des concepts purs de l'entendement »[1], Castoriadis retrouve néanmoins d'autres traces de son imagination radicale. C'est à cet endroit de l'article de Castoriadis que se situe très vraisemblablement la discussion de Kant la plus riche, mais aussi la plus complexe. Ce qui intéresse Castoriadis, ce sont évidemment les trois activités synthétiques de l'imagination. En réalité, il n'en examine que deux – la première[2] et la troisième[3] –, dans la mesure où la deuxième ne comporte à ses yeux aucun intérêt : l'imagination jouerait dans la deuxième synthèse le rôle de simple mémoire et serait ainsi conçue comme pure passivité. La première synthèse quant à elle – celle de l'appréhension des représentations dans l'intuition – a pour source le sensible : Castoriadis y reconnaît, comme précédemment chez Aristote, l'aveu du rôle générateur de l'imagination. En d'autres termes, la première synthèse montrerait que l'imagination est génératrice du sensible.

Celle qui occupe grandement l'argumentation est la troisième synthèse : celle de la recognition dans le concept. Avec cette synthèse, ce que résout Kant, c'est le problème du lien des représentations entre elles : contrairement aux deux premières synthèses, cette troisième est celle qui permettrait d'accéder véritablement à une connaissance, puisque, par elle, le divers des représentations est unifié. Ainsi, le lien des représentations entre elles est problématique, parce que pour être liées, les représentations doivent être similaires sans pour autant être identiques : elles doivent partager une similitude, et non une identité. La conscience est leur point de similitude :

> Si nous n'avions la conscience que ce que nous pensons est précisément cela même que nous pensions un instant auparavant, toute reproduction dans la série des représentations serait vaine. Il y aurait en effet dans l'état présent une nouvelle représentation, qui n'appartiendrait nullement à l'acte par lequel elle a dû être

1. CRP, A 96 ; OP I, 1406.
2. CRP, A 99 ; OP I, 1408.
3. CRP, A 103 ; OP I, 1409.

> produite peu à peu, et le divers de cette représentation ne constituerait jamais un tout, puisqu'il manquerait de l'unité que la conscience seule peut lui procurer [1].

L'exemple éclairant, parce qu'il explicite comment s'opère cette unité, est le calcul. Dans l'addition, le lien d'une représentation à l'autre s'effectue pour aboutir à un résultat. Or ce résultat peut être appréhendé de deux façons différentes : premièrement, il peut être pris tel quel, sans conscience de l'opération qui a été effectuée – c'est-à-dire du lien opéré entre les différentes unités. Dans ce premier cas, le résultat de l'opération n'est pas *connu*. Une connaissance implique que le sujet dispose du *concept du nombre*, et cela n'advient qu'à la condition d'avoir conscience des actes de lien qui ont eu lieu tout le long du calcul. Détenir le concept du nombre, c'est donc créer en quelque sorte ce nombre par les liens successifs entre les différentes unités et, plus encore, avoir conscience de cette création.

> Si, en comptant, j'oubliais que les unités que j'ai maintenant devant les yeux ont été peu à peu ajoutées par moi les unes aux autres, je ne connaîtrais pas la production du nombre par cette addition successive de l'unité à l'unité, et par conséquent pas le nombre ; car ce concept réside uniquement dans la conscience de cette unité de la synthèse [2].

Castoriadis rejette cette idée du concept et de son pouvoir synthétique pour deux raisons. Tout d'abord, la similarité des représentations – celle qui permet de les unifier – ne s'appuierait pas sur un concept, mais sur une représentation générique ou encore une « image ». Dans le cas du calcul, ce n'est pas le concept qui permettrait au sujet d'unifier les différentes unités et d'avoir conscience de son opération même, mais l'image/la représentation du résultat qui lui sert d'horizon, afin de sélectionner les représentations qui lui seront utiles et pertinentes pour aboutir au résultat.

C'est l'exemple du chien poursuivant un lapin qui est utilisé par Castoriadis pour illustrer son propos et démontrer l'absence de pertinence du concept. Le chien ne dispose pas du concept de lapin, mais dans sa poursuite de ce dernier, il a pourtant conscience que c'est le même lapin qu'il chasse. Cette mêmeté du lapin est assurée grâce à *l'image du lapin* : c'est elle qui permettrait de sélectionner dans le divers des représentations celles qui garantissent que c'est un même lapin qui est poursuivi par un même chien.

Cet exemple est non seulement obscur, mais il est plus encore discutable. Il est obscur, car il donne l'impression que le concept a été un peu arbitrairement remplacé par l'image ou par la représentation générique. De plus, l'exemple de cette course chien/lapin ne semble pas se situer sur le même plan que celui employé par Kant : l'addition mathématique n'implique pas le « flux héraclitéen du donné »[3], comme la poursuite du lapin par le chien. Enfin, le chien a-t-il

1. CRP, A 103 ; OP I, 1409.
2. *Ibid.*
3. C. Castoriadis, *Fait et à faire*, *op.cit.*, p. 289.

réellement conscience, pris dans sa course, de lier des représentations similaires (celles du lapin, données à différents moments ou en des espaces différents)? C'est là le cœur de la troisième synthèse transcendantale, à savoir le lien qu'elle trace entre conscience et concept. Un kantien balayerait assez aisément l'exemple de Castoriadis en énonçant que le chien n'a pas une *connaissance* du lapin – il n'a pas conscience d'être à l'origine du lapin comme unité.

Le *second* argument employé contre le concept semble moins aisé à disqualifier du fait de sa technicité :

> La conscience de la mêmeté doit également s'appuyer – et ici nous entrons dans le domaine de l'humain – sur quelque chose qui est là pour l'image ou la représentation, quelque chose pour quelque chose d'autre, le *quid pro quo* [1].

Si le concept joue un rôle unificateur, la question de sa mêmeté se pose. Pour Castoriadis, c'est le *mot* ou le *signe* qui permettrait à ce dernier d'avoir une unité. Cependant, le mot est également là pour *autre chose* : il servirait de support pour l'image ou la représentation. Dans le raisonnement déployé par Castoriadis, l'image a en effet pris la place du concept en tant que synthèse du divers des représentations : de même que le concept qu'il remplace, l'image a besoin du mot et du signe.

Pour faire sens de cette argumentation technique, l'exemple de l'addition s'avère de nouveau utile : le concept de nombre ne garantirait pas l'unité des différentes entités qui se cumulent en lui. Ce serait plutôt la capacité humaine à faire advenir une représentation du nombre dans les entités qui permettrait d'unifier le tout. Pouvoir poser dans les différentes entités *ce qui n'y est pas*, à savoir le résultat de leur addition, est ce qui unifierait ces données, tout en donnant au sujet la conscience de son opération. Cette idée est à lire en gardant à l'esprit la distinction que fait Castoriadis entre animal et être humain : cette « capacité de voir une chose dans une autre chose qui n'a *aucun rapport* avec ce qu'elle "représente" »[2] est ce qui distinguerait le sujet humain de l'animal. Cette capacité imaginative repose en dernière instance également sur autre chose dont elle est indissociable – ou seulement dissociable pour la pensée abstraite –, à savoir « le langage comme création de l'imaginaire social-historique »[3].

L'imagination radicale (subjective) est indissociable de l'imaginaire social-historique (collectif), qui, lui, est une création du langage. Le cercle de la réflexion se referme sur lui-même : les mots sont distincts du concept; il est de leur essence de ne pas être aussi clairs et précis que les concepts et plus encore, ils sont irrémédiablement liés à l'imaginaire social-historique. Cependant, une unité est toujours permise grâce aux mots et aux signes – en fait, aucune unité ne serait envisageable sans les mots et les signes, parce que l'être humain n'imagine jamais

1. *Ibid.*
2. *Ibid.*
3. *Ibid.*

seul, comme dans un vase – son imaginaire est toujours déjà pris dans les mots et l'imaginaire collectifs.

À revenir sur les mots qui ouvraient l'article de Castoriadis « Imagination, imaginaire, réflexion », toute la démarche de l'auteur se trouve être synthétisée. Qu'il soit permis ici de les citer à nouveau :

> Imagination radicale, imaginaire social instituant : significations centrales pour la réflexion, à partir desquelles l'ensemble de la philosophie peut et doit être reconstruit [1].

Cet effort de reconstruction est à l'œuvre lorsque l'auteur relit et compare Aristote et Kant : chez les deux philosophes, il y aurait à la fois l'intuition d'une imagination première, créatrice et radicale qui cohabiterait avec une imagination classique et secondaire, mimétique et combinatoire. Cette cohabitation s'explique par un schème socio-historique qui naît avec la philosophie grecque, traverse l'œuvre kantienne et se perpétue de nos jours. Cette tradition fortement ancrée nous empêcherait encore aujourd'hui de reconnaître le sens authentiquement positif et créateur de l'imagination. Sortir de cette occultation millénaire est le défi que la philosophie doit relever – telle est l'exhorte qui émerge de la relecture interprétative par Castoriadis d'Aristote et de Kant. Ces deux figures d'exception dans l'histoire de la philosophie nous livrent des pistes pour accomplir cette tâche : Castoriadis retrouve en effet dans leurs œuvres respectives les premières intuitions des concepts centraux qui animent sa propre philosophie. C'est cette interprétation engagée et originale que cette contribution a tenté de retracer, s'apparentant ainsi à une sorte de *reconstruction de la reconstruction*.

Élisabeth LEFORT
Université libre de Bruxelles

1. C. Castoriadis, *Fait et à faire*, *op.cit.*, p.270.

TABLE DES MATIÈRES

PHILOSOPHIE, MÉTAPHYSIQUE, ONTOLOGIE

PHILOSOPHIE DE LA CONNAISSANCE

PHILOSOPHIE PRATIQUE
ÉTHIQUE ET POLITIQUE

ASPECTS ANTHROPOLOGIQUES